Und morgens küßt
mein Gaul mich wach

Sylvia Fenton

Und morgens küßt
mein Gaul mich wach

Ein tierisches Vergnügen

Weltbild Verlag

Die englische Originalausgabe erschien
unter dem Titel «All the Beasts of the Field»
bei George Allen & Unwin, London

Ins Deutsche übertragen von Ursula von Wiese

Genehmigte Lizenzausgabe für
Weltbild Verlag GmbH, Augsburg 1990
© by George Allen & Unwin, London
© der deutschsprachigen Ausgabe
by SV international / Schweizer Verlagshaus AG, Zürich
Printed in Germany
by Bercker Graphischer Betrieb GmbH, Kevelaer
3-89350-240-8

Erstes Kapitel

«Na, hab' ich dich!» rief ich und grapschte nach ihm. Mit recht kunstvoller Fußarbeit brachte er mich aus dem Gleichgewicht und schubste mich kopfüber in den Graben. In ohnmächtiger Wut schimpfte ich, wischte mir die Erde aus den Augen und blickte seinem rasch verschwindenden dicken, wohlgeformten Hinterteil nicht ohne Mordgelüste im Herzen nach. Ich liebe Esel, und ganz besonders liebte ich Humphrey, aber wenn er in diesem Moment in Reichweite gewesen wäre, hätte ich ihn womöglich mit bloßen Händen erwürgt.

Über eine Stunde war ich ihm nachgejagt, wenngleich eigentlich nur der Form halber. Ich wußte — und auch er wußte —, daß es hoffnungslos war, ihn zu fangen. Alle Trümpfe waren auf seiner Seite. Erstens einmal hatte er vier Beine und ich nur zwei; außerdem war er jünger und als Nichtraucher in besserer Form. Und er betrachtete das Ganze als ein Spiel. Schließlich mußte er ja nicht zu den Nachbarn gehen und sich wegen der Zerstörung ihrer Felder und Ernten entschuldigen.

Mittlerweile war nichts mehr von ihm zu sehen. Aus Erfahrung nahm ich an, daß er entweder auf Joe Sheppeys Viehweide war und unter dessen Kühen eine Panik hervorrief oder sich in Gra-

5

hams Scheune am Heuvorrat für den Winter gütlich tat oder … Plötzlich ging mir auf, daß er diesmal nicht an einem der altvertrauten Orte war. Mit entsetzlicher Klarheit wußte ich, daß er Julia mit seiner Gesellschaft beglückte. Seit einer Woche hatte ich mich bemüht, die Erinnerung an den Vorfall zu verdrängen, als er gezwungen wurde, Julias unfreiwillige Gastfreundschaft in Anspruch zu nehmen. Jetzt aber erlebte ich alles im Geiste nochmals.

Der Schmied kommt allmonatlich zu Julias großem Gut. Dann bringen alle Leute ihre Pferde und Ponys dorthin, um sie beschlagen zu lassen. Humphreys Hufe hatten eine Behandlung nötig, und so wurde vereinbart, daß ich ihn hinbringen sollte, und der Schmied wollte ihn sich vornehmen, wenn er mit seinen anderen, vornehmeren Klienten fertig war. Eine einfache Sache, würde man meinen. Irrtum. Sowie Humphrey das Halfter sah, verfiel er in die nun bereits übliche «Hilfe-ich-soll-gelyncht-werden!»-Routine. Den Kopf in eine Schlinge stecken? Kam ja nicht in Frage. Ehe er sich's versah, sollte er womöglich an einen Baum geknüpft werden. Gut vierzig Minuten, ein halbes Pfund Zuckerstücke, drei Mohrrüben und eine Schachtel Pfefferminzbonbons später war das Halfter (zu unserer beidseitigen Verwunderung) übergestreift. Wenigstens sozusagen. Es saß verkehrtherum und hing schief über das eine Ohr; aber für ästhetische Betrachtungen blieb mir keine Zeit. Wir hatten uns schon um eine halbe Stunde verspätet. Ich war erschöpft und nicht in der Stimmung für weitere Späße. Ich öffnete das Tor und schob Humphrey darauf zu, aber für einen Esel, der sich sonst gern durch Mauselöcher in der Hecke zwängte, leistete er nun beträchtlichen Widerstand, die Koppel zu verlassen. Er schaute mich entsetzt an: «Du willst, daß ich hindurchgehe? Daß ich die schöne Sicherheit meiner Behausung aufgebe? Daß ich den unbekannten Gefahren der Außenwelt gegenübertrete? Du mußt verrückt sein.» Er stemmte heftig die Hufe ein und rührte sich nicht vom Fleck. Ich bat und flehte, schob und schubste. Vergeblich. Bestechung hatte nun keinen Sinn mehr, diese List hatte ich schon beim Anlegen des Halfters vollumfänglich ausgeschöpft. Auf einmal durchblitzte mich ein Gedanke. Ich ließ das Seil los, ging durchs Tor und betrat den Feldweg. Tatsächlich, bevor ich zehn Schritte zurückgelegt hatte, hörte ich das Geklapper kleiner Hufe und dann ein Schnauben an meinem Ohr. Ich achtete nicht darauf, sondern ging einfach weiter, und Humphrey trottete vergnügt hinter mir her, als ob er sich dieses Spiel ausgedacht hätte.

Wenn ich glaubte, damit alle Schwierigkeiten gemeistert zu haben, so hätte ich mich kaum gewaltiger irren können. Als wir beim großen Gutshof ankamen, war mein straffälliger Esel entzückt. So viele nette Menschen zum Herumschubsen, so viele prächtige Pferde, deren fette Hinterhand zu einem freundschaftlichen Geknabber geradezu herausforderte, Hunde zum Jagen, und Katzen, die man zu Tode erschrecken konnte! Das war mal echt lustig. Warum machten wir so was nicht öfters? Die Damen in eleganten Reitkostümen nahmen seine Kapriolen hin, ohne mit

der Wimper zu zucken. Ich meinerseits geriet in
arge Verlegenheit und schämte mich. Machtlos
sah ich zu, wie er durch Julias untadeligen Vorgarten tollte, wobei seine Hufe tiefe, dreckige
Löcher in ihren makellos manikürten Rasen gruben, und ich wünschte mir den Tod herbei.
Schließlich wurde Humphrey eingefangen (nicht
von mir, muß ich gestehen, denn ich tat so, als ob
ich ihn nicht kennen würde) und an einem Baum
festgebunden, wo er mit gespielter Gleichgültig-
keit zu weiden begann. Gleichermaßen gleichgültig blickte ich in die andere Richtung und tat,
als ob nicht das geringste vorgefallen wäre.
Die Pferde hatten diese schreckliche Darbietung
ungerührt betrachtet und sich keine Andeutung
der Mißbilligung, die sie mit Sicherheit empfan-
den, auf ihren aristokratischen Gesichtern er-
laubt. Kein Zweifel, edle Rasse läßt sich nicht
verleugnen. Ich war ganz überwältigt von ihren
guten Umgangsformen. «Der Nächste bitte»,
sagte der Schmied, und die Reihe rückte vor.
«Rechter Vorderhuf bitte», und schon wurde
ihm der Huf entgegengehoben. Es ging alles sehr
kultiviert zu. Ich erspare mir, im einzelnen zu erzählen, was geschah, als Humphrey an die Reihe
kam. Ich begnüge mich mit der Feststellung, daß
fünf Leute erforderlich waren, ihn festzuhalten,
daß der Schmied einen schmerzhaften Tritt ans
Schienbein erlitt, und daß die teuer beschuhten
Zehen dreier Pferdebesitzer vom Eselgewicht ge-
quetscht wurden. Ich wäre am liebsten im Boden
versunken.
Eingedenk dieses Vorfalls war mir der Gedanke
zutiefst unangenehm, Julia zu fragen: «Dürfte

ich bitte meinen Esel zurückhaben?» Ich brachte
es nicht über mich — jedenfalls noch nicht. Ich
erklomm die Böschung, zündete mir eine feuchte
Zigarette an und fragte mich, nicht zum ersten
Mal, was um Himmels willen ich hier zu suchen
hatte. Wozu jagte ich mutwilligen Eseln über
schlammige Felder nach, ließ mich von Brom-
beerranken und Brennesseln kratzen und von Insekten stechen, von deren Vorkommen ich in
meinem früheren Dasein überhaupt nichts gewußt hatte? Warum lebte ich wie eine Ausgesto-
ßene mitten im Nirgendwo in einem Wohnwagen ohne elektrischen Strom, ohne Heizung,
ohne warmes Wasser? Zu mir führte noch nicht
einmal eine richtige Straße, so daß man mich,
hätte mich jemand besuchen wollen, kaum hätte
finden können. Meine einzigen Gefährten waren
fünf Katzen, zwei Frösche und ein Esel, der
meine Gesellschaft so wenig schätzte, daß er
keine Gelegenheit zum Ausreißen ungenützt
ließ. Sehnsüchtig dachte ich an meine gemütliche, zentralgeheizte Londoner Wohnung. Ich
entsann mich auch des Großstadtbetriebs, des
Menschengewimmels, des Lärmes und der
Hetze. Das brachte mich wieder in die Wirklichkeit zurück, und ich erkannte, daß mich keine
Macht der Welt dazu bewegen konnte, zu all dem
zurückzukehren.
Mein Liebesverhältnis mit dem Land begann, als
ich während des Zweiten Weltkrieges vom Londoner East End nach Somerset evakuiert wurde.
Natürlich hatte ich schon Familienausflüge
«aufs Land» gemacht, nach Epping Forest,
Hampstead Heath und Kew Gardens, aber das

9

hier war etwas vollkommen anderes. Zum ersten brauchte man keinerlei Expeditionen mit Autobus oder Eisenbahn zu unternehmen — das Land war rundherum. Zum zweiten war so viel davon da, daß es überhaupt kein Ende zu haben schien. Und es herrschte ein solcher Friede, keine lauten Ausflügler, die mit ihrem Picknickgeschrei das Summen der Bienen und den Gesang der Vögel übertönten. Und das Schönste: Überall gab es Tiere — Kühe, Schafe, Schweine, Hühner und ungezählte andere. Für einen Menschen, der aus dem lärmigen, grauen, schmutzigen London kam, waren der Friede, die Weite und die reine Schönheit des Landes himmlisch. Hätte man mir damals gesagt, ich sei ins Paradies evakuiert worden, ich hätte keinen Grund gehabt, es zu bezweifeln. Besonders beeindruckte mich die Redlichkeit der Landbewohner. Früchte, Blumen, Nüsse und Gemüse, all das wuchs im freien Feld, und niemand eignete es sich an! In London wären sie in fünf Minuten weg gewesen. Unsere dortigen Nachbarn besaßen einen verkrüppelten Apfelbaum, der jedes Jahr etwa ein Dutzend kümmerliche Äpfel hervorbrachte. Nie hatten sie Gelegenheit, die Äpfel zu ernten, denn lange bevor sie reif waren, hatten Schulkinder den Zaun überklettert und den Baum seiner walnußgroßen, grünen, ungenießbaren Früchte beraubt.

Nach Kriegsende kehrte ich nach London zurück, und nach verschiedenen Tätigkeiten trat ich eine recht erfolgreiche Laufbahn in Werbung und Marktforschung an. Aber nie vergaß ich meinen Traum, eines Tages in einem Häuschen auf dem Lande zu leben. Der gesunde Menschenverstand sagte mir, daß ich, sofern ich kein Vermögen beim Toto gewänne (was unmöglich war, da ich nie einen Zettel ausfüllte), meinen Traum erst verwirklichen könnte, wenn ich pensioniert wäre. Dann würde ich zu alt sein, das Landleben wirklich zu genießen. Außerdem stiegen die Grundstückspreise fast täglich.

Dann wachte ich eines Morgens auf, und die Sonne schien. Ich dachte an die grauenvolle Fahrt durch das Verkehrschaos in die Innenstadt, an das stickige Büro, die menschenwimmelnden Straßen und die sauertöpfischen Leute, und ich sagte: «Zum Teufel damit — jetzt mußt du handeln.»

Natürlich war es nicht ganz so einfach. Zuerst mußte ich «mein Haus» finden. Ich wußte genau, was ich wollte: eine abgelegene Kate, gleichgültig in welchem Zustand sie war, mit einem Morgen Land, zu einem Preis, den ich mir leisten konnte. Leider hatten mehrere tausend andere Menschen denselben Wunsch. Es war die Zeit der Eigenheim-Blüte, in der verfallene Bruchbuden mit ein paar Quadratmetern Boden sofort geschnappt wurden, wenn sie auf den Markt kamen; sie wurden dann elegant restauriert, mit einer Pseudo-Tudorfassade versehen und zu astronomischen Preisen weiterverkauft. In den folgenden drei Jahren sah ich mir wohl ungefähr tausend Häuser an, aber ohne daß es je «klick» machte und ich dachte: «Das ist es, hier möchte ich den Rest meines Lebens verbringen.» Immerhin wurde die Suche leichter, als ich die verblümte Sprache der Makler verstehen lernte.

11

«Halbländlich» bedeutete, wie ich entdeckte, Vorstadt. «Sehr gefragt» besagte überbewertet. «Ausbesserungsbedürftig» = nahe daran, zu verfallen. «Für Neubau geeignet» = Ruine. «Unverdorben» = weder Gas noch Elektrizität. «Schmuckkästchen» = geschmacklos. «Stattlich» = nicht zu heizen. Sobald man diese Geheimsprache beherrschte, konnte man sich manche Besichtigung ersparen.

Um gerecht zu sein, manche Makler waren geradezu schmerzhaft ehrlich. Zum Beispiel entpuppte sich die Liegenschaft «in ruhiger Umgebung, ohne laute Nachbarn» als eine ehemalige Kapelle auf einem nicht mehr benützten Friedhof. Stillere Nachbarn kann man wirklich nirgends finden. Am anderen Ende der Skala war der Makler, der mir eine «entzückende Liegenschaft in friedlicher ländlicher Umgebung» empfahl. Beim lokalen Postamt erklärte man mir den Weg so: «Diese Straße ganz geradeaus, bis Sie zur Zementfabrik kommen, dann rechts abbiegen, und gleich hinter der Brauerei.» Ich machte mir dann doch nicht die Mühe, die «friedliche ländliche Umgebung» zu besichtigen. Mit der Zeit lernte ich, daß man verborgene Fallstricke am besten herausfindet, wenn man im Dorfwirtshaus einkehrt und sich mit dem Wirt ein bißchen unterhält. Auf diese Weise erfuhr ich zum Beispiel, daß das «malerische Häuschen, das in einer Mulde nistet», so lag, daß das Wasser, das man vormittags durch den Ablauf weggespült hatte, oftmals nachmittags wieder in die Küche zurückkehrte; daß das «hübsche Landhaus mit zwei Morgen Land» innerhalb der nächsten fünf

Jahre durch den Bau einer Landstraße mitten durch das Areal völlig entwertet würde; daß die «Villa Kastanienbaum» luvwärts eines Schweinestalls stand, und daß der «Weidenbungalow» auf einer alten Schutthalde errichtet war und stetig ein wenig tiefer darin versank.

Ich ließ mich jedoch nicht entmutigen. Ich war überzeugt, daß es irgendwo das genau richtige Haus gab, das ich auf den ersten Blick ohne den Schatten eines Zweifels erkennen würde. So geschah es denn auch. Eine Maklerfirma schickte mir die Unterlagen für ein Häuschen, welches so abgelegen war, daß nicht einmal sie genau beschreiben konnte, wie man dorthin gelangte, und ich brauchte tatsächlich zwei Tage, es zu finden. Es sah keineswegs vielversprechend aus: baufällig, ohne einen anderen Zugang als einen Feldweg (kein Wunder, daß es so schwer zu finden war), ohne Kanalisation und ohne elektrischen Strom. Das Wasser kam von einem benachbarten Bauernhof, aber das Haus war so lange unbewohnt geblieben, daß kein Mensch wußte, wo die Zuleitung war. Dafür lag es wunderschön auf einem Hügel, mit unverbauter Aussicht in jeder Richtung. Dazu gehörten drei Morgen Land, einschließlich einer Koppel, die an einen Wald grenzte. Es war ideal. Reiner Wahnsinn von mir, aber ich mußte es haben.

Da ich im Grunde ein Feigling bin, wartete ich, bis der Kaufvertrag unterschrieben war, bevor ich irgendeiner Menschenseele etwas von meinem Umzugsplan erzählte. Wenn ich verkündet hätte, ich wolle meine Zelte in der hintersten Mongolei aufschlagen, meine Freunde hätten

13

nicht entsetzter reagieren können. «Kein Mensch lebt auf dem Lande», sagten sie erschüttert. Das Land war für Ausflüge da, für Picknicks oder für Durchfahrten auf dem Weg zu einem bestimmten Ziel. Es war für Schafe, Schweine und Kühe da, nicht für Menschen. Da die meisten das Landleben bestenfalls aus illustrierten Zeitschriften, die sie beim Friseur durchblätterten, kannten, wunderte ich mich nicht besonders über ihre Reaktion.

Ein einziger Mensch freute sich ehrlich über die Neuigkeit: Jim Barry. Ich hatte ihn kennengelernt, als er beim Londoner Tierschutzverein Inspektor war, und obwohl er mittlerweile in Wales als Oberinspektor amtete, waren wir in Kontakt geblieben. Ich hatte im Verlauf der Jahre viele heimatlose Tiere von ihm übernommen, größtenteils Katzen und Vögel, weil größere Tiere in meiner Londoner Wohnung keinen Platz hatten. Jetzt aber, mit drei Morgen Land und ohne nörgelnde Nachbarn, setzte nur der Himmel eine Grenze!

Ich erinnere mich gut an das allererste «Waisenkind», das ich von Jim übernahm. Es sollte, wie Jim behauptete, ein afrikanischer Graupapagei sein, sah jedoch wie ein ofenfertiges Huhn aus, vollkommen kahl außer einem Büschel roter Federn am Bauch. Jim sagte mir, der Papagei Archie habe einem Polizeiinspektor und dessen Frau gehört. Die Frau war kürzlich gestorben, und dem Polizeiinspektor hatten die endlosen Wiederholungen ihrer Lieblingsworte so zugesetzt, daß er Jim gebeten hatte, für den plappernden Vogel ein neues Plätzchen zu finden. Archie

14

selbst war der Verlust seiner Herrin so sehr zu Herzen gegangen, daß er sich systematisch eine Feder nach der andern ausgerupft hatte.

Ich konnte den Polizeiinspektor gut verstehen, denn Archie plapperte unablässig, abwechelnd mit hoher Frauen- und tiefer Männerstimme. Ein typischer Dialog spielte sich folgendermaßen ab:

Frauenstimme: Reg? Bist du's, Reg? Bist du's, Reg, bist du's?

Männerstimme: Ich bin's, Elsie. Ich bin's. — Reg. Elsie?

Frauenstimme: Möchtest du eine Tasse Tee, Reg? Tasse Tee? Tee, Reg? (Kurze Pause)

Männerstimme: Gassi gehen, Brucie. Gassi gehen, Brucie? Komm, Brucie. (Ein schriller Pfiff)

Frauenstimme: Gehst du ins Wirtshaus? Gehst du ins Wirtshaus, Reg? Bleib nicht zu lange fort, Reg, das Abendessen ist gleich fertig. Gehst du ins Wirtshaus?

Archie saß den ganzen Tag oben auf seinem Käfig. Jedesmal, wenn ich vorbeiging, stieß er einen langen, lüsternen Pfiff aus und sagte: «Hallo, hübscher Knabe!» Teils war ich geschmeichelt, teils ein bißchen besorgt. Abends, wenn ich ihn in seinen Käfig setzen wollte, fing das Ungemach an. Archie wollte nicht hinein. Trotzig krallte er sich oben fest, mit aufgeplusterter Brust und ausgebreiteten Flügeln und forderte mich heraus, ihn zu fangen: «So komm doch, hübscher Knabe, komm und hol mich.» Sowie ich nach ihm griff, flog er kreischend ans andere Ende des

15

Zimmers. Diese lächerliche Pantomime führten wir jeden Abend auf. Ich wußte, daß ich ihn nicht einfangen konnte, und meine einzige Hoffnung war, ihn zu ermüden. Gewöhnlich gab er sich nach ungefähr zehn Minuten geschlagen und kam herbei, aber eines Abends leistete er erbitterten Widerstand, den er nicht aufzugeben bereit war. Nach einer halben Stunde ließ er mich immer noch im Kreis herumrennen, und es lag klar zutage, daß ich vor ihm ermattet sein würde. Verzweifelt rief ich: «Wirst du wohl kommen, du elende alte Krähe?» Er drehte sich um, fixierte mich böse und sagte: «Scheiß auf dich.» Ich war zutiefst entsetzt und wunderte mich über das ehrbare Ehepaar Reg und Elsie.

Aufgeregt erzählte ich Jim von dem Haus, der einsamen Lage, den Wäldern, der Koppel. «Eine Koppel, so?» Seine Augen leuchteten. «Ich habe genau das Richtige für Sie. Wie würde Ihnen ein nettes Eselchen gefallen?»

Ein Esel! Mein eigener Esel! Ich konnte es kaum glauben. Von jeher war ich auf Esel versessen gewesen, seit meinem ersten Eselsritt am Strand von Margate. Zu denken, daß ich nun eines dieser sanften, freundlichen Geschöpfe mein eigen nennen könnte! Natürlich war ich damals noch unglaublich naiv und ahnte nicht, daß es Esel und Esel gibt, vielmehr Esel und Humphrey. Jim berichtete mir, der Esel sei mitten im Winter auf einem verschlammten Feld gefunden worden, ohne Trinkwasser, Futter und Obdach. Seine Ohren waren arg von Parasiten bevölkert, seine Hufe verwuchert, alles in allem ein sehr armseliges Eselchen. Doch dank der guten Pflege, die

Humphrey bei Jim und seiner Familie zuteil geworden war, hatte er erfreuliche Fortschritte gemacht, und jetzt fehlte ihm nur noch ein sicheres Heim, wo ihm Liebe entgegengebracht wurde. Genau das fehlte auch mir jetzt. Ich hatte meine Eigentumswohnung in London verkauft, und im gegenwärtigen Zustand war mein Häuschen unbewohnbar. Die einzige Lösung bestand darin, einen gebrauchten Wohnwagen zu kaufen und ihn im Garten aufzustellen. Dann konnte ich die Instandstellungsarbeiten überwachen, die ich in meiner Unwissenheit mit einer Zeitdauer von höchstens neun Monaten veranschlagte. Ich vereinbarte mit Jim, daß der Esel vorläufig noch bei ihm blieb, bis ich mich genügend eingerichtet hatte, um Waisen und Streuner aufzunehmen.

Zweites Kapitel

Bei meinem Umzug aufs Land galt meine größte Sorge der Frage, wie die Katzen sich zu der Veränderung einstellen würden. Sie mußten ja nicht nur das Heim verlassen, in welchem sie von klein auf gelebt hatten, sondern sie mußten zusätzlich mit dem Trauma einer völlig fremden Umgebung fertig werden. Wie würden sie wohl auf die weite Landschaft reagieren, nachdem sie stets in vier Londoner Wänden gehaust hatten? Was, wenn sie Platzangst entwickelten und sich weigerten, eine Pfote vor die Tür zu setzen? Wenn sie sich

17

wirklich hinauswagten, dann bekamen sie es mit Gefahren zu tun, denen sie noch nie begegnet waren — mit Füchsen, Wieseln, Fallen, ganz zu schweigen von schießwütigen Menschen, die auf alles zielten, was sich bewegte. Und Schlangen — die Wälder waren wahrscheinlich voll davon. Wie konnte man denn von meinen Katzen erwarten, daß sie den Unterschied erkennen würden zwischen einer giftigen und der schäbigen Gummischlange, mit welcher sie seit ihrer Kindheit spielten? Ich verlor rasch den Bezug zur Wirklichkeit und durchlebte die schrecklichsten Qualen, wenn ich mir vorstellte, welche Gefahren Stadtkatzen auf dem Lande drohten. Man denke etwa an Maul- und Klauenseuche, Schweinepest, Fußfäule, Hühnerpest. «Nun mach dich doch nicht völlig lächerlich», mußte ich mir dann jeweils selbst zureden.

Am meisten sorgte ich mich um Rufus. Er war ein fünfzehnjähriger Kater, und wie alle älteren Herren liebte er ein wohlgeordnetes Leben in festen Bahnen. Er verlangte Fisch zum Frühstück und Leber zum Abendessen — tagtäglich. Wenn er zum Frühstück Leber erhielt oder zum Abendbrot Fisch, geriet er aus der Fassung. Und wenn, Gott behüte, weder Fisch noch Leber zur Verfügung standen und ihm Büchsenfleisch für Katzen vorgesetzt wurde, war er tief beleidigt. Er fraß es nicht und gab sich alle Mühe, die Nahrungsverweigerung offensichtlich zu machen. Er saß mit schmerzbewegter Miene neben seinem Napf. Ab und zu warf er einen unverhohlen angeekelten Blick auf das Futter. Er hätte einen Oscar verdient für seine Mimik, die deutlich besagte: «Lieber verhungere ich, als daß ich von meinen Grundsätzen abweiche.» Da er ein sehr großer orange-weißer Halbperser war und an die zwölf Pfund wog, machte mir sein Theater wenig Eindruck.

Dreizehn Jahre lang war Rufus das einzige Katzentier im Haus. Deshalb bangte mir ein wenig vor seiner Reaktion, als Min, eine winzige Schildpattwaise, hinzukam. Ich hätte mir keine Sorgen zu machen brauchen, denn er tat einfach so, als ob sie nicht da wäre. Das machte er so gründlich, daß er sich ohne weiteres auf sie drauf setzte, wenn sie zufällig auf seinem Stuhl saß. Min war ungefähr sechs Monate alt, als ich Flossie fand. Genaugenommen «fand» ich sie nicht, sondern ich las sie in einem Restaurant auf. Das Lokal war überfüllt, und das winzige getigerte Kätzchen krabbelte zwischen den Beinen und Füßen der Gäste herum und verschlang die Krumen und Kartoffelstückchen, die unter die Tische fielen. Damit es nicht zertreten wurde, nahm ich es auf den Schoß und teilte mein Mittagessen mit ihm. Es futterte herzhaft. Als ich ihm ein Schlückchen von meinem Sherry anbot, schlabberte es ihn genüßlich auf. Ein Kätzchen nach meinem Geschmack? Da niemand wußte, wem das Tier gehörte oder woher es gekommen war — es lungerte seit einigen Tagen hier herum —, adoptierte ich es. So klein Flossie auch war, sie spielte den Wirt für unzählige Nassauer, für Flöhe, Würmer, Ohrmilben, was es nur gab. Ich mußte sie mehrmals zum Tierarzt bringen, aber das Ergebnis lohnte die Mühe. Sie wurde ein gesundes, zufriedenes Bündel kuscheliger Tiger-

19

katze. Min war sogleich entzückt von ihr, und die beiden befreundeten sich sofort. Rufus gab seine bereits bekannte «Was-heißt-hier-noch-eine-Katze? Ich-sehe-keine-neue-Katze»-Vorstellung, ohne sich stören zu lassen.

Ungefähr drei Monate nach Flossies Ankunft zeigte mir Jim Barry neugeborene Kätzchen, die eine von ihm betreute streunende Katze geworfen hatte. Unter den zappelnden Dingern war ein blaßgelbes Kätzchen. Obwohl ich nicht eigentlich eine vierte Katze suchte, hörte ich mich zu meiner Verwunderung sagen: «Dieses hier nehme ich, sobald es groß genug ist.» Ich vergaß die Sache vollständig, und so war ich ganz unvorbereitet, als Jim mit etwas zu mir kam, das wie eine rosige, kleine Ratte aussah. Genauso, wie man voraussetzt, daß alle Bräute schön sind, gilt es auch als selbstverständlich, daß Kätzchen süß sind. Ich sage es zwar ungern, aber dies war das häßlichste Kätzchen, das jemals unter meine Augen geraten war. Es sah überhaupt nicht einmal wie ein Kätzchen aus, das heißt, nicht einmal wie eine werdende Katze. Der kleine Kater war unglaublich knochig, mit langen Beinen, die in keinem Verhältnis zu seinem Körperchen standen. Das Gesicht war fuchsähnlich, mit vorgewölbter Stirn und übergroßen Ohren. Charlie hatte nichts von dem Zauber junger Katzen, deren Lieblichkeit und deren große Augen ans Herz rühren. Doch bei all seinem Mangel an üblichem Liebreiz hatte Charlies Gesicht etwas Bezauberndes: Von Ohr zu Ohr war es gespalten zu einem breiten Lächeln! Er sah wie ein Kobold aus, und der kleine Körper vibrierte von zutraulichem Geschnurr. Er kletterte Jim auf die Schulter, schaute rings um sich und schnurrte beifällig über alles, was er gewahrte. Ich setzte ihn auf den Fußboden, worauf er sogleich eine Besichtigungsrunde unternahm. Nichts entging seiner Aufmerksamkeit, am wenigsten die anderen Katzen. Rufus spielte vergeblich seine «Einfach-nicht-beachten, dann-ist-es-nicht-da»-Szene durch — diese Katze ließ sich nicht übersehen. Charlie nagelte Rufus mit seiner erdnußgroßen Pfote am Teppich fest und erforschte jeden Körperteil und jedes Haar. Rufus war so geschockt über diese Frechheit, daß er nicht einmal den Versuch einer Abwehr unternahm. Nach beendeter Inspektion gab Charlie ihm einen freundschaftlichen Klaps auf die Nase und nahm sich die beiden anderen Katzen vor. Die dicke, gutmütige Flossie ließ die Inspektion gelassen über sich ergehen, aber Min dachte gar nicht daran, sich diesem unverschämten Neuling zu unterwerfen. Sie versetzte ihm kleine Hiebe. Charlie schlug ungerührt zurück. Mit giftigem Fauchen schoß Min davon und versteckte sich unter dem Tisch. Grinsend trabte Charlie zu mir, strich mir um die Beine, kletterte auf meine Schulter und gab mir einen feuchten Kuß aufs Ohr. Offenbar hatte ich es mit einem Original zu tun bekommen.

Charlie liebt alle und jeden so sehr, daß er manchmal zu zerspringen droht. Besucher kommen seines Erachtens nur seinetwegen und werden mit offenen Armen empfangen. Bevor sie überhaupt eingetreten sind, hat dieses lebende Fellbündel sie schon überwältigt, und sein

Schnurrmotor läuft auf vollen Touren. Er klettert ihnen auf die Schulter, umklammert ihren Hals und reibt sein knochiges Köpfchen an ihrem Gesicht. Nie kommt ihm der Gedanke, daß es Menschen geben könnte, die Katzen nicht mögen, und daß seine Liebesbezeugungen als unangenehm empfunden werden könnten. Er ist gefeit gegen jedwede Abfuhr und überzeugt, daß selbst der eingefleischteste Katzenhasser ihn unwiderstehlich finden muß. «Verstehst du», sagt er, «ich liebe dich. Und natürlich liebst du auch mich. Jeder liebt mich.» Ohne die verzweifelten Bemühungen, sich aus der pelzigen Umarmung zu befreien, zu beachten, schnurrt er vergnügt in ihre durch Sauerstoffmangel rot anlaufenden Gesichter. Ich bin an seiner Stelle gekränkt, wenn er abgelehnt wird, Charlie aber läßt sich's nicht im geringsten verdrießen. Nur einmal fühlte er sich vor den Kopf gestoßen: Da bekam eine besessene Katzenhasserin fast einen hysterischen Anfall, und widerstrebend sperrte ich Charlie aus. Er war ganz verwirrt ob solch ungerechter Behandlung und sagte mir seine Meinung deutlich durch die geschlossene Tür. Mit seiner katzenunähnlichen, fast menschlichen Stimme — er ist zur Hälfte Burmese — versuchte er mir zu erklären, daß alles ein Mißverständnis gewesen sei. Er habe der Dame ja nur zeigen wollen, daß er sie liebe. Wenn ich nicht mehr so stumpfsinnig wäre und ihn hineinließe, könnte er die ganze Sache bestimmt im Nu ins reine bringen.

Als die Küste klar war und ich ihn hereinließ, rannte er verzweifelt umher und suchte den Gegenstand seiner Liebe, um die Sache ins Lot zu bringen. Als er erkannt hatte, daß die Dame gegangen war, sah er mich vorwurfsvoll an. Jetzt würde sie niemals erfahren, wie es war, von Charlie geliebt zu werden. Eingedenk ihres Nervenzusammenbruchs fand ich das ganz gut so.

Kurz nach Charlies Erscheinen in unserem Haushalt rief mich Jim an. Fünf Kätzchen waren in einem zugebundenen Sack gefunden worden, und nach ihrem Zustand zu urteilen, mußten sie seit drei bis vier Tagen in dem Sack eingesperrt gewesen sein. Zwei waren gestorben, und zwei andere hatten ein Heim gefunden. Das fünfte war körperlich gesund, aber seine Psyche hatte gelitten, und es bedurfte besonderer Zuwendung, wenn es sich jemals von dem schrecklichen Erlebnis erholen sollte. Ob ich wohl unter diesen Umständen bereit wäre . . . Da ich mir sagte, daß eine Katze mehr oder weniger bei meinem ohnehin durcheinandergeratenen Lebensstil keinen Unterschied machte, erklärte ich mich bereit, Pudding aufzunehmen. Ich nahm Charlie auf die Fahrt mit, unter dem Vorwand, er sei noch zu klein, um allein gelassen zu werden, und die anderen könnten ihm etwas antun. In Wirklichkeit fuhr er gerne Auto, und ich hatte ihn gerne bei mir. Er trat die Reise in meiner Tasche an, aus der sein Fuchsschnäuzchen neugierig herausragte. Nach fünf Minuten fand er diese Stellung zu einengend, und er kletterte auf meine Schulter, wo er sich als Oberaufseher fühlte. Ich hatte das Gefühl, daß er den vorbeifahrenden Automobilisten wohlwollend zulächelte, ihnen mit der Pfote winkte und beifällig nickte, wenn ihm

23

etwas gefiel. Es war wirklich ein Vergnügen, ihn mitzunehmen.

Im Vorzimmer des Tierschutzvereins setzte ich Charlie in sein Körbchen. Fünf Minuten später wurde ich zu Pudding geführt, einem kleinen, runden, schwarzen, flaumigen Bündel. Zwei große grüne Augen lugten aus dieser Fellkugel hervor, und er sah wie eine griesgrämige Eule aus. Er war ganz verängstigt; zitternd kauerte er in einem Winkel seiner Kiste. Als ich behutsam die Hand nach ihm ausstreckte, kroch er noch mehr in sich zusammen. Konnte man ihm das verübeln? Nach allem, was er durchgemacht hatte, bestand für ihn gewiß kein Grund, einem Menschen zu trauen. «Beruhige dich, Kätzchen», sagte ich, «wir wollen versuchen, alles wieder gut zu machen.»

Ich stellte die Kiste auf den Rücksitz des Wagens und ließ Charlie aus seinem Körbchen. Er platzte fast vor Neugier auf den Inhalt der Kiste. «Ein Geschenk? Für mich? Wie aufregend!» Mit der Schnauze lüftete er den Deckel und äugte hinein. Ein Baby? Sein eigenes Baby! Obwohl das «Baby» wirklich sehr klein war, muß gesagt werden, daß es trotzdem ein ganzes Stück größer war als Charlie. Er war begeistert. Ohne weiteres sprang er in die Kiste, ergriff mit der Pfote von dem Insassen Besitz und leckte ihn von oben bis unten, ja er drehte ihn sogar um, damit die Unterseite nicht zu kurz kam. Nachdem das, was er offenbar als sein Kind betrachtete, gesäubert war, schmiegte er sich an den kleinen Schwarzen und fiel in Schlaf. Pudding hatte sich Charlies Aufmerksamkeit gefallen lassen und gab sie nun zurück, indem er ihn mit seinem rauhen Zünglein leckte. Ich freute mich über diese schnell geschlossene Freundschaft und beglückwünschte mich innerlich, daß ich Charlie mitgenommen hatte.

Die Freundschaft hielt. Vielleicht lag es daran, daß beide ungefähr das gleiche Alter hatten und kurz nacheinander zu mir ins Haus gekommen waren. Wo der eine war, da war auch der andere. Sie schliefen zusammen, spielten miteinander, waren unzertrennlich. Obwohl Charlie kleiner war als Pudding (der sich rasch zu einem riesigen Kater entwickelte), ernannte er sich zu Puddings Beschützer und Mentor. Ich glaube wirklich, daß Pudding ohne Charlies Unterstützung niemals sein Trauma überwunden hätte, denn er war die neurotischste Katze, die ich jemals kennengelernt habe. Alles erschreckte ihn: das Klingeln des Telefons, das Krähen eines Hahnes, ein Klopfen an der Tür, sogar das Schwirren eines Ventilators. Jedes Geräusch ließ ihn erzittern und unter dem Sofa Schutz suchen. Charlie folgte ihm dann, legte sich daneben und besänftigte ihn. Pudding seinerseits vergötterte Charlie, doch das brachte ihn in Konflikt, denn so sehr er Charlie auch seines Mutes Fremden gegenüber und seines Forschergeistes wegen bewunderte, machte ihm das gleichzeitig Angst. Was, wenn Charlie dadurch in Ungemach geriet? Er war so impulsiv, ging jedes Wagnis ein und forderte das Unglück geradezu heraus. Früher oder später mußte einfach etwas Schreckliches geschehen, und dann würde er, Pudding, den einzigen Freund verlieren, den er je gehabt hatte.

Wegen seiner Nervosität hielt ich Pudding zuerst von den andern drei Katzen fern. Ich fütterte ihn und Charlie stets in einem Raum, die anderen in einem andern. Als ich Pudding das erstemal fütterte, erlebte ich eine große Überraschung. Sein Hunger — seine Freßgier, wie sich später herausstellte — war weit stärker als seine Ängstlichkeit, und er wurde zu einer Wildkatze. Er verschlang seine Mahlzeit in Rekordtempo, zerkatschte das Futter geräuschvoll und ohne Rücksicht auf die elementarste Katzen-Etikette. Charlie, selbst ein heikler Esser, sah sich dieses absolut ungebührliche Benehmen gewissermaßen mit hochgezogenen Brauen an, verzieh es aber großmütig, da er es der unglückseligen Vergangenheit seines Freundes zuschrieb. Zwischen dem gierigen Gekatsche blickte Pudding ab und zu über die Schulter und knurrte drohend. Da ich an Katzen gewöhnt war, die alles außer geräuchertem Lachs und geschälten Krabben als Armeleutefutter betrachteten und mit meiner bescheidenen Küche eigentlich nur mir zuliebe Vorlieb nahmen, fand ich Puddings Freude am Essen recht herzerwärmend. Er ist natürlich ausgehungert, dachte ich, und deshalb zeigt er solche Freßgier; wenn er sich erst eingelebt hat, wird er wohl ebenso wählerisch wie die andern werden. Das war ein Irrtum. Freilich, er knurrt nun nicht mehr beim Fressen, weil er weiß, daß ihm niemand etwas wegnimmt, aber er verschlingt immer noch alles, was ihm geboten wird, bis aufs letzte Krümchen, als ob es seine letzte Mahlzeit wäre. Ich bin froh darüber, denn es erleichtert mir das Leben. Ich stelle fünf Katzenteller hin, und wäh-

rend die anderen vier noch prüfend schnuppern
— als ob sie Angst hätten, vergiftet zu werden —,
hat Pudding seine Mahlzeit bereits verschlungen
und fragt nach mehr. Es brauchte eine gewisse
Zeit, bis mir klar wurde, weshalb er nicht wählerisch ist: Er hat einfach absolut keine Ahnung,
was er ißt, weil er es so schnell hinunterschluckt.
Ich habe nie die Probe aufs Exempel gemacht,
aber ich glaube, er würde sogar Sägespäne fressen, wenn sie ihm vorgesetzt würden.
Mit der Zeit überwand Pudding seine Nervosität,
und er ist jetzt ein sehr schöner, recht gut ange-
paßter Kater. Nur Fremden gegenüber ist er
scheu geblieben. Wenn ich Besuch bekomme,
schießt er blitzschnell davon.
Es ist sicher nicht verwunderlich, daß mir davor
bangte, diese bunt zusammengewürfelte Katzen-
schar zu entwurzeln und in eine ganz neue Umgebung zu versetzen.

Drittes Kapitel

Je näher der Umzugstag rückte, um so mehr
Zweifel und Befürchtungen beschlichen mich.
Tat ich wirklich richtig daran, eine sichere Stel-
lung mit Pensionsberechtigung aufzugeben und
etwas anzufangen, das ich jetzt selbst für eine
Laune hielt? Eine gemütliche Wohnung mit
einer baufälligen Hütte zu vertauschen? Alte
Freunde zu verlassen und unter Fremden zu le-

ben, die mir als Städterin höchstwahrscheinlich die kalte Schulter zeigen würden? Was, wenn man gar nichts von mir wissen wollte? Ich könnte mich eventuell zu einer spinnerten Exzentrikerin entwickeln, die einseitige Gespräche mit Katzen führte! Wenn ich krank wurde? Keine Seele würde sich dann um mich kümmern. Noch schlimmer, wenn ich tot umfiel? Wer würde dann die Katzen füttern? Was, wenn ... Ach, zum Teufel damit! Betrachte lieber die helle Seite: Keine Frau Hoggett mehr!

Frau Hoggett war vor neun Monaten in die Wohnung unter mir eingezogen. Sie war ungefähr fünfundsechzig und bot keinen schönen Anblick: knapp einen Meter fünfzig groß und nur wenig breiter. Ein ungebändigter Busen baumelte bis unterhalb der Stelle, die die Taille gewesen wäre, wenn sie eine solche gehabt hätte. Ihre siebenundzwanzig fettigen Haare waren straff zurückgekämmt und wurden von einem Schuhbändel zu einem spärlichen Pferdeschwanz zusammengehalten. Sie trug ausgelatschte Turnschuhe, aus welchen sie Stücke herausgeschnitten hatte, um für ihre Hühneraugen Platz zu schaffen. Das Gebiß trug sie nur zu besonderen Gelegenheiten. Das alles hätte ich hinnehmen können, wenn sie nicht eine Wesensart gehabt hätte, die genau zu ihrer äußeren Erscheinung paßte. Doch da sie Witwe war und keine Freunde hatte — begreiflich —, wurde ihr die Zeit lang, und sie legte sich einen Zeitvertreib zu: Sie schikanierte mich. Beim geringsten Geräusch aus meiner Wohnung klopfte sie wütend an die Decke, gefolgt von einer Schimpfkanonade. Da

28

kein Mensch sie jemals besuchte, ärgerte sie sich
schwarz, wenn ich Besuch bekam. Jedes männli-
che Wesen zwischen acht und achtzig hatte nach
ihrem Dafürhalten etwas Anrüchiges im Sinn
und wurde dementsprechend begrüßt: «So eine
Schande! Schon wieder einer, der zu der da oben
will. Widerlich! Ich bin eine anständige Frau.
Schmutziges Gesindel!» (Mein neunjähriger
Neffe fragte mich einmal, warum sie mich eine
«Uhr» nenne. Ich sagte, wahrscheinlich finde
sie, ich hätte einen Tick.) Weiblichen Besuchern
erging es nicht viel besser. Auch meine höchst
achtbare Schwester wurde als «Uhr» bezeichnet,
die das Haus zu einem Bordell mache.
Aber jeder Mensch hat auch eine gute Seite, und
Frau Hoggett hatte eine, die für alles entschä-
digte: Sie war ein Born der Sprachbereicherung,
weil sie Ausdrücke verdrehte und Fremdwörter
reine Glückssache waren. In der ersten Zeit, als
wir noch miteinander sprachen, teilte sie mir feierlich mit: «Ich bin ein großer Menschenfreund.
Ich komme mit jedem aus. Ich sage immer:
Wenn du keinen Anschluß findest, lauf voraus.
Das ist meine Phil und Sophie.» Als ich begriff,
daß sie von ihrer «Philosophie» sprach, war ich
so entzückt von dem Ausdruck, daß ich meine
beiden Frösche sofort Phil und Sophie taufte.
Seither habe ich unter meiner Menagerie immer
einen Phil und eine Sophie. Frau Hoggett hackte
besonders gern auf einer Nachbarin herum, der
es schwerfiel, sich von ihrer Jugend zu trennen.
«Sie zieht sich wie ein junges Mädchen an, aber
sie ist kein Küken mehr», wurde ich unterrichtet.
«Das sieht man an dem Hahnenfuß um ihre

Augen.» Und als Nachbarn einen Zaun aus nicht behandeltem Holz aufstellten, erklärte sie ihnen, daß das Holz vermodern würde, da es nicht «eingelegt» worden sei, und sie verwies auf die Methode der Säuerung von Kraut und Gurken zwecks Haltbarmachens. Aber mein Lieblingsausdruck war ihre Beschwerde: «Ich kann diesen Lärm nicht ertragen. Er macht mir nostalgische Kopfschmerzen.»

Ich fand bald heraus, daß Frau Hoggett zudem eine rabiate Rassistin war. Als eine westindische Familie ein paar Häuser von uns entfernt einzog, ging sie die Wände hoch. «Nicht genug, daß ich eine ‹Uhr› über mir habe, jetzt habe ich nebenan auch noch Schwarze.» Ihr Rassismus brachte mich dazu, mich an ihr zu rächen. Ich bin nicht besonders stolz auf meine Tat, aber ich muß gestehen, daß ich sie nie bereut habe.

Als sie hörte, daß ich wegziehen würde, war sie überglücklich. «Da sehen Sie's! Gott weiß, daß ich eine brave Frau bin, und er hat mein Gebet erhört.»

Ich wies sie darauf hin, daß sie eine noch schlimmere Person ins Haus bekommen könnte.

«Etwas Schlimmeres als eine Hur' gibt es nicht.»

«Na, ich weiß nicht», erwiderte ich. «Wenn nun eine schwarze Hure einzieht?»

Sie wurde grün im Gesicht, und der zahnlose Mund blieb offen stehen. Ich überließ sie ihren Phantasien und schmiedete meinen Plan.

Meine westindischen Freunde machten gerne mit. So kam es, daß etwa drei Wochen später die sonntägliche Ruhe unserer Vorstadt durch ein unglaubliches Schauspiel unterbrochen wurde.

Zwei verbeulte Autos fuhren vor, und ihnen entstiegen etwa ein Dutzend westindische Leute in den verrücktesten Kleidern, die ich jemals außerhalb eines Kostümfestes gesehen habe. Zwei Männer führten eine Gitarre mit, einer eine Trommel und noch ein anderer eine Trompete. Einige Frauen hielten schreiende Säuglinge in den Armen, andere zerrten Kleinkinder hinter sich her. So etwas hatten die Leute in der Ahornstraße noch nie gesehen — und, um ehrlich zu sein, ich auch nicht! Jedes Fenster längs der Straße öffnete sich, und unzählige Augen folgten dem bunten Zug, der sich durch unseren Vorgarten wälzte und nun an Frau Hoggetts Tür hämmerte.

Nie werde ich Frau Hoggetts Gesicht beim Anblick ihrer Besucher vergessen. Ihr Mund bewegte sich wild, als sie zu sprechen versuchte, doch sie brachte keinen Ton hervor. Winston, der während des Wartens ein Messer gezückt und seine Fingernägel damit gereinigt hatte, entblößte mit einem breiten Lächeln seine weißen Zähne und sagte: «Nun, Mütterchen, ist das diese Wohnung, die zu verkaufen ist?» Treena, seine Frau, lugte über Frau Hoggetts Schulter und rief in einem fremdklingenden Singsang: «So eine kleine Diele! Wo stellen wir den Kinderwagen hin?» Als Carlton dann noch geschäftsmäßig sagte: «Wenigstens reicht der Platz für eine rote Lampe. Dem Geschäft steht also nichts im Wege», fand ich es an der Zeit, mich einzumischen, ehe Frau Hoggett der Schlag rührte. Ich ging hinunter und sagte: «Entschuldigen Sie den Irrtum, Frau Hoggett. Diese Leute

31

wollen meine Wohnung besichtigen. Sie haben sich nur im Stockwerk geirrt.» Ich führte die bunte Schar in meinen Vorgarten und war mir wohl bewußt, daß Frau Hoggett uns nachschleichen und durchs offene Fenster horchen würde. Mit Begeisterung deutete Gary auf das Gartenhäuschen und rief: «Na, wunderbar, hier können wir üben!» und zupfte wie zur Bekräftigung ein paar Takte auf seiner Gitarre. Sein Bruder Alwin reagierte auf das Stichwort mit einem scheußlich dissonanten Trompetenstoß, und Carlton steuerte mit seiner Trommel ein paar Wirbel bei. Es war offensichtlich, daß keiner von ihnen jemals ein Musikinstrument in der Hand gehabt hatte, vom Spielen gar nicht zu reden, was nicht weiter verwundert, denn Winston ist Rechtsanwalt und trägt üblicherweise Maßanzüge, in welchen er weit besser zu Hause ist als in der bunten Verkleidung, die er an jenem Tage trug. Wayne ist Fürsorger, Gary Lehrer und Alwin ein kommender Bücherrevisor. Und Carlton versteckte heute sein lieb-besorgtes Arztgesicht großartig hinter einem listigen Einfaltspinsellächeln! Nun, sie waren ganz gewiß keine Musiker, aber ich mußte mir eingestehen, daß der Bühnenwelt an ihnen viel verlorengeht.

Ich nahm sie mit nach oben, mir stets bewußt, daß Frau Hoggett auf jeden Fußtritt und jedes Wort lauschte. Vermutlich bekam sie ihre nostalgischen Kopfschmerzen. Ich fand mich ein bißchen gemein, doch der Zweck heiligte in diesem Fall die Mittel. Nach dem, was sie an diesem Nachmittag durchgemacht hatte, würde sie wohl die Leute, die meine Wohnung nahmen, mit offe-

32

nen Armen empfangen und ihnen, wie ich hoffte, die mir angetanen Schikanen ersparen.

Wie ich später von einer Bewohnerin des Nachbarhauses erfuhr, erfüllte sich meine Hoffnung nicht. Sie schikanierte das Ehepaar Field auf die gleiche Weise — aber nicht für lange! Nach einer Woche ständiger Nörgelei klopfte Herr Field an ihre Tür und erklärte ihr, so laut und deutlich, daß all die längst lauschenden Ohren mühelos folgen konnten, daß es ihm ein außerordentliches Vergnügen wäre, ihre siebenundzwanzig fettigen Haare mittels einer Axt zu scheiteln, wenn sie auch nur noch ein einziges böses Wort sagen sollte.

Fortab herrschte Ruhe im Haus. Mich stimmte das nachdenklich. Alle meine vernünftigen Worte und Schlichtungsversuche hatten zu nichts geführt. Sollten vielleicht Drohungen doch mehr bringen als alle Ermahnungen zur Vernunft?

Der Umzug war ein einziger Alptraum. Nachdem die Fields die Unterzeichnung des Kaufvertrags etwa zehn Wochen hinausgezögert hatten, wollten sie, als es dann endlich soweit war, sofort einziehen. Um sieben Uhr morgens stand ihr Möbelwagen vor der Tür. In der Wohnung herrschte ein Chaos (ein «Kiosk», hätte Frau Hoggett gesagt), und all mein Flehen, mich doch erst die Wohnung ausräumen zu lassen, half nichts, die Packer und Träger schleppten die Möbel der Fields hinauf, während meine hinuntergetragen wurden, denn inzwischen war auch mein Möbelwagen angekommen. Monty, einer meiner Freunde, der mir beim Umzug half, hat ein künstliches Bein und ist — selbst unter besten Voraussetzungen — stets im Nachteil, wenn es ums Treppensteigen geht. Nun mußte er die Fields und ihre Ware umrunden, da diese keine Anstalten machten, auszuweichen, geschweige denn zu helfen. Diese Tatsache verbesserte weder die Situation noch Montys Laune. Es kam zu Streitereien zwischen den beiden Parteien, keiner nahm ein Blatt vor den Mund, und Frau Hoggett, die unten im Wege stand, stimmte mit Gekeife in den Chor ein. Ich hielt mich heraus, denn ich hatte noch andere Sorgen.

Der Tierarzt hatte mir ein Beruhigungsmittel für die Katzen gegeben und mir eingeschärft, es ihnen zwei Stunden vor dem Verlassen des Hauses einzutrichtern, in der Annahme, daß die Fahrt für sie das größte Trauma sein würde. Aber bereits die Tatsache, daß ihr Frühstück durch die unerwartete Ankunft der Fields unterbrochen wurde, das Durcheinander im Hause, das Kommen und Gehen der Möbelträger und das Gezänk, das war einfach zuviel für sie. Sie verschwanden. Ich war äußerst besorgt, ob ich sie finden würde, um ihnen rechtzeitig die Pillen zu geben, und der Gedanke an die lange Fahrt in der Dunkelheit mit fünf aufgeregten Katzen erfüllte mich mit Grauen. Als ich daher Min in einem zusammengerollten Teppich entdeckte, entschied ich, es sei besser, eine vorzeitig beruhigte Katze zu haben als eine unbehandelte, und stopfte ihr eine Pille in den Schlund. Als eine zweite Katze unter dem Bett auftauchte, wiederholte ich das Verfahren. Das Dumme war nur, daß ich mich in dem ganzen Trubel nicht mehr

34

erinnern konnte, welche Katzen nun gedopt waren und welche nicht. Aber ich hätte mir keine Sorgen zu machen brauchen, denn die behandelten Katzen waren diejenigen, über die ich dauernd stolperte, weil sie überall verstreut herumlagen und schnarchten.

Es war gut, daß ich in weiser Voraussicht die Frösche am vorigen Abend «eingepackt» hatte, sonst hätte ich sie in dem Durcheinander womöglich nicht mehr finden können, ganz zu schweigen von der schrecklichen Vorstellung, daß sie zertreten würden. Sie hatten an sich ihr eigenes Terrarium in einem Winkel des Wohnzimmers, voll ausgestattet mit Teich, bemoosten Steinen und niedrig wachsenden Pflanzen, aber sie liebten es, von Zeit zu Zeit hervorzukommen und im Zimmer umherzuhüpfen. Da der Teppich dunkelgrün war, konnte man sie kaum sehen, wenn sie sich nicht bewegten. Ich war so an ihr Kommen und Gehen gewöhnt, daß ich manchmal vergaß, Besucher vor ihnen zu warnen. Ich weiß noch, einmal erschien ein junger Mann, um die Wohnung zu besichtigen. Wir saßen plaudernd bei einer Tasse Tee, als er plötzlich mitten im Satz stockte, sein Kinn hinunterfiel und er mit aufgerissenen Augen auf den Teppich starrte. Ich erschrak und dachte, er sei vom Schlag getroffen worden. Ich sprang auf und wollte ihm gerade mit Mund-zu-Mund-Beatmung das Leben retten — etwas anderes fiel mir nicht ein —, da stieß er heiser hervor: «Er hat sich bewegt!» Ich folgte seinem Blick und sah Phil unter dem Bücherregal hervorkommen. Wenn Frösche nicht hüpfen, bewegen sie sich sehr langsam vorwärts — nach jedem Schritt eine zehnminütige Denkpause —, und manchmal verharren sie mitten im Schritt. Ich habe es erlebt, daß sie wie festgewurzelt stehenbleiben, zwanzig Minuten mit einem Vorderbein mitten in der Luft. Die Reaktion des jungen Mannes war also durchaus verständlich.

Einmal fragte mich jemand ungläubig, ob es wahr sei, daß ich Frösche in meiner Wohnung hielte. «Gewiß», antwortete ich, «tut das nicht jedermann?» Es ist mir tatsächlich unerklärlich, daß Frösche keine beliebteren Haustiere sind, zumal bei Leuten, die keine Hunde oder Katzen in der Wohnung halten dürfen. Sie machen gar keine Mühe und sind völlig anspruchslos: Wasser zum Planschen, Steine zum Verstecken, feuchtes Moos zum Ausruhen und dazu nur noch ungezählte Würmer und Insekten. Sie riechen nicht, machen nichts schmutzig und sind wirklich entzückende kleine Geschöpfe. Leider wird uns in der Kindheit eingeredet, Frösche seien widerliche, böse, häßliche Tiere — ein Vorurteil, das nicht zuletzt von den Märchen genährt wird. Ich wäre sehr ungehalten, wenn sich einer meiner Frösche in einen schönen Prinz verwandelte.

Zu guter Letzt war alles verladen, und ich war reisefertig. Es goß in Strömen, und es war kalt und dunkel. Die Katzen, die die Wirkung der Beruhigungspillen längst ausgeschlafen hatten, miauten kläglich. Sie froren, waren mißgelaunt, nervös und hungrig. Ich fühlte mit ihnen — ich wußte genau, wie ihnen zumute war.

Viertes Kapitel

Als die Katzen und ich unser Ziel erreichten, sanken meine Lebensgeister noch tiefer, obwohl ich das nicht für möglich gehalten hätte. Es war stockdunkel, und der Regen rauschte gleichmäßig hernieder. Infolgedessen war der Boden so aufgeweicht, daß ich mit dem Wohnwagen nicht bis zum Haus fahren konnte, sondern ihn einen Kilometer entfernt am Ende des Feldweges stehenlassen mußte. Das bedeutete kein Wasser, kein Licht und keine Heizung. Freilich, die elektrische Leitung war noch nicht gelegt worden, aber ich hatte beim Haus einen gebrauchten kleinen Generator aufstellen lassen, der mir über die erste Zeit hinweghelfen sollte.

Im Schein einer Taschenlampe machte ich die Katzen mit ihrem neuen Heim bekannt. Sie waren ganz verwirrt. Sollte diese kalte, feuchte, dunkle Baracke auf Rädern ihnen etwa ihr gemütliches Heim ersetzen? Und was war das für ein nasser, matschiger, klebriger Boden draußen? Es wurde von ihnen doch nicht erwartet, dort ihr Geschäft zu verrichten, sich dabei die makellosen Pfoten zu besudeln und möglicherweise noch Bakterien aufzulesen? Nicht um die Welt. Ich mußte von vorn damit anfangen, sie zur Stubenreinheit zu erziehen, denn in den ersten beiden Wochen weigerten sie sich standhaft, vor die Tür zu gehen, und zogen es vor, die Blumentöpfe als Klo zu benutzen. Die Wirkung dieses Verhaltens auf die Pflanzen war bemerkenswert. Ich zog ernsthaft in Erwägung, an ein Forschungsinstitut zu gelangen und einen Unkrautvertilger anzubieten, der alle gängigen Produkte weit in den Schatten stellte. Als ich die Katzen auf die in weiser Voraussicht erworbenen Versäuberungskistchen aufmerksam machte, reagierten sie verärgert: so etwas sei für Babys.

Nahrung hielt ich für das beste Heilmittel. Ich packte die Näpfe aus und verteilte großzügige Portionen gehackten Hühnerfleisches. Vier pelzige Gesichtchen verschwanden sofort in den Näpfen. Rufus aber setzte seine Leidensmiene auf: «Du weißt doch, daß ich zum Abendessen immer Leber bekomme.» Ich war nicht in der Laune für derartige Fisimatenten. Auch mir knurrte der Magen, und es fehlte wenig, daß ich sein Hühnerfleisch wieder genommen und selbst gegessen hätte. Ich glaube, er spürte meine Gefühle, denn nach einem Blick auf mein Gesicht beschloß er, dieses Mal, dieses eine Mal, einzulenken. Als er lustlos kleine Bissen zu sich nahm, konnte ich die Sprechblase über seinem Kopf förmlich sehen: «Ich ersticke an jedem Bissen, aber ich würge das Zeug hinunter, und wenn ich daran sterbe.»

Als sie satt waren, schauten sich die Katzen nach einem Schlafplatz um. Sie fanden das Feldbett am geeignetsten. Mein Feldbett. Ich war sogar dankbar für die Wärme, die sie spendeten. In den Kleidern legte ich mich hin und kämpfte mit den Tränen. Ohne mir die Mühe zu nehmen, mich auszuziehen, legte ich mich hin und überlegte, ob ich mir jetzt ein paar herzhafte Tränen leisten sollte oder erst später, wenn ich sie vielleicht besser auskosten könnte. Ich war gerade dabei, einen Pakt mit dem Teufel zu schließen und ihm meine Seele für eine Tasse Tee zu verkaufen, als an die Tür geklopft wurde. Ich schoß in die Höhe, so daß die Katzen nach allen Seiten flüchteten. Wer konnte das nur sein? Ja, wer wußte überhaupt, daß ich hier war? Fieberhaft überlegte ich alle Möglichkeiten. Einbrecher? Kaum, hier gab es ja nichts zu stehlen. Außerdem machen sie sich für gewöhnlich nicht die Mühe, anzuklopfen. Ein Obdachloser? Wer es auch sein mochte, es war immerhin ein Mensch. Ich machte die Tür auf und sah einen durchnäßten Mann, der in der einen Hand eine Taschenlampe hielt und unter dem andern Arm eine Schachtel. Wahrhaftig, er lächelte! Ich hatte an diesem Tag noch keinen lächeln sehen.

Er stellte sich als Steve Royce vor und sagte, er wohne in einem der Häuser am Feldweg. Er fragte, ob er mir irgendwie behilflich sein könne. Ich bezwang den Impuls, ihm um den Hals zu fallen und mich an seiner ohnehin schon sehr feuchten Schulter auszuweinen, und bat ihn herein. Er sagte obenhin: «Ich habe ein paar Sachen mitgebracht, die Sie vielleicht brauchen können.» Damit entnahm er der Schachtel einen Petroleumkocher, eine Lampe und — hurra! — eine Thermosflasche mit Tee. Pech für dich, Teufel, dachte ich, diesmal fällt unser Pakt flach. Steve meinte, wenn ich sonst noch etwas brauche, solle ich es ihn wissen lassen, und verabschiedete sich. Ich setzte mich hin und genoß meine Tasse Tee. Meine Moral hatte sich um etliche Grade gehoben, und ich sann darüber nach,

39

was für Wunder ein freundliches Gesicht und eine Tasse Tee wirken können. Ich dachte an meine Befürchtung, daß vielleicht niemand mit mir reden würde, und nun hatte ich schon in der ersten Viertelstunde einen Freund gewonnen. In meiner Vorstadtwohnung hatte es fünf Jahre gedauert, bis es mit Nachbarn zu einem freundschaftlichen Verhältnis gekommen war. Ich beschloß endgültig, die herzhaften Tränen erst später zu weinen, wenn ich sie wirklich nötig hatte. Ich lag die ganze Nacht schlaflos auf dem Feldbett und lauschte dem Regen, der aufs Dach trommelte. Beim ersten Morgenlicht ging ich mit zerschlagenen Gliedern zur Tür. Es regnete noch immer, und der Wohnwagen saß im Morast fest. Ich zog meine Gummistiefel an, um mich draußen umzusehen. Soweit das Auge reichte, nichts als Morast. Der Wald war von Nebel verhüllt. Das Ganze kam mir wie ein schlimmer Traum vor. Verzweifelt rief ich mir all die guten Dinge ins Gedächtnis zurück, derentwegen ich das Haus auf dem Land gekauft hatte. Einsamkeit? Nun ja, aber sie schien jetzt eher ein Minuspunkt zu sein. Die weiten grünen Felder? Diese grünen Felder waren jetzt weit und breit eine schmutzigbraune Brühe. Saubere frische Luft? Beim Einatmen ertrank ich beinahe an Regenwasser. Anstatt Lungenkrebs zu bekommen, setzte ich Grünspan an. Ein schöner Tausch!

Als erstes mußte der Wohnwagen zum Haus geschafft werden. Ich erkundigte mich in der Gegend und fand endlich einen Bauern, dessen Traktor einen Vierradantrieb hatte, und dem es nach mehreren Fehlstarts gelang, den Wagen

über das schlammige Gelände zu schleppen. Mir
war viel besser zumute, als er neben dem Haus
stand. Wenn ich gewußt hätte, daß der Wohnwagen in den nächsten zwanzig Monaten meine
Behausung bleiben sollte, wäre ich vielleicht weniger glücklich gewesen.

Ich hatte absichtlich den März für den Beginn
meines neuen Lebens gewählt, weil ich annahm,
daß der Winter dann vorbei sein würde. Leider
hatte ich nicht das richtige Jahr gewählt. In diesem Jahr wollte und wollte der Winter nicht weichen. Tag für Tag war der Himmel grau, und der
kalte Regen hörte nicht auf. Positiv denken, er-
mahnte ich mich. Bald wird der Regen aufhören
und alles rosig werden. Teilweise behielt ich
recht — der Regen hörte wirklich auf, aber statt
dessen schneite es. Der März verging, der April
kam, und noch immer schneite es. Die Katzen
waren am unglücklichsten. Gerade als sie anfin-
gen, den Morast als Tatbestand hinzunehmen,
und es spaßig fanden, dreißig- bis vierzigmal am
Tag feuchte Lehmklumpen in den Wohnwagen
zu bringen, begannen die dicken weißen Flocken
vom Himmel zu fallen. Sie warfen nur einen einzigen Blick auf die Schneedecke, und schon war
der Tod aller Topfpflanzen beschlossene Sache.
Ich vermummte mich wie eine ägyptische Mu-
mie, stapfte hinaus und warf Schneebälle in die
Luft, um den Katzen zu zeigen — selbst nicht
übermäßig davon überzeugt —, wie lustig das
Leben nun war. Aus den Fenstern des Wohnwagens schauten mir fünf große Augenpaare ernst
zu. Schließlich wagten sich die Katzen hinaus,
und zu ihrer Überraschung stellten sie fest, daß

es tatsächlich lustig war, auf Schneeflocken Jagd zu machen und in der weichen Masse zu spielen. Noch immer hatte ich kein Wasser. Ich trieb einen Klempner auf, der sich aus alter Zeit meines Hauses erinnerte und zu wissen glaubte, wo die Zuleitung war; aber natürlich konnte er sie erst nach der Schneeschmelze ermitteln. Da hatte ich einen Gedankenblitz. Schnee! Was war Schnee denn anderes als gefrorenes Wasser, und davon war ich ja umgeben. Ich ergriff einige Eimer und schaufelte sie voll mit Schnee. Als ich die gefüllten Eimer betrachtete, sah ich nicht Schnee, sondern unbegrenzte Tassen Tee, Suppe fürs Abendessen, Wärmeflaschen und gar eine volle Waschbütte. Ich setzte einen großen Topf mit Schnee auf, um mir ein Täßchen Tee zu brühen. Da bekam ich meinen ersten Schrecken: Der Schnee verschwand buchstäblich vor meinen Augen. Der schöne Topf voll Schnee ergab drei Zentimeter Wasser. Den zweiten Schrecken brachte die Feststellung, daß der jungfräulich aussehende Schnee beim Schmelzen eine schmuddelige Farbe annahm. Ich beäugte das Wasser mißtrauisch. Durfte ich es trinken? Sei nicht albern, schalt ich mich. Wahrscheinlich ist es viel sauberer als Leitungswasser, ohne Chemikalien und dergleichen. Laß es tüchtig kochen, fisch die kleinen Zweiglein heraus, dann ist schon alles in Ordnung. Tatsächlich schmeckte der Tee gut, ein bißchen erdig vielleicht, aber davon ließ ich mir den Genuß nicht verderben.
Nachdem es drei Tage lang geschneit hatte, stand ich am Morgen wieder einmal am Fenster und betrachtete das Gewirbel über den Feldern,

als mir auf einmal aufging, daß die Hecke an meinem Fußweg nicht mehr zu sehen war. Der Schnee lag jetzt fast zwei Meter hoch. Eine sibirische Steppe konnte nicht öder sein. Jetzt war ich vollständig abgeschlossen.

Wenn ich jemals an der Freundlichkeit der Landbevölkerung gezweifelt hatte, so wurde ich in der Folge eines Besseren belehrt. Die Nachbarn, die von meiner Notlage wußten, halfen mir nach Kräften. Graham Christie belud seinen Traktor mit Lebensmitteln, fuhr über die Felder und lieferte sie bei mir ab. Alec, der Besitzer des Bauernhofes auf der anderen Seite, brachte mir auf einem Schlitten Milch und Brot. Ich staunte über die Großmut und Herzensgüte dieser Menschen, die gewiß ihre eigenen Sorgen hatten.

Als ein winterlicher Tag dem andern folgte, war ich überzeugt, daß der Schnee niemals verschwinden würde. Ein neues Eiszeitalter war gekommen, und man verschwieg es geflissentlich dem Volk, um es nicht zu beunruhigen. Keine Sorge, dachte ich grimmig, ich kann ohnehin nicht auf die Straße gehen und demonstrieren, selbst wenn ich es wollte.

Dann vollzog sich alles unglaublich schnell: Es taute, der Schnee verschwand, und der Frühling war da. Ich konnte es kaum fassen. Grasbüschel schossen aus dem Boden, die kahlen Bäume bekamen Knospen, und die Vögel sangen fröhlich. Sogar jetzt noch, nach all diesen Jahren, erlebe ich bei den ersten Anzeichen des Frühlings das gleiche Glücksgefühl wie damals im ersten Jahr. In London kamen und gingen die Jahreszeiten, ohne daß ich viel davon merkte. Wohnhäuser,

Läden, Geschäftshäuser, sie blieben stets gleich, welche Jahreszeit auch sein mochte. Abgesehen davon, daß ich mich im Winter wärmer kleidete als im Sommer, änderten die Jahreszeiten nichts an meinem Lebensstil. Jetzt aber, wo ich auf dem Lande lebe, verstehe ich die Bedeutung der abgedroschenen Redensart «in Naturnähe leben». Jeder Tag bringt etwas Neues. Die gestrige Knospe ist heute eine Blüte, und der gestrige Lehmboden ist heute Gras. Die Landschaft wandelt sich fortwährend, und jede Veränderung bringt ein kleines Wunder mit sich. «Seht ihr wohl», sagte ich zu den Katzen, «ich hab's ja gesagt, es wird alles gut werden.»

Fünftes Kapitel

Jetzt wurde das Leben viel leichter. Die Wasserzuleitung war gefunden worden, und ich genoß den Luxus fließenden oder, genauer gesagt, tröpfelnden Wassers. Ich erfuhr, daß die früheren Bewohner ihr Trinkwasser von einer Quelle am Fuß des Hügels bezogen hatten. Für ihre anderen Bedürfnisse hatten sie den Brunnen im Garten benutzt; aber inzwischen war dieser Brunnen so von Steinen, Zweigen, verwestem Grün und allen möglichen Trümmern verstopft, daß mir vor dem Wasser graute, denn das Handwerk des Brunnenreinigers war längst in Vergessenheit geraten.

Eine Feststellung erschütterte mich wirklich, nämlich die Tatsache, daß die Trennlinie zwischen zivilisiertem Leben und Barbarei sehr, sehr dünn ist. In London wäre ich niemals zu Bett gegangen, ohne vorher zu baden, genauso wie ich auch niemals im Nachthemd zur Arbeit gegangen wäre. Hier aber sagte ich mir nach einigen Wochen der Wasserknappheit: Ach was, ich habe mich ja gestern gewaschen, da kann ich heute gut aussetzen. Eigentlich kein Wunder, daß mich niemand besuchte!

Die Wasserzufuhr war tatsächlich mein größtes Problem. Die Leitung vom nächsten Bauernhof liegt knapp fünfzehn Zentimeter unter dem Boden, so daß das Rohr jedesmal, wenn das Feld gepflügt wird, einen Bruch erleidet und das Wasser nicht mehr bis zu mir kommt. Bestenfalls ist die Wasserzufuhr unregelmäßig. Sechs andere Häuser sind an dieselbe Quelle angeschlossen, und wenn nur in zweien von ihnen das Wasser gleichzeitig aufgedreht wird, ist der Druck um die Hälfte verringert. Wenn ich zufällig einer von den beiden bin, bekomme ich gar kein Wasser, weil mein Haus am höchsten liegt. Seit mir der Zusammenhang klar ist, sorge ich immer dafür, daß mir einige volle Eimer zur Verfügung stehen, aber vorher saß ich oft auf dem Trockenen. Mir bricht immer noch der kalte Schweiß aus, wenn ich an den Tag zurückdenke — einen der ersten im Wohnwagen —, an dem ich beschloß, mir die Haare zu tönen. Ich befolgte genau die Gebrauchsanweisung des Herstellers. Auf der Packung stand, man müsse das Produkt dreißig Minuten einwirken lassen. Ich hatte mir ausgerechnet, daß das Wasser die richtige Temperatur haben würde, wenn ich den Kessel nach einer Viertelstunde auf meinen Butangasofen setzte. Eine Viertelstunde später konnte ich dann die Haare spülen. Doch als ich den Hahn aufdrehte, kam kein Wasser, kein Tropfen. Ich regte mich nicht auf, weil mir ja noch eine Viertelstunde Zeit blieb. Auch fünf Minuten später bewahrte ich die Ruhe noch; schlimmstenfalls mußte ich meine Haare mit lauwarmem Wasser spülen. Nach zwanzig Minuten aber packte mich die Sorge. Je länger das Mittel auf den Haaren blieb, um so dramatischer würde die Wirkung sein. Ich lief herum und suchte nach Wasser, mochte es noch so kalt sein. Es war keins da, nicht einmal eine Tasse voll, kein Tropfen. Verlangend blickte ich nach den Wassernäpfen der Katzen, entschied mich jedoch dagegen. Ich hatte ja keine Ahnung, wann wieder Wasser kommen würde, und der Gedanke, daß fünf Katzen nach Flüssigkeit lechzen könnten, war mir unerträglich. (An sich tranken sie selten aus ihrem Napf, sondern bevorzugten Pfützen; doch wenn die Näpfe leer waren, beschwerten sie sich entrüstet.)

Plötzlich kam mir ein Gedanke: Es brauchte ja nicht unbedingt Wasser zu sein, ich konnte alles und jedes benutzen, wenn es nur Flüssigkeit war. Fieberhaft durchkramte ich den Schrank und fand eine Flasche Limonade. Fein. Zum Erwärmen blieb mir keine Zeit; ich goß mir den Inhalt der Flasche einfach über den Kopf und rubbelte die Limonade ein. Fröstelnd rieb ich mir die Haare trocken. Dann betrachtete ich mich im Spiegel. Eine Fremde blickte zurück, eine stroh-

46

blonde Harpyie, die ich nur an den schreckge-
weiteten Augen erkannte. Gewiß, ich hatte mich
ein bißchen verschönern, aber doch nicht wie
eine Goldmarie mittleren Alters aussehen wollen! Es widerstrebte mir im Innersten, mich als
Platinblonde in der Öffentlichkeit zu zeigen,
aber ich mußte Besorgungen machen. Ich hüllte
mein Haupt in einen breiten Schal, und in den
nächsten drei Monaten wandelte ich als Ba-
buschka einher und weigerte mich, das Kopftuch
jemals abzulegen.
All dies machte mich zu einem besessenen Was-
sergeizhals. Kein Tropfen Wasser wurde ver-
schwendet oder ohne weiteres weggegossen. Die
Wärmflaschen wurden nie geleert, sondern ich
betrieb mit dem Wasser «recycling». Das Bade-
wasser durfte nie ablaufen; ich schöpfte es mit
dem Eimer aus und verwendete es zum Schrubben. Wenn ich in London Freunde besuche und
sehe, wie verschwenderisch sie mit Wasser umgehen, verkrampft sich mein Innerstes. Wenn sie
nach dem Geschirrwaschen den Stopper heraus-
ziehen und das Wasser unbekümmert ablaufen
lassen, ist es mir, als würde einem Menschen das
Blut entzogen. Kein Wunder, daß man über mich
tuschelt und mich — nun — ein bißchen exzen-
trisch findet!
Der Generator arbeitete jetzt, und ich hatte
Licht, Heizung und — o Wonne — Fernsehen,
aber nicht alles gleichzeitig. Bevor ich einen elektrischen Apparat einschaltete, mußte ich eine
schwierige Berechnung durchführen, damit das
System nicht überlastet wurde, sonst gab's Kurz-
schluß. Und da war noch ein kleines Problem:

Das Dieselöl für den Generator mußte alle drei Stunden nachgefüllt werden, weswegen ich oft in ein Dilemma geriet. Wenn ich abends ein spannendes Fernsehprogramm genoß, schielte ich ihm letzten Viertel immer mit einem Auge auf die Uhr und stand vor der Entscheidung, hinauszugehen und den Generator aufzufüllen, wodurch ich wichtige Vorgänge auf dem Bildschirm oder gar das Ende verpaßte, oder es darauf ankommen zu lassen, ob das Ende kommen würde, bevor dem Notstromaggregat das Dieselöl ausging. Meistens traf ich die erstgenannte Wahl, denn wenn der Generator den Geist aufgab, war es eine höllische Arbeit, ihn wiederzubeleben. Außerdem konnte ich, solange er lief, wenigstens sehen, was ich tat; im Dunkeln war die Sache noch viel schwieriger. Wenn ich heute gefragt werde, was mir von der ersten Wohnwagenzeit am lebhaftesten in Erinnerung geblieben ist, muß ich sagen: «Das ewige Auffüllen.» Den Generator füllen, die Petroleumlampen füllen, den Kocher füllen — es kommt mir vor, als hätte ich die ganze Zeit irgend etwas gefüllt und wäre stets in eine Dunstwolke von Petroleum und Dieselöl gehüllt gewesen.

Es gab noch mehr Probleme. Ich hatte zwar damit gerechnet, im Niemandsland nicht jeden Morgen meinen halben Liter Milch und meine Zeitung vor der Tür zu finden, aber nicht erwartet, daß der Abfall nicht abgeholt und die Post nicht gebracht werden würde. Der Postbote war ein radelnder Siebziger, und der kilometerlange Abstecher querfeldein zu meinem Haus auf dem Hügel war zu viel für ihn. Ich mußte am Feldweg

einen Briefkasten aufstellen und mir dort die
Post selbst holen. Rechnungen und unverlangte
Drucksachen sind nie willkommen, aber sie sind
es noch tausendmal weniger, wenn man einen
Kilometer weit durch Regen stapfen muß, um sie
in Empfang zu nehmen. Zudem habe ich jedes
Frühjahr einen Territorialkampf mit der einheimischen Vogelbevölkerung auszufechten, die
meinen Briefkasten einen idealen Nistplatz findet.
Und dann der Morast! Man sollte meinen, von
einem Hügel fließe das Regenwasser abwärts.
Aber ich hätte schwören können, bei mir fließe
es hügelaufwärts. Vielleicht verhindern unterir-
dische Quellen, daß sich das Gesetz der Schwerkraft hier auswirkt. Während der endlosen
Monate im Wohnwagen blieb mir viel Zeit, die
Innenausstattung meines Hauses zu planen;
doch als ich sah, was die zwanzig Katzenpfoten
an den Teppichen und Polstermöbeln im Wohnwagen anrichteten, mußte ich meine ursprünglichen Pläne neu überdenken. Pastellfarben kamen nicht in Frage, weder helle Überwürfe noch
bunte Sitzkissen. Ich mußte möglichst alles in
Staub-, Dreck- und Morastfarben halten.
Nach mehreren Monaten hatten die Arbeiten
noch immer nicht angefangen; die ganze Zeit ertrank ich in einem Meer von bürokratischen
Maßnahmen: Umbaubewilligungen, Eingaben,
Entwürfe, Kostenvoranschläge und dergleichen.
Als erstes stellte sich heraus, daß die Graf-
schaftsbehörde überhaupt nichts von dem Vor-
handensein meines Hauses wußte und erst durch
meine Eingabe für die Umbaubewilligung davon

erfuhr. Ein Beamter kam, es zu besichtigen. Er schüttelte den Kopf über den Zustand des Hauses, aber noch mehr bekümmerte ihn die Lage. «Wir sehen es nicht gern, wenn ein Wohnhaus so abseits liegt. Wir ziehen ein Haus mit einer Nummer vor, das zu einer Straße mit einem Namen gehört.» Mürrisch ließ er durchblicken, ein Haus wie meines sei lästig, es lasse sich nicht klassifizieren, wodurch die ganze Administrationsarbeit erschwert werde.

In Anbetracht der Zeit und Mühe, die ich darauf verwendet hatte, gerade dieses Haus zu finden, machten mir seine Administrationssorgen keinen großen Eindruck. Dann aber erklärte er mir streng, wenn das Haus nicht mindestens drei Meter dreißig hoch wäre — auch nach dem Umbau —, könnte es laut Gesetz abgerissen werden, und war es erst einmal abgerissen, so würde ich kaum die Bewilligung erhalten, an dieser Stelle ein neues zu errichten. Das machte mir wirklich Angst, denn das Haus sah aus, als ob es demnächst vollständig zusammenbrechen, jedenfalls einem starken Sturm kaum standhalten würde. Dann war es aus mit all meinen Träumen. Nach dieser Erläuterung wurde ich neurotisch in bezug auf die Wettervorhersagen und die Warnungen für die Schiffahrt. Jedesmal wenn ein Wind aufkam, stürzte ich hinaus, um nachzusehen, ob das Haus etwa an Höhe verloren hatte. Tatsächlich wurde einige Wochen nach meinem Umzug einer der Kamine umgeweht. Als Vorsichtsmaßnahme ließ ich das Haus mit Streben abstützen, und danach schlief ich besser.

Zu meiner Freude lebten sich die Katzen nach

einigen Anfangsschwierigkeiten sehr gut ein und paßten sich dem Landleben an, als ob sie nie etwas anderes gekannt hätten. Nur Min bereitete mir Sorgen. Sie war immer eine Einzelgängerin gewesen, und sie gewöhnte es sich an, tagelang wegzubleiben. Das erste Mal stand ich Qualen aus, lief zu allen Tages- und Nachtzeiten durch den Wald und rief nach ihr. Leider bestand Charlie darauf, mich bei der Suche zu begleiten, und da ich ihn für die Ursache ihres Fortlaufens hielt, hegte ich nicht viel Hoffnung, Min zu finden, solange er dabei war. Charlie hatte nicht vergessen, wie er von Min empfangen worden war, und ihr die Ohrfeige nie verziehen. Seither herrscht zwischen ihnen Kriegszustand. Charlie tyrannisiert Min unbarmherzig, und die sanfte kleine Min, anstatt sich zu wehren, läuft einfach vor ihm weg. Das erste Mal blieb sie über eine Woche fort, und gerade als ich die Hoffnung aufgegeben hatte, sie jemals wiederzusehen, kehrte sie spät abends zurück, sehr hungrig und kläglich. In den folgenden sechs Monaten wiederholte sie ihre Verschwindenummer viermal und verkürzte meine Lebensspanne jeweils um schätzungsweise zwei Jahre.

Rufus gewann zu meiner freudigen Verwunderung neue Lebenszuversicht und tobte wie ein ausgelassenes Kind auf den Feldern herum. Flossie entpuppte sich als Außenseiter auf der Rennbahn. Die dicke, träge, matronenhafte Flossie, mit ihrer Abneigung gegen körperliche Bewegung — sie ging sogar in Zeitlupe zum Freßnapf —, entwickelte auf einmal eine Jagdleidenschaft, die einer Urwaldkatze alle Ehre gemacht

51

hätte. Sie kann nun stundenlang mit großer Geduld reglos dasitzen und auf eine Stelle starren, wo vielleicht ein Blatt oder ein Grashalm gezittert hat. Sie ist überzeugt, daß das Etwas, welches die Bewegung hervorgerufen hat, früher oder später aus der Deckung hervorkommen wird, und ist gewillt, so lange zu warten, bis das geschieht. Gewöhnlich dauert es nur etwa eine Stunde, aber es konnte vorkommen, daß sie einen ganzen Tag auf ihre Beute lauerte. Meistens ist es nur eine Feldmaus oder ein Spitzmäuschen, aber einmal verfolgte sie einen Maulwurf auf seinem unterirdischen Weg, wobei sie wahrscheinlich an den Bodenvibrationen erkannte, wo er sich befand. Nachdem sie ihn gefangen hatte, wußte sie nicht recht, was sie mit ihm anstellen sollte. Offenbar wußte sie, daß Maulwürfe nicht gut schmecken — woher wohl? —, denn sie machte keinen Versuch, ihn zu verzehren. So blieb es mir überlassen, ihn in sein Reich zurückzuversetzen.

Charlie entpuppt sich zum Glück als ein Jäger, der seine Beute unversehrt ins Haus bringt. Er «findet» in Feld und Wald junge Tierchen — wahrscheinlich ehe sie verloren gehen —, die er mir übergibt. Seine erste Anschaffung war ein winziges Wildkaninchen, das meines Erachtens noch nicht selbständig herumgehoppelt war. Dies und die Tatsache, daß Charlie voller Flöhe war, legte den Verdacht nahe, daß er es in einem Kaninchenbau aufgestöbert und geraubt hatte. In der Folge brachte er mir noch viele junge Kaninchen, und das weitere spielte sich immer auf dieselbe Weise ab. Während ich das Tierchen auf

Verletzungen hin untersuchte — nie wies eines eine auf —, schaute er gespannt zu. Dann setzte ich es aufs Sofa, und Charlie übernahm die Pflege. Zuerst bekam das junge Kaninchen einen Kuß auf die Nase, der es überzeugen sollte, daß seine Absichten gutgemeint waren; danach wurde es gründlich gewaschen. Keine Stelle wurde übersehen. Die Ohren bekamen Spezialbehandlung, innen und außen. Der Schwanz kam als letztes an die Reihe. Ich glaube, es ärgerte ihn, daß das Tier keinen normalen langen Schwanz hatte. Einen solchen Stummel konnte man überhaupt nicht als Schwanz bezeichnen. Nach der Säuberung wurde es mir wieder übergeben: Ich fütterte es und brachte es im Badezimmer unter, weil das der einzige Raum im Wohnwagen war, der eine Innentür hatte. Das Pflegekind der einen Katze konnte einer anderen gut und gern als Abendbrot dienen; und darauf wollte ich es nicht ankommen lassen. Erstaunlicherweise überlebten alle diese Waisen — ob wegen oder trotz Charlies Aufmerksamkeiten, vermag ich nicht zu sagen.

Nach einer Weile wurde Charlie ehrgeiziger und brachte größere Tiere heim. Wenn er sie nicht tragen konnte, kurbelte er sie von hinten an, indem er ihnen ab und zu einen Nasenstupfer versetzte, wobei er laut miaute, um mir seine Heimkehr anzukündigen. Den Höhepunkt seiner Jägerlaufbahn bildete ein Frettchen, obwohl es sich in diesem Falle vielleicht um eine unfreiwillige Adoption handelte, denn er trieb es nicht vor sich hin, sondern das Frettchen folgte ihm. «Ist das dein Freund?» fragte ich. Charlie machte ein

53

verwirrtes Gesicht, anscheinend hatte er das nicht gewollt. Ich selbst hatte keine Ahnung, was mein ungebetener Gast war, da ich noch nie ein Frettchen gesehen hatte. Ich schlug in einem Tierlexikon nach, identifizierte das Wesen und lernte zu meinem Schrecken, daß Frettchen recht bösartig sein und dem Menschen glatt einen Finger abbeißen können. Und diesem blutdürstigen Geschöpf hatte ich draußen Charlie überlassen! Angsterfüllt zog ich dicke Handschuhe an und eilte in den Garten. Charlie saß mit seinem Schützling auf dem Liegestuhl und ging mit ihm die übliche Routine durch: Jeder, der hierherkommt, muß zuerst desinfiziert werden. Ich verscheuchte beide vom Liegestuhl und setzte mich hinein, um den weiteren Verlauf zu beobachten. Charlie kletterte prompt an meinem einen Hosenbein in die Höhe, das Frettchen am andern. Ich kramte aus meiner Tasche einen Keks hervor und bot jedem die Hälfte davon an. Charlie war wild auf Kekse; er konnte kilometerweit das Rascheln hören, wenn ich ein Päckchen öffnete. Er nahm das Angebot gierig an. Das Frettchen ebenfalls. Es hockte auf meinem Schoß und knabberte mit offensichtlichem Genuß. Ich konnte dieses niedliche, kleine Geschöpf in nichts mit dem blutdürstigen Ungeheuer in Einklang bringen, das in meinem Buch beschrieben war.

Heute ist mir natürlich klar, daß es wahrscheinlich von Menschenhand aufgezogen und als Haustier gehalten worden war; aber woher es auch stammen mochte, es ließ keinen Zweifel daran aufkommen, daß es uns als seine neue Familie betrachtete. Mir war das durchaus recht, solange es draußen blieb. Puh hingegen sah nicht ein, warum er draußen bleiben sollte, solange die Katzen hinein durften. Er fand bald heraus, daß die Nische, in der der Butangaszylinder stand, von den Katzen als Eingang zur Küche des Wohnwagens benutzt wurde, und danach ließ er sich nicht mehr aussperren. Der Hauptgrund, warum ich Puh nicht so gerne drinnen sah, war sein, nun ja, sehr persönliches Geruchsproblem. Daher auch sein Name. Es war kein direkt widerlicher Geruch, jedoch durchdringend moschusartig. Wenn ich nach einem Aufenthalt im Freien in den Wohnwagen zurückkehrte, wußte ich sofort, ob Puh uns mit seiner Anwesenheit beglückt hatte. Und da war noch ein Problem: Die Katzen, Charlie ausgenommen, fürchteten sich vor ihm. Sobald Puh eine Pfote in den Wohnwagen setzte, stoben sie wie aus der Pistole geschossen davon. Das war Puh durchaus recht, zumal wenn sein Erscheinen zufällig mit der Fütterungszeit zusammenfiel, was, wenn ich es bedenke, häufig der Fall war. Dann ging er einfach von Napf zu Napf, bis er satt war. Was er nicht mehr schaffte, versteckte er. Leider unter meinem Küchenschrank. Der Gedanke, daß fortab Fisch dort stinkend verwesen würde, erfreute mein Herz wenig.

Endlich ersann ich Mittel und Wege, Puh auszuschließen. Ich verrammelte den Gaszylinder und brachte an der Küchentür in der oberen Hälfte eine hin und her schwingende Klappe an. Die Katzen lernten sofort hindurchzuspringen, aber Puh konnte das nicht. Ich will nicht behaupten, daß dies eine ideale Lösung war, denn die Küchentür war auch die Außentür, und nun lag die Innentemperatur gelegentlich nur wenig über dem Gefrierpunkt. Zum Trost schuf ich für Puh eine Schlafstätte in der Scheune, mit der er sich zufriedengab. Wenn ich morgens die Wohnwagentür öffnete, saß er schon auf dem Treppchen und wartete auf mich. Nachdem er sein Frühstück — Milch und Brot — verzehrt hatte, begleitete er mich auf meinen Wegen, huschte Slalom durch meine Beine und stolperte über meine Füße. Wenn ich nicht da war, heftete er sich an Charlie und folgte ihm auf Schritt und Tritt. Vermutlich war Charlie darüber nicht sehr glücklich — auch die geselligste Katze braucht mitunter das Alleinsein.

Pudding erwies sich als Lehnstuhljäger. Er macht es sich an einem sonnigen Fleckchen gemütlich und rührt sich nur, wenn eine arglose Feldmaus direkt vor seiner Nase vorbeispaziert. Unnötig zu sagen, daß das äußerst selten eintrifft. Pudding ist dann jeweils erstaunt, daß die Beute längst entkommen ist, wenn er nach ihr greifen will.

In der Tat war Flossie das einzige «Raubtier», und schon das bekümmerte mich. Alle Katzen waren so gut genährt, daß sie sich keine Nahrung zu suchen brauchten, und Jagd als Sport ist mir in tiefer Seele zuwider. Trotzdem ist es entschuldbar, denn Katzen wohnt der Jagdinstinkt inne, sie wissen es nicht besser. Moral und Ehrenkodex kennen sie nicht. Indessen fällt es mir äußerst schwer, für den Jagdsport der Menschen Verständnis aufzubringen. Im ersten Winter erlebte ich es, daß eine Jagdgesellschaft ohne weiteres hinter einem Fuchs her über meine Koppel sprengte. Abgesehen davon, daß ich es ein fragwürdiges Benehmen finde, wenn eine ganze Schar über Privatbesitz reitet, liebe ich Füchse. Aufgebracht schrie ich ihnen zu, sie sollten sich von meinem Land wegscheren. Natürlich ist jeder, der auf einem Pferd sitzt, einem auf dem Boden Stehenden gegenüber im Vorteil, zudem waren sie tadellos gekleidet, wohingegen ich aussah, als ob ich durch eine Hecke gekrochen wäre. Meine Arbeitskleidung ist eben ein bißchen rudimentär. Sie blickten hochnäsig auf mich herab und erklärten, ich als Städterin könne unmöglich verstehen, daß die Jagd dem Schutz ihrer Tiere vor Füchsen diene, vor allem ihrer Hühner. Ich wies darauf hin, daß ich Katzen und andere Haustiere hätte und es ungern sähe, wenn sie von einer Hundemeute zerrissen würden. Darauf erklärte man mir geduldig, daß Hunde nur eine Beute hetzen, die sich bewegt; solange meine Katzen sich nicht vom Fleck rührten, würde ihnen nichts geschehen.

«Großartig», sagte ich. «Vielleicht erklären Sie ihnen das selbst. Sie möchten also bitte auf keinen Fall flüchten, wenn eine Meute hechelnder Hunde herbeifegt. Nur lieb und still sitzen bleiben, dann ist alles gut.» Ich glaubte selbst nicht daran und konnte mir gar nicht vorstellen, daß die Katzen es glauben würden.

Ich weiß, daß der Fuchsbestand niedrig gehalten werden muß, aber ich komme nicht gegen das Gefühl an, daß sich das auf menschlichere, weniger grausame Weise bewerkstelligen ließe. Der

57

Anblick erwachsener Menschen, die lächerlich herausgeputzt sind und kindische Ritualrufe ausstoßen, während sie ihrer Beute nachsetzen, macht mich krank. Niemand kann mir weismachen, daß der Fuchs dies als fröhlichen Sport betrachtet.

Dann gab es da noch die Bande der Schießwütigen. Es machte mich rasend, wenn ich sie bei Tagesanbruch querfeldein — über mein Land — zum Wald gehen sah. Abends kehrten sie mit ihrer erlegten Beute zurück. Erstens gehörte der Wald der Gemeinde, und die Jagd war dort verboten. Zweitens scheuten sie sich nicht, auch Singvögel abzuknallen, nicht nur Waldtauben und Kaninchen. Ich setzte mich mit der Polizei in Verbindung und wurde ersucht, sofort anzurufen, wenn ich im Wald jemanden schießen sah oder hörte. Nachdem etwa ein Dutzend Männer gestellt und die kostspieligen Gewehre beschlagnahmt worden waren, sprach es sich herum, daß ich als Polizeispitzel amtete, und die Frevler blieben aus.

Sechstes Kapitel

In der ersten Zeit im Wohnwagen war das Leben voller Überraschungen, nicht zuletzt dadurch, daß ich meine Beine gebrauchen lernte. Etwa zwanzig Jahre lang hatte ich sie nur dazu benutzt, von der Haustür zum Auto und vom Auto ins Büro und zurück zu gehen. So wurde die Entdeckung, daß sie noch gebrauchsfähig, wenn auch ein bißchen ungelenk waren und unter eigenem Dampf eine ganz schöne Strecke zurücklegen konnten, für mich eine angenehme Überraschung. Auch meine von Zigarettenrauch, Luftverschmutzung und Abgasen verseuchten Lungen lebten auf, als sie sich von ihrem Erstaunen erholt hatten, reine frische Luft zu atmen. Das vollzog sich natürlich nicht über Nacht, aber nach ein paar Wochen wurde mir bewußt, daß ich den Kilometer zu meinem Postkasten in flottem Schritt ohne Pause zurücklegte. Nicht gerade nach olympischem Maßstab, aber anfangs hatte ich unterwegs immer ein paarmal verschnaufen müssen und hinterher Muskelkater gehabt.

Wie um den schrecklichen Winter wettzumachen, war der Sommer in diesem Jahr herrlich: Langen, sonnigen Tagen folgten linde Nächte. Stundenlang hielt ich mich im Freien auf, um den Anblick und die Geräusche der Landschaft voll zu genießen. Ungern ging ich abends zu Bett und konnte kaum den Morgen erwarten, der einen neuen Tag brachte. Ich war wie ein Kind an Weihnachten, das so viele Süßigkeiten bekommt, daß es nicht weiß, wovon zuerst kosten. Da ich mir der Vergänglichkeit der Zeit so sehr bewußt war, kam mir jede Minute, die ich nicht draußen verbringen konnte, vergeudet vor, und alles, was mich davon abhielt, wie Hausarbeit, Geldverdienen und andere schlichte Notwendigkeiten, stimmte mich ungeduldig. Zum ersten Mal in meinem Leben dachte ich über den Tod nach.

Nicht mit philosophischer Betrachtung oder gar mit Ergebung, sondern, wie ich leider gestehen muß, mit innerer Auflehnung. Ich wollte niemals sterben. Ich fand es ungerecht, gerade jetzt, wo ich uneingeschränkte Lebensfreude gefunden hatte, allem Ermessen nach nur noch begrenzte Jahre vor mir zu haben. Zum Glück war das eine vorübergehende Phase. Es wurde mir bald klar, daß ich mir selbst vieles verdarb, wenn ich mich bemühte, aus jedem Tag fünfundzwanzig Stunden erfüllten Lebens zu machen, und danach nahm ich jeden Tag hin, wie er kam.

Jeden Nachmittag unternahm ich einen Spaziergang, begleitet von Charlie und Pudding, manchmal auch von Flossie. Wie bei allem, wünschte das Frettchen Puh dabei zu sein. Als die Katzen begriffen hatten, daß Puh sich nicht für sie interessierte, sondern nur mit Charlie zusammensein wollte, verloren sie ihre Angst vor ihm. Wir erforschten die ganze umliegende Landschaft, aber am liebsten durchstreiften wir den Wald und das Kaninchenfeld. Im Wald war es spannend, weil wir nie wußten, was wir als nächstes zu sehen bekommen würden, einen Fasan, eine Rebhuhnfamilie, einen Fuchs oder gar — es geschah nur einmal — einen Dachs. Auf dem Kaninchenfeld war es lustig; dort saßen wir auf der Böschung und schauten von oben dem Getümmel zu. Da die Kaninchen nichts von unserer Anwesenheit ahnten, hoppelten sie sorglos und ausgelassen umher. Die Katzen sahen ihnen mit großen Augen zu, aber sie machten nie einen Versuch, die Kaninchen zu jagen. Puh bezeugte zu meiner Verwunderung nicht das geringste Interesse;

wahrscheinlich hatte er noch nie gejagt. Irgendwo habe ich einmal gelesen, der Mensch sei glücklich, solange er nicht unglücklich sei. Es gab eine Zeit, da stimmte ich dieser Formulierung vollumfänglich zu. Doch nun weiß ich es besser: Glück ist ein tiefes Gefühl und beinahe greifbar. Es war ein solch schönes Gefühl, auf der Böschung zu sitzen, dem Zwitschern der Vögel zu lauschen, dem Spiel der Kaninchen zuzusehen und zu wissen, daß ich zu all dem gehörte; das bescherte mir ein Glücksgefühl tiefer innerer Zufriedenheit. Ich war im Frieden mit der Welt. Warum ich gerade in dieser Zeit beschloß, ein Störelement in mein Leben einzubringen, weiß ich wirklich nicht, aber ich fand es an der Zeit, das «Unternehmen Esel» zu starten. In gehobener Stimmung fuhr ich nach Wales zu Jim Barry, um den Esel abzuholen, und zwar fuhr ich die Nacht durch, damit der Esel bei Tageslicht in seine neue Umgebung kam. Es war Liebe auf den ersten Blick. Humphrey, wie ich ihn sofort nannte, legte den Kopf auf meine Schulter und schnaubte mir — humphhh — liebevoll ins Ohr, womit er mich ebenso entzückte wie mit seinem schokoladebraunen Fell, seinem weichen Maul und den seelenvollen dunklen Augen. Ich war völlig hingerissen.

Noch halbwegs auf dem Feldweg erwartete uns ein aufgeregtes Empfangskomitee. Ich war noch nie über Nacht fort gewesen, und die Katzen hatten befürchtet, ich hätte sie verlassen und sie müßten fortab selbst für sich sorgen. Sie gerieten außer sich vor Freude, bis sie feststellten, daß ich nicht allein kam. Ein Blick auf Humphrey ge-

61

nügte, und sie erstarrten. Ungläubig blickten sie zwischen Humphrey und mir hin und her. Sollte dieses zottelige Ungeheuer wirklich in ihr schönes, wohlgeordnetes Leben eindringen? Ich war zwar ein wenig besorgt gewesen, wie die Katzen auf den Esel reagieren würden, aber ich hatte mir gedacht, daß alles glattgehen würde, wenn Humphrey erst einmal in seiner Koppel untergebracht war und sie merkten, daß ihr Lebensstil durch ihn keine Veränderung erfuhr; aber ich hatte nicht damit gerechnet, daß sie mich kommen hören und aus dem Hause stürzen würden. Sie machten kein Geheimnis aus ihren Gefühlen. Sie waren beleidigt. Als ob es nicht genügte, daß ich sie im Stich gelassen hatte, schleppte ich nun auch noch ein Ungetüm von einem Tier an, das nicht die geringste Ähnlichkeit mit irgendeiner Katze hatte. Das war zuviel. Sie kehrten mir den Rücken und staksten hoheitsvoll zum Wohnwagen zurück, jeder Zoll entrüstete Gekränktheit.

Humphrey seinerseits war verletzt. Er hatte freundlich sein wollen, und ihm war Verachtung zuteil geworden. Da er Ablehnung nur schwer ertrug, wie ich später feststellen sollte, trabte er ihnen mit wütendem Schnauben nach. Vier Katzen stoben davon, als ob der Teufel hinter ihnen her wäre. Nur Charlie hielt inne und setzte sich mit gespielter Gelassenheit mitten in den Weg. Wie um zu zeigen, daß ihn der vorrückende Moloch nichts anginge, netzte er sich die Pfote und fuhr sich damit über die ohnehin perfekt sauberen Schnurrhaare. Humphrey bremste nur wenige Zentimeter vor ihm und stieß den anscheinend gleichgültigen Kater vorsichtig mit der Nase an.

Blitzschnell versetzte Charles ihm einen Pfoten-
hieb und belehrte ihn, seinen Heimvorteil nüt-
zend, über die hier herrschenden Sitten. Er,
Charles, sei eine Persönlichkeit und als solche
Herr über alle Lebewesen, seien es Menschen
oder Tiere. Solange Humphrey das anerkannte,
könnten sie zweifellos gut miteinander auskommen. Nachdem er dem verdutzten Esel noch
einen wohlwollenden Klaps auf die Schnauze
gegeben hatte, kam er zu mir und grinste mich
an. Ich war froh, daß er Humphrey die Demüti-
gung der großen Wäsche erspart hatte, die er
sonst Neuankömmlingen zuteil werden ließ.
Humphrey ließ sich darauf widerstandslos zur
Koppel führen. Ich öffnete das Tor, und Charlie
bat ihn herein. Drinnen blieb er stehen und
blickte sich um. Dann machte er ein paar zö-
gernde Schritte und blieb wieder stehen. Noch
ein paar Schritte und abermals eine Pause des
Nachdenkens. Auf einmal schlug er nach unten
aus und galoppierte wie ein Verrückter über die
Koppel. Eine Runde nach der anderen machte
er, mit hoch erhobenem Kopf und wehendem
Schwanz. Ebenso plötzlich schlidderte er zu
einem Halt, warf sich zu Boden und wälzte sich
in größter Eselsseligkeit. Ich ging zu ihm und
kraulte ihm den dicken Bauch mit einem Stock,
und es kam mir fast vor, als schnurrte er. Offensichtlich würde es mit ihm keine Probleme geben. Wenigstens dachte ich das damals.
Nach allem, was Humphrey durchgemacht hatte,
wollte ich ihm von Anfang an das Gefühl der Sicherheit und des Geliebtwerdens vermitteln.
Deshalb verbrachte ich den Rest des Tages mit

ihm. Er fand das herrlich, und, um die Wahrheit zu sagen, ich ebenfalls. Ich hatte nicht oft Gelegenheit, die Zeit zu vertrödeln, und wenn ich mich einmal nicht nützlich betätigte, hatte ich Gewissensbisse; darum machte es mir besonderen Spaß, ein paar Stunden ohne jedes Schuldgefühl mit einem Esel zu spielen. Ich kraulte ihn hinter den Ohren und sagte ihm, wie entzückend er sei, und Humphrey rieb seine Hinterhand zustimmend an mir.

Dann aber rief mich doch die Pflicht, und ich mußte ihn verlassen, um die Katzen zu füttern, den Generator aufzufüllen und für Wasservorrat zu sorgen. Ich setzte Humphrey das alles auseinander, gab ihm einen Kuß auf die Nase und nahm Abschied. Auf halbem Weg zum Wohnwagen ließ mir ein ohrenbetäubender Eselsschrei das Blut in den Adern gefrieren. Ich kehrte um. Humphrey hing mehr am Koppeltor, als daß er daran lehnte. Die Ohren ließ er tragisch hängen, seine Lippen bebten, und er bot ein Bild äußersten Jammers — in bezug auf Theatralik sind Esel nicht zu übertreffen. Ich fragte mit möglichst strenger Miene: «Du hast gerufen?» Das eine Ohr zuckte hoch, ein zierlicher Huf stampfte, und aus der Tiefe seines Innern kam ein zitternder Seufzer. Wie ein Hoffnungsloser ließ er sein Haupt kummervoll auf meiner Schulter ruhen und schnupperte an meinem Ohr. «Was ist denn?» fragte ich. Er beschnupperte traurig meinen Hals und i-ahte. Damit bedeutete er mir, daß er sich verlassen, unglücklich und verletzt fühlte. Er hatte mir vertraut, mich für seinen Freund gehalten, und ich hatte ihn ganz al-

64

lein gelassen. Es war dumm, einem Menschen zu vertrauen. Er hätte es besser wissen sollen. Aber er konnte nicht anders, es war seine Natur. Schnupper, schnupper.

Ich verhärtete mein Herz, wohl wissend, daß es verhängnisvoll gewesen wäre, einer derartigen Gefühlserpressung nachzugeben. Ich versuchte, ihm klar zu machen, daß er sein gutes Leben nur genießen könne, wenn jemand — nämlich ich — die Mittel dazu beschaffte. Leckerbissen für Esel wüchsen nicht auf Bäumen. Bedrückt ließ ich ihn stehen. Auf dem Weg zum Wohnwagen verschloß ich die Ohren vor dem unaufhörlichen Geschrei, das von der Koppel tönte, und sagte mir immer wieder, daß ich ihm ausgeliefert sein würde, wenn ich jetzt nachgäbe. Er mußte lernen, daß er seinen Kopf nicht durchsetzen konnte, indem er sein markerschütterndes Eselsgeschrei losließ. Als das Geschrei zwanzig Minuten später jählings abbrach, sagte ich zu mir selbst: Aha, er hat's gelernt. In Wirklichkeit hatte er gelernt, daß er die Gesellschaft suchen mußte, wenn sie ihm nicht geleistet wurde. Mit andern Worten: Er war ausgebrochen.

Aber wie? Und wohin? Ich hatte mich überzeugt, daß der Zaun eselsicher war, und erst später begriff ich, daß ein Esel durch ein Schlüsselloch kriechen kann, wenn er dazu entschlossen ist. Ich holte mein Fernglas und suchte die ganze Umgebung ab, bis ich schließlich in dem kleinen Tal eine Viehherde aufspürte und mitten darin ein Paar Eselsohren. Ich machte mich auf, ihn zurückzuschaffen. Das war das erste-, aber bei weitem nicht das letztemal! Anfangs waren die be-

65

nachbarten Bauern nachsichtig, doch es dauerte nicht lange, und sie ärgerten sich über Humphreys Eskapaden ebensosehr wie ich. Ich konnte es ihnen gerechterweise nicht verdenken. Ihre Rassekühe waren ihnen heilig, und sie wünschten nicht, daß die gemächliche Ruhe des Viehs durch einen Esel von recht zweifelhaften Eigenschaften gestört wurde. Und Humphrey war ein rechter Störenfried. Was mich betrifft, so gewöhnte ich mich bald daran, ein grinsendes, haariges Eselsgesicht durchs Küchenfenster spähen zu sehen. Für einen so lebhaften Wildfang konnte sich Humphrey bemerkenswert leise bewegen, wenn er wollte. Einmal kam er in die Küche geschlichen, als ich mich gerade bückte, und schubste mich kopfvoran in den Backofen. Seitdem ließ ich vorsichtigerweise die Küchentür nie mehr offenstehen.

Früher im Jahr hatte ich dreißig Bäume längs des Grenzzauns als Windbrecher gepflanzt. Da der Garten seit über zwanzig Jahren nicht gepflegt worden war, mußte ich mich arg plagen; der Boden war hart und verfilzt von Nessel- und dicken Distelwurzeln. Ich brauchte mehrere Wochen, um den Boden so weit aufzuhacken und zu lockern, daß ich die Bäume setzen konnte. Täglich gab ich ihnen Wasser und sprach ihnen aufmunternd zu, und ich begrüßte jedes Zeichen des Wachstums, jedes Blättchen, mit einem Halleluja. Für mich versinnbildlichten diese Bäumchen mein neues Leben — eine Verpflanzung und ein Wurzelschlagen. Als ich nun eines Morgens zum Fenster hinausschaute, sah ich Humphrey die Reihe entlang stolzieren und je-

66

den Baum etwa zehn Zentimeter über dem Boden planmäßig entlauben. Ich war so entsetzt, daß ich keinen Ton hervorbrachte; ich stand nur da und starrte mit Tränen in den Augen auf meine einst so schönen Bäume. Endlich stieß ich erstickt hervor: «Wie konntest du nur? Wie konntest du so etwas tun?» Humphrey setzte seine Unschuldsmiene auf: «Ich? Ich habe doch nichts getan.» Da aus seinem Maul immer noch Beweismaterial herausragte, fand ich seine Unschuldsbeteuerungen nicht sehr überzeugend. Humphrey stellte bald klar, daß er zweierlei Maßstäbe hatte, einen für sich und einen für mich. Er fand es durchaus richtig, sogar unerläßlich, seine Koppel zu verlassen, wann immer es ihm beliebte; aber von mir wurde erwartet, stets vor Ort zu bleiben. Er nahm es mir bitter übel, wenn ich wegfuhr, und da es ihm nicht gegeben war, still zu leiden, verkündete er allen im Umkreis von fünf Kilometern sein Herzweh: «Sie ist fort», i-ahte er, «sie hat mich verlassen.»
«Hör auf mit dem Geschrei, Humphrey», erklärte ich ihm jeweils geduldig, «ich gehe ja nur Besorgungen machen.»
Ich begann dann, gelegentlich auf Händen und Füßen, vom Wohnwagen zum Auto zu schleichen, um nicht von ihm gesehen zu werden. Ich werde heute noch rot vor Scham, wenn ich daran zurückdenke, daß ich einmal bei der Kriecherei plötzlich ein Paar blaue Hosenbeine vor meinem Gesicht hatte. Als ich aufblickte, sah ich einen verwunderten Gendarmen. Geistesgegenwärtig sprudelte ich hervor: «Ich schuche meinen Autoschlüschel.» Er sah mich skeptisch an, begreif-

67

lich, denn die Wagenschlüssel hielt ich mit den Zähnen fest, daher auch mein Sprachfehler. Resigniert stand ich auf und erklärte ihm die Lage. Damals fand ich es nicht besonders komisch, er aber lachte schallend: «Verstecken spielen mit einem Esel! Na, so etwas!» Und schon war er wieder weg. Ich sah ihm freudlos nach.

Danach sah ich ihn noch öfters, denn er ging mit seinem Wolfshund in den Wäldern auf Patrouille, «um nach Wilderern Ausschau zu halten», wie er sagte. Wohl eher, um über mich zu lachen, begann ich mir einzubilden. Jedesmal, wenn wir uns begegneten, begrüßte er mich mit den Worten: «Na, hat man sich kürzlich mal wieder vor einem Esel versteckt, wie? Hahaha!» Schließlich versteckte ich mich auch vor ihm, wenn ich ihn kommen sah. Es ist nicht lustig, wegen eines Esels zum Gespött zu werden.

Auch Humphrey bewies einen einseitigen Sinn für Humor. Sein Lieblingssport bestand darin, sich von hinten an Menschen anzuschleichen und sie mit der Nase anzustoßen. Am meisten ergötzte es ihn, wenn sie hinfielen. Er schnaubte ihnen dann freundlich ins Ohr und ermunterte sie, sich zu erheben, damit er das Spiel wiederholen konnte. Einen anderen Streich, den er allerdings ein und derselben Person nie zweimal spielen konnte, liebte er ganz besonders. Er bot sein weiches Maul zum Kuß. Sobald das Opfer sich ihm vertrauensvoll näherte, fuhr er mit seinem steinharten Kopf in die Höhe und versetzte ihm einen schmerzhaften Nasenstüber.

Als Humphrey ungefähr zwei Monate bei mir gewesen war, beschloß ich, ein Einzugsfest zu veranstalten. Seit dem Umzug hatte ich keine Einladung mehr gegeben, und ich freute mich, einen Grund zu haben, endlich einmal meine Arbeitstracht für ein paar Stunden abzulegen. Ich wollte ein hübsches Kleid anziehen und mich herrichten. Vor allem aber beschloß ich, ein richtiges Bad zu nehmen. Das hört sich an sich einfach an, aber ich hatte gar kein heißes Wasser im Wohnwagen! Nun, ich hatte einen Gasherd und begann also, kesselweise Wasser zu erhitzen; ich benutzte jeden vorhandenen Kochtopf dazu und versuchte dann, das erhitzte Wasser im Backofen warm zu halten. Die ersten vier Kessel Wasser kühlten sich sofort beim Kontakt mit der kalten Wanne ab. Und dennoch waren zwei Handbreit lauwarmes Wasser — verquirlt mit Geschirrspülflüssigkeit, um ihm den Anschein eines exklusiven Schaumbades zu verleihen! — für mich unter diesen Umständen der Inbegriff von Luxus und wollüstigen Genusses.

Zum Glück versprach der Tag meiner Einladung strahlend sonnig zu werden. Ich wollte, daß meine Freunde mein neues Zuhause von seiner besten Seite kennenlernten. Wenn ein eisiger Wind ihre feingliedrigen Gestalten gebeutelt und sie durch knöcheltiefen Schlamm hätten waten müssen, nie wären sie von ihrer Überzeugung, «das Land» sei nichts für Menschen, abgekommen.

Tatsächlich wurde es ein schönes Fest. Wir freuten uns über das Wiedersehen, unterhielten uns gut und spielten das «Weißt-du-noch?»-Spiel. Meine Freunde fanden die Lage des Hauses entzückend und machten mir Vorschläge für archi-

69

tektonische Pläne und die Gestaltung des Gartens, der noch immer eine Wildnis war. Und bis zum heutigen Tag geblieben ist! «Hier ein Schwimmbecken und dort eine Terrasse mit Stufen, die auf den Rasen führen.» — «Und da drüben einen Teich mit einer Fontäne.» — «Und ein Treibhaus.» — «Und eine Laube.» — «Und ein Pavillon.» — «Und Pfauen auf dem Rasen. Kannst du dir nicht vorstellen, daß du auf dem Rasen sitzt und Pfauen rings um dich herum ihr Rad schlagen?» Nein, das konnte ich nicht. Ich verzichtete darauf, zu den Vorschlägen Stellung zu nehmen, und erwähnte nur, daß ein Schwimmbecken und eine Fontäne wegen der Wasserknappheit kaum in Frage kämen. Immerhin stimmten alle darin überein, daß das Leben auf dem Lande seine Vorzüge habe, wenn sie selbst auch lieber in der Stadt lebten.

Einen leichten Schrecken bekam ich, als Humphrey auftauchte. Aber gerade er trug zur fröhlichen Stimmung bei. Er war begeistert, so viel Gesellschaft zu finden und von allen Seiten gehätschelt zu werden. Der Anlaß kam seinem geselligen Wesen entgegen. Er bildete den Mittelpunkt, und er genoß die Liebkosungen. Zu meiner angenehmen Überraschung benahm er sich tadellos, unterließ alle Streiche und zirkulierte wie ein Pascha unter den Gästen, da ein Häppchen und dort einen Schluck Wodka entgegennehmend. Ohne Zweifel verlieh er dem Fest die ganz besondere Note, und ich begann mich zu wundern, warum eigentlich nicht mehr Leute einen Esel zu ihren Gartenpartys luden.

Als ich am folgenden Morgen zur Koppel hin-

überging, um ihm sein Futter zu bringen, kam er
mir zu meiner Verwunderung nicht entgegen. Er
lag mitten auf der Koppel und traf keine Anstalten, aufzustehen, auch dann nicht, als er den Futtereimer sah. Ich erschrak, denn er war nicht
imstande, den Kopf zu heben. Er öffnete ein
blutunterlaufenes Auge und stöhnte erbärmlich.
Er war krank. Vielleicht todkrank. Ich lief zum
Wohnwagen und rief den Tierarzt an. Ich sagte
ihm, es handle sich um einen Notfall, und er kam
sofort. Er horchte Humphrey ab, befühlte seinen
Magen, nahm seine Temperatur, schaute ihm ins
Maul und in die Augen. Die Tatsache, daß
Humphrey all das widerstandslos über sich ergehen ließ, bestätigte meine schlimmsten Befürchtungen. Schließlich richtete sich der Tierarzt auf
und sagte: «Also, ich habe ihn gründlich untersucht und kein Krankheitszeichen gefunden. Mir
scheint vielmehr, sein Befinden gleicht verblüf-
fend dem meinen, wenn ich einen feuchtfröhli-
chen Abend hinter mir habe.» O Gott, dachte ich
entsetzt, aber auch erleichtert, wieviel Wodka
und Gin mag er wohl gestern stiebitzt haben?
Humphrey schlief seinen Kater den ganzen Tag
über aus, und ich legte im stillen das Gelübde ab,
ihn vor jedem weiteren Tropfen Alkohol zu bewahren. Tags darauf war er vollständig wiederhergestellt und der alte Unband. Irgend etwas
mußte nun aber geschehen, so konnte es mit ihm
nicht weitergehen. Ich hatte gedacht, seine Un-
bändigkeit werde sich mildern, wenn ihm viel
Liebe und Aufmerksamkeit zuteil werde und er
sich sicher fühlte; aber das war ein Irrtum gewesen, im Gegenteil, er wurde immer ungestümer.

Je sicherer er sich fühlte, um so mehr vertraute er darauf, tun und lassen zu können, wie es ihm beliebte, ohne Maßnahmen befürchten zu müssen. Meiner Überzeugung nach brauchte er einen Gefährten. Menschen gingen ja an, waren sogar notwendig, da sie die guten Dinge des Daseins vermittelten, doch nichts übertraf einen Artgenossen, wenn es sich um Gesellschaft handelte. Nur ein Esel konnte bei ausgelassenen Runden auf der Koppel mitmachen, ohne zusammenzubrechen und nach Atem zu ringen. Nur ein Esel hatte ein so dickes Fell, daß er nicht gleich aufschrie, wenn er einen freundschaftlichen Biß ins Hinterteil erhielt. Ja, ein zweiter Esel mußte her. Jetzt bekam ich es mit der Regel zu tun, welche besagt, daß man pausenlos Esel angeboten bekommt, wenn man keinen gebrauchen kann, daß aber Esel so selten sind wie Jungfrauen in Soho, wenn man einen sucht. Ich erforschte jede mögliche Eselsquelle, inserierte in einschlägigen Zeitschriften und sagte es allen meinen Bekannten, die in hippologischen Kreisen verkehrten — vergeblich. Schließlich gab mir ein Tierkenner den Rat, Humphrey kastrieren zu lassen. Impulsiv lehnte ich das ab. Ein Tier verstümmeln zu lassen, damit es zahmer wird — Humphrey war ja nur temperamentvoll, keineswegs bösartig —, das kam mir vor, als benutze man einen Schmiedehammer, um eine Nuß zu knacken. Aber alle Pferdebesitzer sagten mir, Kastration sei, abgesehen von der Erleichterung für mich, zum Besten eines Hengstes, der nicht der Zucht dient. So verabredete ich mit dem Tierarzt ein Datum. In der Zwischenzeit vermochte ich Humphrey kaum in die Augen zu sehen; ich hatte das Gefühl, ihn verraten zu haben. Dabei wußte ich damals nicht einmal, daß die Operation für mich ebenso traumatisch sein sollte wie für ihn. Meine Erfahrungen beschränkten sich auf Kater, die ich im Vorzimmer des Tierarztes abgeliefert und ein paar Stunden später — in leicht benommenem Zustand und um einen Körperteil ärmer — abgeholt hatte. Auf das Kommende war ich nicht vorbereitet.

In erster Linie dachte ich, daß Humphrey wie die Kater eine Vollnarkose erhalten würde, aber er war während der ganzen Operation bei Bewußtsein. Die zweite Überraschung war für mich, daß ich aufgefordert wurde, ihm den Kopf zu halten, während die unaussprechliche Tat ausgeführt wurde. Wenn es mir schon vorher schwergefallen war, ihm in die Augen zu sehen, so war es mir jetzt ganz unmöglich. Der dritte und letzte Schock kam etwa zwanzig Minuten später, als der Tierarzt sagte: «So, das wär's», und mir eine Handvoll Eselshoden zur Begutachtung unter die Nase hielt. Die Operation hatte in der Scheune stattgefunden, und um zu Humphreys Koppel zu gelangen, mußten wir den Schotterweg überqueren, den Arbeiter gerade erstellten. Mitten auf dem Weg fand Humphrey, es gehe über seine Kraft, und brach zusammen. Geistesgegenwärtig brachten die Arbeiter den Bagger, der die Erde wegschaffte, herbei, legten Humphrey auf die mechanische Schaufel und setzten ihn behutsam auf seiner Koppel ab.

Humphrey hatte sich in zwei Tagen von der Operation erholt. Ich brauchte dazu eine Woche.

Siebentes Kapitel

Es wäre schön, wenn ich berichten könnte, daß durch die Operation Humphreys Problem gelöst worden wäre, richtiger gesagt, mein Problem; schön — aber unwahr. Abgesehen von einem beträchtlichen Loch in meinem Bankkonto — Tierärzte sind nicht billig —, ergab sich nicht der geringste Unterschied. Humphrey war genauso unbändig wie vorher. Die Geschichten von seinen Eskapaden waren jetzt (allerdings übertrieben und ausgeschmückt) so weitverbreitet, daß er in der Gegend geradezu legendär wurde. Ich gewöhnte mich mit der Zeit daran, daß mich Fremde ansprachen: «Ach, Sie müssen die Besitzerin von Humphrey sein», oder gar: «Sie sind also die Besitzerin von Humphrey.»
Ich verlor viel Zeit damit, ihn nach Hause zu holen. Als ich ihn zum x-tenmal von Joe Sheppeys Viehweide vertrieb, fragte ich ihn ärgerlich, warum er nicht wie vernünftige Leute über den Zaun hinweg mit Nachbarn reden könne, anstatt ihn jedesmal niederzureißen, wenn er das Bedürfnis nach Geselligkeit hatte. Er sah mich aus sanften, vorwurfsvollen Augen an: «Das ist nicht dasselbe wie Zusammensein.»
Nun, dagegen ließ sich nichts einwenden, aber ich war sicher, daß Joe die Sache von einem anderen Gesichtspunkt aus betrachtete. Er war ein ruhiger, sanfter, kleiner Mann, viel zu höflich, um das auszusprechen, was er zweifellos dachte: «Halten Sie Ihren verfluchten Esel von meinen

Kühen fern!» Er erwähnte nebenher, daß Kühe und Esel nicht zusammenpassen, daß Esel Krankheiten auf Kühe übertragen können und daß die Krankheiten der Milch schaden, so daß ein Bauer, der Milchwirtschaft betreibt, dann den Laden zumachen muß. All das hielt ich Humphrey vor. Er schien erstaunt zu sein, daß er über eine solche Macht verfügte. Zu spät erkannte ich, daß es ein Fehler gewesen war, ihm das zu sagen. Macht steigt zu Kopf — manche können sich dennoch beherrschen, manche nicht. Humphrey konnte es nicht. Er wurde davon berauscht, und nun gab es kein Halten mehr. Ich fand es an der Zeit, Joe ein Friedensangebot zu machen; also besuchte ich ihn und nahm eine Flasche Whisky mit. Ich kann seinen Hof von meinem Hügel aus sehen, er liegt nur zwei Kilometer quer über die Felder entfernt. Aber um dorthin auf der Straße zu gelangen — eine andere Möglichkeit gibt es nicht —, muß ich einen Umweg von neun Kilometer machen.

Er bat mich ins Haus und machte mich mit seiner Frau bekannt. Nachdem wir die üblichen Höflichkeitsfloskeln ausgetauscht hatten, holte ich schüchtern die Whiskyflasche hervor und murmelte etwas von Esel, leid tun, Verständnis für seinen Ärger, nicht wieder vorkommen (hahaha) und dergleichen mehr. Hätte ich ihm eine hochexplosive Bombe in die Hand gedrückt, so hätte die Reaktion nicht elektrisierender sein können. Er sprang auf, rannte zur Tür, riß sie auf und schleuderte die Flasche in die Dunkelheit hinaus. Ich war ganz verstört. Was hatte ich getan? Ich schaute Joe an und konnte nicht glauben, daß dies derselbe gutartige kleine Mann war, den ich kannte — oder zu kennen glaubte. Er hüpfte wie ein Rasender auf und ab und schrie: «So ein Teufelsgebräu! Ich will es nicht in meinem Hause haben! Widerliches, zerstörendes Gift! Lockt gottesfürchtige Leute auf die Wege des Bösen! Was nützt es einem Menschen, seine Seele zu verlieren und eine Flasche Whisky zu gewinnen?»

So hatte ich es eigentlich nicht gesehen. Offensichtlich hatte ich einen argen taktischen Fehler begangen: Alles andere hatte ich gewollt, als ihn aufzuregen, und nun hatte ich ihn entschieden gegen mich aufgebracht. Verwirrt und verlegen sagte ich ihm, es tue mir wirklich leid, sehr leid. Allmählich nahm sein rotes Gesicht wieder die normale Farbe an, es wurde bleich und ausgelaugt, und er sank auf einen Stuhl. Er erklärte mir, früher hätte er mein Geschenk gern angenommen. Aber das war, bevor Jesus sich ihm offenbart hatte. Jesus sei eines Tages zu ihm gekommen, als er auf dem Feld arbeitete und habe ihm die Hand auf die Schulter gelegt. «Es war wie ein blendender Blitz, und ich erkannte, daß mein Leben nun anders werden würde.» Danach sei Jesus noch mehrmals zu ihm gekommen, «immer wenn ich schwankte und einer Führung bedurfte», und habe ihm den richtigen Weg gezeigt. Ich bin kein religiöser Mensch, aber ich war sehr bewegt von der Aufrichtigkeit und Tiefe seines Glaubens.

Als er mich hinausbegleitete, redete er mir ernst zu, stets empfänglich für die Stimme Jesu zu sein; er sei sicher, Jesus werde irgendwann zu

76

mir kommen und auch mein Leben ändern. Ich war weniger sicher, daß es in meinem Alter noch viele Veränderungen geben würde, versprach ihm aber, darauf zu achten. Nachdem ich die Scheinwerfer meines Autos eingeschaltet hatte, sah ich neben dem Weg etwas glänzen. Ich stieg aus und erblickte die unversehrte Flasche. Nachdenklich hob ich sie auf und legte sie in den Wagen; zweifellos lohnte es sich aufzupassen. Auf der Heimfahrt dachte ich an Joe und die Kraft seiner Überzeugung. Ich fragte mich ehrlich, ob ich ihn hätte ersuchen sollen, Gott zu bitten, daß Humphrey sich änderte; doch letztlich erkannte ich, daß ich diese Sache selbst in die Hand nehmen mußte.

Ich hatte den Rat von Fachleuten eingeholt und befolgt, ohne daß es etwas gebracht hatte. Von jetzt an wollte ich mich auf mein eigenes Gefühl verlassen. Ich war immer noch überzeugt, Humphrey brauche einen vierbeinigen Gefährten, vorzugsweise einen Esel, aber ich war nun so verzweifelt, daß ich eifrig und bedenkenlos zugegriffen hätte, wenn mir jemand einen Elefanten oder eine Giraffe angeboten hätte. Deshalb sagte ich ohne Zögern zu, als ein Anruf von einem Tierheim kam und ich gefragt wurde, ob ich einen Ziegenbock haben wolle. Ein niedliches Böckchen: Wieso war ich nicht selbst auf diesen Gedanken gekommen? Die Stimme am Ende der Leitung erklärte mir, der Ziegenbock sei aus dem Streichelalter hinausgewachsen und brauche ein gutes Heim mit viel Auslauf und Gesellschaft. Inzwischen war ich so begeistert von der Vorstellung, daß ich gar nicht richtig zuhörte. Ich erfaßte nur das Wort «Gesellschaft», und alles übrige entging mir. Gesellschaft — herrlich! Was allerdings nicht erwähnt wurde, war die Tatsache, daß es sich um menschliche Gesellschaft handelte.

Ich brach sofort auf, hielt nur einmal, um Humphrey zu ermahnen, brav dazubleiben, da ich eine Überraschung für ihn hätte, und fuhr schnurstracks zum Tierheim. Meine vorgefaßte Meinung, Barney sei ein liebes, sanftes Geschöpf, saß so fest in meinem Kopf, daß ich auf die Wirklichkeit nicht vorbereitet war. Er war riesig! Ich hatte keine Ahnung gehabt, daß ein Ziegenbock so groß werden könnte. Vorsichtig bot ich ihm einen Keks an, den er sofort verschluckte, und zum Dank versetzte er mir einen freundlichen Stoß ins Zwerchfell. Nach Luft schnappend, raffte ich mich vom Boden auf und betrachtete meine Neuerwerbung kritisch. Er war wirklich groß und zudem stark. Nun gut, sagte ich mir, wenigstens kann er es mit Humphrey aufnehmen. Ich streichelte seinen knubbligen Kopf, der aus Stein zu bestehen schien. Nachdem ich einen freundlichen Stoß erhalten hatte, betete ich inbrünstig, daß mir nie ein unfreundlicher zuteil werden möge. Ich klammerte mich an einen Strohhalm, indem ich mir sagte, es könnte noch viel schlimmer sein; denn seine bisherigen Besitzer hatten in weiser Voraussicht — oder aus Selbsterhaltungstrieb? — seine Hörner entfernen lassen. Ich war auch erleichtert, als ich erfuhr, daß er bereits kastriert war. Gott sei Dank mußte ich diese Operation nicht noch einmal durchmachen.

Da ich keine Lust hatte, sogleich nach Hause zu fahren, hielt ich es für angebracht, die Zeit zu näherer Bekanntschaft mit Barney zu nutzen. Er war wirklich ein sehr liebenswerter Bursche. Er hatte mit seiner Muskelpracht etwas von einem betrunkenen Boxer und war gewiß kein Kirchenlicht. Er ahnte offensichtlich nichts von seiner Kraft und konnte nicht verstehen, warum seine freundlichen Annäherungen unweigerlich damit endeten, daß sein Gegenspieler nach Atem ringend auf dem Boden lag. Nachdem er mich zum drittenmal zu Boden geworfen hatte und ich überlegte, ob das Aufstehen überhaupt die Mühe lohnte, kam der Tierwärter und sagte: «Oh, wie ich sehe, hat er Sie ins Herz geschlossen.» Ich fragte ihn, woher er das wisse.

«Na ja», antwortete er, «sonst würde er jetzt auf Ihrer Brust stehen. Außerdem ist er verstört.»

Ich wandte den Kopf. Barney stand hinter mir, mit bekümmertem Großvatergesicht und mekkerte ängstlich. Ich war ganz gerührt — er sorgte sich um mich!

Als der Ziegenbock sicher aufgeladen war, fuhr ich nach Hause. Nachdem Barney beschlossen hatte, daß er mich mochte, fühlte er das Bedürfnis, mir seine Liebe zu zeigen. Er legte mir die Vorderhufe auf die Schulter, so daß er mir die Blutzufuhr zu Armen und Händen abschnitt, und schnaubte vergnügt in meine Haare. Was an seinem anderen Ende vor sich ging, möchte ich lieber nicht sagen. Ich hatte nicht gewußt, daß Ziegen so produktiv sind.

Ich konnte es kaum erwarten heimzukommen und ihn Humphrey vorzustellen. Ich hatte mir alles zurechtgelegt: Ich wollte Barney nicht gleich zur Koppel bringen, falls es Humphrey nicht beliebte, einen Eindringling in seinem Reich zu haben. Ich wollte keineswegs das Wagnis eingehen, die Beziehung zu verderben, ehe sie überhaupt begonnen hatte. Deshalb ließ ich Barney auf dem Weg stehen und öffnete für Humphrey das Koppeltor. Nun hielt ich den Atem an, als sie aufeinander zugingen. Es war genau wie in «Zwölf Uhr mittags»: Langsam verringerte sich der Abstand zwischen ihnen, und gerade als ich dachte, ich könnte die Spannung nicht länger ertragen, entblößte Humphrey die Zähne, stieß ein markerschütterndes Eselsgewieher aus und griff an. Barney reckte sich zu seiner vollen Höhe auf — er wurde größer als Humphrey — und mekkerte fragend. Ehe er sich's versah, wurde ihm ein Eselsgebiß ins Hinterteil geschlagen. Ich war entsetzt. «O Humphrey», rief ich, «magst du ihn denn nicht?»

Humphrey sah mich aus großen Unschuldsaugen an: «Ihn mögen? Natürlich mag ich ihn. Er ist köstlich.» Damit biß er nochmals zu.

Ich war bitter enttäuscht vom Mißerfolg meines Kuppelversuchs. Ich sagte mir, es sei noch nicht aller Tage Abend, sie müßten sich erst einmal näher kennenlernen, und dann würden sie die besten Freunde werden; aber ich glaubte es nicht so recht. Humphrey verachtete Barney, und er dachte gar nicht daran, die Tatsache zu verbergen, daß er den Ziegenbock für einen kompletten Trottel hielt. Barney machte sich nichts daraus, aber ich. Ich war auch verletzt. Das war der Dank für all die Mühe, die ich auf mich genommen hatte, um einen Gefährten für Humphrey zu finden. Er hätte wenigstens einen Versuch machen können, sagte ich mir erbost. Ich beschloß, ihn mir vorzuknöpfen.

Sowie Barney mich in der Koppel erspähte, sprang er fröhlich meckernd auf mich zu. Ich wollte ihm ausweichen, war aber nicht schnell genug. Als ich nach Luft schnappend auf dem Boden lag, wurde mir bewußt, daß ich in letzter Zeit ziemlich häufig in den Himmel starrte. Ich schaute zur Seite, fing Humphreys Blick ein und erkannte deutlich, daß er sich an dem Schauspiel weidete. Das genügte mir. Ich raffte mich auf und sagte ihm ein paar Wahrheiten. «Treib es nicht zu bunt mit mir, du eingebildeter Affe. Du bist ein sehr glücklicher Esel, so ein gutes Heim zu haben, Nahrung in Hülle und Fülle, ein liebevolles Frauchen und einen Ziegenbock als Gesellschaft . . .»

Auf die letzten Worte spitzte er die Ohren und warf Barney einen verachtungsvollen Blick zu.

«Ach, sei nicht so überheblich», fuhr ich ihn an. «Er soll dein Kamerad sein, kein Schachpartner. Du meine Güte, wenn alle Beziehungen auf Intelligenz beruhten, würden einige von uns keinen einzigen Freund auf der Welt haben.»

Er bedachte mich mit einem vernichtenden Blick, der deutlich besagte: «Du sprichst von dir selbst.»

Barney seinerseits stellte klar, daß Humphrey ihm gestohlen bleiben konnte. Meistens ließ er ihn buchstäblich stehen. Da er sich nicht durch Hecken zwängen konnte, übersprang er sie einfach. Das Dumme an Barney war, daß er nicht

81

nur mit Menschen zusammensein wollte, sondern glaubte, er sei selbst ein Mensch. Menschen leben in Häusern, also wollte auch er in einem Haus leben oder, in diesem Fall, in einem Wohnwagen. Geschlossene Türen hinderten ihn nicht; er brach sie eben auf, wobei er seinen Kopf als Ramme benutzte. Wenn die Schmiedehammertaktik versagte, fraß er sich hindurch. Das Dichtungsmaterial rings um die Tür, die Stufen, die hinaufführten, schließlich die Tür selbst, alles ging denselben Weg.

Noch mehr als Behausungen liebte Barney Autos. Sobald er einen Wagen kommen hörte, galoppierte er ihm entgegen. Ehe der unselige Fahrer Zeit hatte, den Schlag zu schließen, hatte sich ein sehr entschlossener, sturer Ziegenbock an ihm vorbeigezwängt. Nachdem er sich hinters Steuer geklemmt hatte, legte er die Hufe darauf — ich muß zugeben, es war wirklich ein komischer Anblick, sofern es nicht der eigene Wagen war — und schaute sich nach etwas Eßbarem um. Alles war nach seinem Geschmack, Landkarten, Kleenex, Gummidichtungen, Sicherheitsgurte, Bücher und Zeitungen. Einmal verschlang er einen fast fertigen Bericht, an dem ich gerade schrieb. In dem Glauben, daß die Wahrheit besser sei als die pfiffigsten Notlügen, rief ich meinen Auftraggeber an und sagte ihm, so leid es mir auch tue, er müsse sich mit der Ablieferung noch etwas gedulden, da ein Ziegenbock den Entwurf gefressen habe. Eine lange Pause. Dann: «Na ja, wenigstens einmal etwas anderes. Höchst originell, aber keineswegs glaubhaft.»

Obwohl Barney fast alles fraß (ich sage «fast»,

weil ich ihm einmal einen selbstgebackenen
Kekse anbot und er ihn ausspuckte), hatte er
zwei Leidenschaften: Bier und Zigaretten. Das
kam in seiner Nahrung nicht häufig vor, denn
abgesehen von den Kosten bezweifle ich, daß Alkohol und Nikotin für Ziegen gesünder sind als
für Menschen. Doch als besondere Belohnung
oder als Lockmittel, etwas zu tun, das ihm nicht
in den Kram paßte, wirkten sie Wunder.

Seit einiger Zeit hegte ich nun die Absicht, mich
mit der Polizei in Verbindung zu setzen und sie
zu bitten, mir jemanden zu schicken, der mich in
bezug auf Sicherheit beraten könnte. Bei meiner
abgeschiedenen Lage erschien mir das sinnvoll.
Aber aus irgendeinem Grunde schob ich es immer wieder auf. Vielleicht befürchtete ich, man
werde mich als verschrobene alte Jungfer ab-
schreiben, die fürchtete (oder hoffte), vergewal-
tigt zu werden. Oder aber man schickte mir meinen alten Freund, den lachenden Polizisten, und
das hätte ich nicht ertragen. Als ich mich endlich
doch dazu aufraffte, zeigte man sich hilfsbereit
und versprach mir, am nächsten Tag jemanden
zu schicken. Der Weg war inzwischen gebaut
worden, aber so holprig, daß die meisten Besucher es vorzogen, ihren Wagen unten stehen zu
lassen und das Stück zu Fuß zu gehen. Es war ein
sehr heißer Tag, und als der ziemlich korpulente,
behäbige Polizist keuchend und schwitzend oben
ankam, war er nicht gerade bester Laune. Was
die Sicherheit betraf, so erklärte er mir, daß ein
Kerl, der es auf sich nehme, fast anderthalb Kilometer über einen holprigen Pfad voller Schlaglö-

83

cher zurückzulegen, um mich zu vergewaltigen, es verdiene, ungestraft davonzukommen. Ich gab ihm ein Glas Bier, und als wir plaudernd draußen standen, kam Barney herbei und versetzte ihm einen freundschaftlichen Schubs. Es stellte sich heraus, daß der Polizist so etwas wie ein Ziegenliebhaber war und Barney prächtig fand. Während er Barneys Kopf tätschelte und Komplimente machte, knabberte ihm der Ziegenbock planmäßig die Knöpfe vom Uniformrock und verschluckte sie. Ich konnte nur hoffen, daß der Dicke gehen würde, bevor Barney mit dem Rock fertig war und sich an die Hose machte.

Nicht immer wirkte sich Barneys Appetit negativ aus. In den letzten Wochen war ich von einer militanten Dame geplagt worden, die es auf sich genommen hatte, dafür zu sorgen, daß «Landbesitzer sich keine Freiheiten mit Fußwegen herausnehmen». Mindestens einmal in der Woche erblickte ich sie bangen Herzens in meiner Gegend, bewaffnet mit einer Generalstabskarte, in die sie Anmerkungen eintrug wie: «Fußweg blockiert», «Bauer hat quer über den Weg gepflügt», «unberechtigtes Schild ‹Privateigentum›» und dergleichen. Eines Tages stand sie vor meinem Koppelgatter und hielt mir eine Rede, wobei sie die Karte hinter dem Rücken hielt: «Hier müßte ein Zauntritt sein. Dies ist ein öffentlicher Fußweg, und öffentliche Fußwege müssen Zauntritte haben, und der Eigentümer ist verpflichtet, Zauntritte anzubringen.» Derweil sah ich zu meiner Freude, daß sich Barney ihr von hinten genähert hatte und sich an ihrer Generalstabskarte gütlich tat.

Endlich wurde mit der Arbeit am Haus angefangen, und da ich meinen Platz kannte und die Arbeiter sehr empfindlich sein konnten, wenn sich der Dummkopf, der ihren Lohn bezahlte, als Besserwisser einmischte, ging ich ihnen wohlweislich aus dem Wege. Um so erstaunter war ich, als eines Morgens eine Abordnung mit einer Beschwerde bei mir erschien. Es tue ihnen leid, sagten sie, aber man könne von ihnen nicht erwarten, daß sie gute Arbeit leisteten, wenn sie dauernd beobachtet würden. Ich war sprachlos. Was redeten sie da? Nie betrat ich das Haus, während sie da waren, sondern erst abends, wenn sie gegangen waren, schlich ich mich auf leisen Sohlen hinein, vorsichtig wie ein Einbrecher, weil ich nichts anrichten wollte, das mich verraten hätte.

«O nein», sagten sie, «Sie meinen wir nicht. Es ist der verdammte Ziegenbock. Er steht einfach da und glotzt uns an. Das ist unheimlich. Und er frißt unser Werkzeug und unsere belegten Brote. Und meine Joppe. Und Freds Mütze. Und ...»

Ich beschwichtigte sie nach Möglichkeit. Ich verschwieg ihnen, daß ich gar nichts dagegen hatte, wenn Barney sich zu ihrem Aufseher ernannte und sie im Auge behielt, zumal ich zu feige war, es selbst zu tun.

Wenn ich nicht schnell genug war, um Barney zuvorzukommen — und gewöhnlich war ich es nicht —, folgte er mir bei meinen nächtlichen Inspektionen des Hauses, was bedeutete, daß ich später mit Handbesen und Schippe nochmals hinübergehen mußte, um die Spuren zu entfernen. Ich stieg die Treppe hinauf, und Barney klapperte vergnügt hintendrein. Nach der Inspektion des oberen Stockwerks ging ich hinunter, aber Barney blieb oben wie angewurzelt stehen, voller Angst vor den Stufen, die er kurz zuvor so leichtsinnig erklommen hatte, und mekkerte verzweifelt. Die einzige Möglichkeit, ihn hinunterzubringen, bestand darin, ihn herumzudrehen (keine einfache Sache bei einer schmalen Treppe, zumal ich zuerst über ihn hinwegklettern mußte) und ihn rückwärts hinabzuschieben. Das spielte sich Abend für Abend so ab, und er zog keine Lehre daraus.

Genau wie Humphrey nahm Barney es sehr übel, wenn ich wegfuhr und ihn zurückließ. Aber im Gegensatz zu Humphrey beklagte er sich nicht bei der Welt — er kam einfach mit. Ab und zu blickte ich in den Rückspiegel, und dann sah ich ihn hinterdrein sprengen und mich sogar einholen. Am Ende des Holperwegs blieb er verloren und unglücklich stehen und schaute dem verschwindenden Wagen nach. Anfangs zerriß mir sein trostloses Gesicht das Herz, bis ich von den Leuten in der Umgebung erfuhr, daß er, sobald der Wagen außer Sicht war, seine Aufmerksamkeit ihren Gärten zuwandte. Was er nicht fraß, das zertrampelte er, und wenn eine Haustür offen stand, ging er schnurstracks hinein und ließ sich vor dem Kaminfeuer nieder. Unnötig zu sagen, daß er sich damit bei den Leuten nicht beliebt machte und auch mir schadete. Anstatt das Humphrey-Problem zu lösen, hatte ich mir ein neues zugelegt. Konnte ich denn wirklich gar nichts richtig machen?

86

Achtes Kapitel

Mittlerweile war ich überzeugt, daß es im ganzen Land keinen Esel gab, der bereit gewesen wäre, die Rolle als Gefährte Humphreys zu übernehmen. Sein Ruf hatte sich herumgesprochen, und die möglichen Kandidaten waren ausgewandert oder standen am Strand von Clayton für Arbeit an. «Es liegt an deiner Persönlichkeit», sagte ich zu ihm. «Du mußt damit leben lernen.» Er grollte: «Als feiner Freund hast du dich entpuppt!»

Dann hörte ich von der HAPPA, Horses & Ponies Protection Association, einer Gesellschaft zum Schutz der Pferde und Ponies, die sich um alte, unerwünschte und schlechtbehandelte Tiere kümmerte. Ich dachte mir, dort gebe es sicher einen Esel, der sich die Gelegenheit nicht entgehen lassen würde, ein gutes Heim zu finden, selbst wenn er Humphrey dabei in Kauf nehmen mußte. Ich rief sofort an und erhielt den Bescheid, ja, ein Esel sei verfügbar, aber nur leihweise. Obwohl diese Gesellschaft froh war, wenn sie ein Angebot für ihre Schützlinge bekam, behielt sie sich stets das Eigentumsrecht vor. Auf diese Weise konnte sie das Tier im Auge behalten und es zurückfordern, wenn es nicht gut betreut wurde. Das fand ich sehr vernünftig, und ich übernahm den Esel gern zu diesen Bedingungen. Natürlich hatte die Sache einen Haken. So ist es ja immer. Der Esel befand sich in einem Tierpark in Lancashire, und ich war unten im Süden.

87

Doch die Leiterin des Tierparks hatte vor, in der nächsten Woche zu einer Eselschau in Coventry zu gehen, und wir arbeiteten einen Kompromiß aus: Sie wollte Simon mitnehmen, und ich sollte ihn dort abholen. Am vereinbarten Tag brach ich mit gemischten Gefühlen auf; teils freute ich mich, endlich einen Gefährten für Humphrey zu haben, teils bangte ich, die ganze Sache könnte schiefgehen. Was, wenn Simon mich ablehnte? Oder wenn Humphrey ihn nicht mochte? Was, wenn Simon ebenso vertrackt wie Humphrey war und sich beide gegen mich verschworen? Was, wenn ... Ach, hör doch auf! sagte ich mir. Ich hatte noch nie eine Eselschau gesehen, und mir gingen wirklich die Augen auf. Ich staunte, wie rassig Esel aussehen konnten, und im Geist verglich ich die schlanken, glänzenden Tiere, die geradezu elegante Linien hatten, mit meinem gedrungenen, rundbäuchigen kleinen Humphrey, fand jedoch, daß Humphrey eher meinem Stil entsprach, offen gestanden auch meiner Figur. Aber als es zum Vergleich des Benehmens kam, schnitt Humphrey weniger gut ab. Ich konnte kaum glauben, daß diese sanften, lenkbaren Geschöpfe von derselben Gattung wie mein Taugenichts waren.

Ich war jedoch nicht hier, um wunderschönen, braven Eseln zu huldigen, was ganz gut war, denn zwischen diesen blaublütigen Aristokraten und dem zotteligen, proletarischen Simon bestand nicht die geringste Ähnlichkeit. Ja, auf den ersten Blick konnte man kaum glauben, daß Simon überhaupt ein Esel war. Nicht nur war er der größte Esel, den ich jemals gesehen hatte, fast einem Karrengaul gleich, sondern auch der behaarteste. Das dicke Fell hing beinahe bis zum Boden und bedeckte sein Gesicht, so daß sich das eine Ende schwer vom andern unterscheiden ließ. Hätte man mir gesagt, er sei ein Jak, hätte ich es ohne weiteres geglaubt. Er stand einfach da, mit hängendem Kopf, ein Bild der Niedergeschlagenheit. Ich ging langsam auf ihn zu, wobei ich, wie ich hoffte, gefällige Eselsworte sprach, und streckte sehr vorsichtig die Hand aus. Zu meiner großen Enttäuschung wich er zurück. Was hatte man ihm angetan? Und was wollte ich ihm antun? Wollte ich ihn nicht den Wölfen vorwerfen, vielmehr Humphrey, was ungefähr aufs gleiche herauskam? Aber da ich wußte, daß ich nicht ohne ihn fortgehen konnte, tröstete ich mich mit dem Gedanken, daß er nur viel Liebe und gute Pflege brauchte, dann würde er mit der Zeit Vertrauen zu mir fassen.

Es war schon spät, als wir zu Hause ankamen, deshalb beschloß ich, die beiden Esel erst am nächsten Tag miteinander bekannt zu machen. Simon hatte für heute genug gelitten. Ich ließ das Lieferauto neben dem Wohnwagen stehen und klappte die Rampe herunter, verzichtete aber auf den Versuch, Simon herauszulocken. Wenn er sich sicher fühlte in dem Gehäuse, mochte er dort bleiben, und wenn er sich hinauswagen wollte, konnte er es nach Belieben tun. Ich brachte ihm Wasser, Heu sowie ein Gemisch aus Hafer und Kleie, sagte ihm gute Nacht und ging schweren Herzens zu Bett. Ich fand keinen Schlaf; sorgenvoll und mit Selbstvorwürfen prüfte ich meine Beweggründe, Simon zu adoptieren, und fand sie mangelhaft. Ich hatte bloß an Humphreys Bedürfnisse und damit auch an meine eigenen gedacht. Wenn Humphreys Ungestüm dadurch, daß er einen Gefährten hatte, gedämpft wurde, war ich entlastet. An Simon hatte ich nur insofern gedacht, als ich ihm ein Heim geben wollte. Den Gedanken, was für eine Wirkung es auf dieses scheue, nervöse, mißbrauchte Tier haben mochte, wenn es einem extrovertierten Unband wie Humphrey ausgeliefert war, hatte ich beiseite geschoben. Er hatte, weiß Gott, schon genug gelitten, ohne daß ich ihm auch noch Kummer bereiten mußte. Wie üblich klammerte ich mich an einen Strohhalm und malte mir aus, daß es für Simon andererseits die beste Therapie sein könnte — Humphreys Abenteuergeist und Lebensfreude steckten ihn vielleicht an, und er gewann eine neue Perspektive. Ich glaubte es selbst nicht recht, aber ich wollte in dieser ziemlich trostlos scheinenden Lage einen Hoffnungsfunken sehen.

Bei Tagesanbruch stand ich auf, um nach Simon zu schauen. O Schreck! Kein Simon. Rasch zog ich meine Gummistiefel an und lief hinaus. Dabei suchte ich das Gefühl zu verdrängen, all dies schon einmal erlebt zu haben. Sollte ich nun den Rest meines Lebens damit verbringen, statt eines Esels deren zwei zu fangen?

Als ich bei der Koppel ankam, traute ich meinen Augen nicht. Humphrey und Simon standen Nase an Nase beim Gatter, der eine drinnen, der andere draußen, blickten einander in die Augen und murmelten sich gegenseitig närrische Eselsworte ins Ohr. Ich schickte ein stummes Dankgebet zum Himmel empor, näherte mich vorsichtig und machte das Gatter auf. Simon zwängte sich hindurch, wobei er sich mir möglichst fernhielt, und beide fielen sich sozusagen in die Arme. Ich überzeugte mich mit einem schnellen Rundblick, daß der lachlustige Polizist nicht in der Nähe war, versteckte mich hinter einem Baum und beobachtete die beiden Esel.

Humphrey war in einem Freudenrausch. Er galoppierte ringsherum, wobei er mit den Hinterbeinen ausschlug und wilde Eselsschreie ausstieß. Simon trabte gemessen hinter ihm her; seine fast verborgenen Augen glühten vor Bewunderung. Nun kam Barney mit Bockssprüngen herbei, um zu sehen, was der Aufruhr zu bedeuten hatte. Die Überreste eines Küchentuchs hingen ihm aus dem Maul. Offenbar hatte ich in der Eile vergessen, die Tür des Wohnwagens zu schließen, und mir schauderte bei dem Gedanken, welche Zerstörung ich vorfinden würde. Barney sprang über den Zaun, holte Simon ein und versetzte ihm einen Willkommensstoß. Simon betrachtete ihn durch seinen Haarvorhang und gab ihm einen sanften Kuß auf die Nase. Mit Wutgebrüll preschte Humphrey heran und stürmte auf Barney zu. «Scher dich weg!» schrie er. «Laß ihn in Ruhe! Er gehört mir! Sie hat ihn für mich geholt. Sie sagte es mir.»

Barney, ohne Feingefühl, beachtete ihn nicht und stieß Simon nochmals freundschaftlich an. Das war zuviel für Humphrey. Rasend vor Eifersucht machte er kehrt und schlug mit den Hinterbeinen aus. Sehr langsam dämmerte es Barney — er wurde angegriffen! Er bäumte sich drohend auf; es war ein erschreckender Anblick, denn er schien drei Meter groß zu sein.

Derweil schaute Simon verwirrt von einem zum andern. War er nach all seinen bitteren Erfahrungen nun in ein Irrenhaus geraten? Ich hielt es für angebracht, ein Machtwort zu sprechen, und las einen Stock auf. Ich hatte nicht die Absicht, von dem Stock Gebrauch zu machen; er sollte den Streitenden nur zeigen, daß ich es ernst meinte. Aber Stöcke hatten in Simons Vergangenheit anscheinend eine schlimme Rolle gespielt: Ein Blick, und er legte die Ohren an und floh zum anderen Ende der Koppel. Barney gab sofort klein bei. Humphrey musterte mich nachdenklich. «Untersteh dich», warnte ich ihn. «Ich rate dir gut.» Er murmelte etwas von einem Spaß, von viel Lärm um nichts, von mangelndem Sinn für Humor und stakste beleidigt davon. Barney stand nur verloren da, offensichtlich ratlos und sich wundernd, daß alle seine freundlichen Annäherungsversuche unglücklich endeten. Er tat mir leid. «Komm, Barney», sagte ich, «ich gebe dir eine Trost-Zigarette.» Sein Gesicht erhellte sich, und er folgte mir zum Wohnwagen. Beim Eintreten verpuffte mein Mitleid. In der Küche sah es aus, als hätte hier ein Wirbelsturm geherrscht. Porzellan- und Glasscherben schwammen im Wasser aus den umgestürzten Eimern. Durchweichte Katzen waren emsig dabei, feuchte Pfotenabdrücke auf dem Teppich und den Stühlen im Wohnraum zu verteilen. Ich sammelte sie auf und sperrte sie ins Badezimmer — ich wollte verhindern, daß sie sich an den Glasscherben verletzten —, und dann machte ich

mich daran, in der Küche Ordnung zu schaffen.
Barneys Zigarette mußte warten.

Die Humphrey-Simon-Beziehung war ein Rie-
senerfolg von allem Anfang an. Die beiden
ergänzten einander wunderbar. Humphrey
brauchte jemanden, für den er Gott und die Welt
bedeutete, und Simon brauchte jemanden, den er
bewundern konnte, und so hatte jeder das, was
ihm bisher gefehlt hatte. Simon himmelte
Humphrey geradezu an. Er war sein Guru, sein
Herr und Meister, was genau Humphreys Wünschen entsprach. Wohin er auf der Koppel ging,
Simon folgte ihm nach. Wenn Humphrey für
einen Augenblick außer Sicht war, etwa hinter
einem Baum oder in einer Bodenvertiefung, war
Simon niedergeschmettert. Er stand da und
heulte stumm. (Sonderbarerweise konnte Simon
fast ein Jahr lang nicht schreien. Er öffnete das
Maul und zeigte die üblichen Verzerrungen, aber
es kam kein Ton heraus.)

Nach Simons Ankunft machte Humphrey etwa
vier Wochen lang keine Ausbruchsversuche
mehr, und ich glaubte wirklich, er sei gezähmt.
Dann stellte ich eines Morgens fest, daß
Humphrey verschwunden und Simon einem Zu-
sammenbruch nahe war. Er litt an gebrochenem
Herzen. Als Humphrey nach ungefähr einer
Stunde noch immer fehlte, ergab sich Simon ins
Schicksal, den Freund nie wiederzusehen. Da
das Dasein ohne Humphrey nicht lebenswert
war, wollte er sterben. Er fraß nicht, er trank
nicht, er stand nur da und starrte in die Richtung,
die Humphrey eingeschlagen hatte. (Er war tatsächlich ein Denunziant. Ich brauchte nie mehr

93

auf der Koppel umherzuirren und das Loch zu suchen, durch das sich Humphrey einen Fluchtweg gebohrt hatte, da Simon sich stets direkt davor postierte.)

Als ich Humphrey endlich aufgespürt hatte und zurückbrachte, geriet Simon vor Freude außer sich. Er preschte auf ihn zu, wieherte stumm, liebkoste seinen Hals und teilte ihm mit, wie sehr er ihm gefehlt habe und wie glücklich er sei, ihn wiederzuhaben. Natürlich waren all diese Schmeicheleien ganz nach Humphreys Geschmack, und er genoß sie weidlich. Er brauchte nicht lange für die Erkenntnis, daß er diese Zeichen der Anbetung immer wieder genießen konnte, wenn er ab und zu ausbrach. Also wiederholte er die Eskapade nach Herzenslust. Jedesmal verzehrte sich der arme Simon vor Sehnsucht und Kummer, überzeugt, Humphrey für immer verloren zu haben. Für mich war am schlimmsten, daß ich Simon nicht trösten konnte, denn er scheute immer noch vor mir und ließ mich nicht an sich heran.

Für mich war es immerhin ein Trost, daß sich Simon nie an Humphreys Eskapaden beteiligte. Er blieb zurück und trauerte um ihn, aber er folgte ihm nicht. Bedeutete dies, daß er sich in seinem neuen Heim sicher und wohl fühlte? So sicher, daß er es nicht verlassen wollte? Damals klammerte ich mich an jedes Anzeichen, daß er mit seinem Los zufrieden war. Viele gab es allerdings nicht. Freilich, er liebte Humphrey und genoß das Zusammensein mit ihm, aber seine Menschenscheu ließ nicht nach. Wenn ich den Eseln ihr Futter brachte, galoppierte Humphrey herbei

94

und steckte seinen Kopf in den Eimer, bevor ich ihn überhaupt hinstellen konnte. Nicht so Simon. Er wartete in sicherem Abstand ab, bis ich fort war; erst dann näherte er sich langsam dem Eimer, als ob er ihn für eine Falle hielte, und schnupperte vorsichtig daran. Nachdem er sich überzeugt hatte, daß der Eimer ihm nicht ins Gesicht sprang, kostete er behutsam und blickte sich dann schnell um, um sich zu vergewissern, daß sich niemand von hinten an ihn heranschlich. Noch eine Kostprobe, der die Sicherheitsmaßnahme folgte, und so ging es weiter. Humphrey machte gar keine Umstände; er futterte, als ob es sich um einen Wettbewerb im Schnellfressen handelte, und sobald alles vertilgt war, trabte er zu Simon hinüber, der immer noch seinem Ritual oblag, schubste ihn beiseite und fraß ihm den Rest weg. Es hatte keinen Zweck, daß ich mich einmischte; ein scharfes Wort von mir zu Humphrey, und Simon war wie aus der Pistole geschossen auf und davon. Schließlich blieb mir nichts anderes übrig, als Humphrey anzubinden, während Simon fraß.

Zuerst dachte ich, es sei bei Simon nur Nervosität, und er werde sich schon wehren, wenn er zutraulicher würde. Mit der Zeit aber erkannte ich, daß es an Simons Wesen lag: gemächlich, klaglos duldend, alles für ein ruhiges Leben. «Du willst mein Futter. Nimm es. Bloß keinen Streit.» (Später erlebte ich den Beweis, denn die anderen Tiere machten sich seine Sanftmut zunutze. Die Gänse stahlen von seinem Getreidebrei, die Katzen nahmen ihm das Brot aus dem Maul, und er stand still und ließ sie gewähren.)

95

Mitunter bezweifelte ich, Simon jemals näherzukommen. Freilich, der Abstand verringerte sich allmählich, und ich konnte mich ihm auf einen Meter nähern, bevor er die Flucht ergriff; aber es war unmöglich, ihn zu berühren. Ich wollte es nicht erzwingen, zumal ich wußte, daß er den ersten Schritt tun würde, wenn er dazu bereit war, und ich wappnete mich mit Geduld. Aber es verlangte mich danach, das lange, zottige Fell zu kämmen und das Gesicht, das hinter dem Haargewirr verborgen war, aus der Nähe zu betrachten.

Auch Barney war immer noch ein Problem. Er mußte nun wohl oder übel die Rolle des Außenseiters spielen. Nun, da Humphrey seinen Gefährten Simon hatte, ließ er sich nicht einmal mehr dazu herab, Barney zu reizen. Der arme Barney zockelte hinter den beiden her und suchte die Aufmerksamkeit auf sich zu lenken; sogar ein Biß ins Hinterteil war besser als gar nichts. Ich glaube, Simon hätte den Ziegenbock in die Gemeinschaft aufgenommen, aber er ließ sich von Humphrey leiten. Wenn Humphrey von Ziegen nichts wissen wollte, dann hieß das für Simon eben «nein». Ich bemühte mich, Barney möglichst in meine Betätigungen einzubeziehen, damit er sich nicht so allein fühlte. Manchmal wirkte sich das gut aus, manchmal katastrophal. Er begleitete uns nachmittags auf unserem Spaziergang, was tadellos ging, solange wir keiner Seele begegneten. Ich wurde es müde, sprachlosen Angerempelten vom Boden aufzuhelfen, sie abzubürsten und ihnen zu erklären, Barney habe es wirklich nicht böse gemeint, das sei eben seine

96

Art, Freundlichkeit zu bezeigen. Sie musterten mich dann von oben bis unten, die ganze struppige Erscheinung, den von Ziegenzähnen zerkatschten Pullover, die schmutzige Hose, die gestreiften Haare (das Ergebnis meines mißglückten Tönungsexperiments, das sich noch nicht ausgewachsen hatte), dann meine ungewöhnliche Begleitung — drei Katzen, ein Frettchen und ein Ziegenbock —, und sie glaubten zu verstehen. Überzeugt, ich sei etwas gestört, entschuldigten sie sich ihrerseits und machten, daß sie davonkamen.

Für Barneys Problem gab es wirklich nur eine Lösung: Er mußte ebenfalls einen Gefährten haben. Etwas stand für mich fest: Es durfte kein zweiter Ziegenbock sein. Er war ein so geselliges Geschöpf, daß er sicher mit allem und jedem gut auskommen würde. Ja, aber was? Ich betrachtete sein dümmliches Gesicht, und auf einmal wußte ich es. Natürlich ein Schaf! Aber kein ausgewachsenes Schaf; wenn es ein Mitglied des Haushalts werden sollte, mußte ich bei seiner Erziehung die Hand im Spiel haben und es sozusagen abrichten. Als ich im landwirtschaftlichen Radioprogramm die Preise vernahm, wurde mir zudem klar, daß ich mir ein ausgewachsenes Schaf gar nicht leisten konnte. Aber ein wolliges Lämmchen, das war etwas ganz anderes. Je mehr ich darüber nachdachte, desto mehr sagte mir der Gedanke zu. Ich konnte den Frühling kaum erwarten, dann wollte ich das Unternehmen Lamm in Angriff nehmen.

Neuntes Kapitel

Zu den schönsten Erlebnissen auf dem Lande gehört der Besuch einer Auktion. Eine Versteigerung auf dem Lande ist im Vergleich zu einer Auktion bei Sotheby wie der Einkauf eines Kleides von der Stange im Vergleich zu dem eines Modellkleides, und natürlich macht das den Reiz aus. Es finden auf dem Lande alle möglichen Versteigerungen statt, aber am liebsten mochte ich jene, die allwöchentlich in einer ungefähr vierzig Kilometer entfernten Marktstadt abgehalten wird, wo es Eier, Pflanzen und «Verschiedenes» zu erstehen gibt. Das «Verschiedene» ist eine reine Freude; da häufen sich in einer Aladin-Höhle Möbel, Gartengeräte, Teppiche, Haushaltwaren und alles, was man sich nur vorstellen kann, dazu Dinge, für die selbst die lebhafteste Phantasie nicht ausgereicht hätte, sie sich vorzustellen. Als erstes Stück erwarb ich hier ein Butterfaß, das mich in freudige Erregung versetzte. Ich war jetzt eine richtige Landfrau, die eifrig Milch abrahmen und daraus selbstgemachte Butter zaubern würde. Ich legte außerdem Geld in einen Leitfaden für ländliche Betätigungen und einen Milchmädchen-Kittel an. Es sollte alles ganz echt werden. Doch ich geriet unmittelbar ans Hindernis Nummer eins. Da es in meiner Gegend keinen Hauslieferdienst für Frischmilch gab, verwendete ich die uperisierte, und dieses Zeug sonderte keinen Tropfen Rahm ab. Aber warte nur — was muhte denn da immer

98

auf dem Nachbarfeld, wenn nicht eine kleine
Milchfabrik? Ein Wort mit dem Fabrikbesitzer,
und ich war im Geschäft. Ich fuhr zu Joe
Sheppey, im Bemühen, nicht an unsere letzte Begegnung zu denken, und kaufte bei ihm zehn Liter frische, cremige Milch. Ich zog mein Lehr-
buch zu Rate und lernte daraus, daß ich eine
Zentrifuge brauchte, die beim Schleudern Milch
und Rahm trennte. Pech, dachte ich, ich muß die
Butter eben auf die mühsame Tour herstellen,
und ich las die Anweisung: «Lassen Sie die
Milch über Nacht in großen, flachen Schüsseln
stehen und sahnen Sie sie am nächsten Tag ab.»
Hindernis Nummer zwei (oder schon Nummer
drei?): Große, flache Schüsseln besaß ich nicht.
Bratpfannen? Warum nicht — der Genügsame
muß improvisieren können. Aber ich hatte nur
drei Bratpfannen, und zehn Liter Milch sind
recht viel. Bald waren alle improvisierten flachen
Schüsseln bis zum Rand gefüllt — Suppenteller,
Früchteschalen, Tabletts, Untertassen. Das
nächste Problem bestand darin, die Milch vor
den Katzen zu sichern, und jedes Wäschestück,
das dem Zweck dienen konnte, mußte dazu her-
halten, Tischtücher, Kissenbezüge, Küchentü-
cher, Servietten. Der Raum sah aus wie eine
kleine Leichenhalle für tote Schüsseln.
Am nächsten Morgen bereitete ich alles für die
Operation Butter vor. Ich schrubbte mich, als
hätte ich eine heikle Gehirnoperation vor, und
dann las ich: «Geben Sie die Sahne in eine
Schüssel.» In eine Schüssel?! Du lieber Gott,
würde die Milch hier in Bratpfannen herumste-
hen, wenn ich eine überzählige Schüssel hätte?

Ich inspizierte mein Geschirr, aber außer flachen Tellern waren nur Tassen übriggeblieben. Ich setzte eine beiseite für meinen Tee, ergriff einen Schöpflöffel und begann mit dem Absahnen. Zum Schluß hatte ich eine Tasse voll Sahne, was ich für zehn Liter Milch nicht gerade viel fand. Aber vielleicht bildete sich neue Sahne, wenn ich die Milch noch etwas länger stehen ließ. Ich deckte die Behälter wieder zu und kehrte zu meiner Milchmädchen-Bibel zurück. «Stellen Sie die Sahne beiseite und lassen Sie sie zwei bis drei Tage reifen.» Aber wohin stellen? Nirgends gab es ein freies Plätzchen, und wie es jetzt hier aussah, mußte ich meine Mahlzeiten auf dem Boden zubereiten. Im Kühlschrank aufbewahren? Vom Kühlschrank stand kein Wort in der «Bibel», doch das konnte daher kommen, daß dieser Leitfaden geschrieben worden war, lange bevor man derartig neumodische Errungenschaften besaß. Ich beschloß, es darauf ankommen zu lassen, und stellte die Tasse in den Kühlschrank.

Am folgenden Tage hatte der Gedanke, meine Butter selbst herzustellen, etwas an Reiz verloren. Ich hatte es satt, jedesmal, wenn ich mich bewegte, über ein Milchgefäß zu stolpern. Ich schaute nach, ob sich neue Sahne gebildet hatte, doch auf der Milch schwammen nur eine abstoßend aussehende Schicht, Staubpartikel und eine tote Spinne. Das war's also. Ich schöpfte von einer Untertasse die oberste Schicht ab, goß sie weg und stellte die Magermilch den Katzen hin. Sie rümpften jedoch die Nase und lehnten es ab, Milch zu trinken, die zwei Tage herumgestanden hatte. Ich dachte daran, Quark daraus zu machen. (Ich bin nicht hochnäsig; was den Katzen nicht gut genug war, mochte für mich immer noch angehen.) Aber der Gedanke an saure Milch, die überall im Wohnwagen durch Musselinsäckchen tropfte, schreckte mich dann doch ab. Draußen konnte ich sie nicht aufhängen, weil Barney sie auffressen würde; er hatte sich schon über die Wäsche an der Leine hergemacht. Schließlich leerte ich alle Behälter in einen Eimer und goß die Milch im Garten aus. Wahrscheinlich ein sehr guter Dünger, sagte ich mir.

Es war aber noch nicht alles verloren. Ich hatte ja noch meinen kleinen Schatz an zukünftiger Butter im Kühlschrank. Ich holte ihn hervor und begutachtete ihn. Goldgelb? Das nicht gerade. Eher schmuddeliggrau. Wahrscheinlich noch nicht genügend gereift, vermutete ich. Ich ließ die Sahne noch einen Tag stehen.

Am folgenden Morgen nahm ich die Tasse und betrachtete den Inhalt mißtrauisch. Er sah immer noch ein wenig aschfarben aus. Vielleicht entwickelt sich die Farbe erst beim Buttern, dachte ich. Ich schrubbte das Butterfaß aus und sterilisierte es; dann goß ich, zitternd vor Spannung, die Sahne hinein und drehte die Kurbel. Nichts geschah. Die Schläger kreiselten, wie sich's gehörte, schienen aber auf die Sahne keine Wirkung zu haben. Ich sah mir die Sache näher an, und da entdeckte mein glänzender technischer Verstand die Ursache sogleich. Die Schläger reichten nur bis zehn Zentimeter über den Boden, und die Sahne stand nicht annähernd so hoch. Die Schläger berührten nicht einmal die Oberfläche. Mir wurde klar, daß ich an die fünfzig Liter Milch brauchte, um genügend Rahm für Butter zu ernten. Soviel konnte ich mir nur beschaffen, wenn ich eine eigene Kuh hielt, und das überstieg die Grenze meiner Begeisterung für selbstgemachte Butter. Die Katzen nahmen den Rahm huldvoll an, und ich machte mich an die Kalkulation. Nach meinen Berechnungen hätte mich ein halbes Pfund selbstgemachte Butter ungefähr dreieinhalb Pfund gekostet. Die Milchwirtschaft konnte aufatmen, ich dachte nicht mehr daran, ihr ins Geschäft zu pfuschen.

Doch nachdem ich dem Reiz der Auktionen erlegen war, tätigte ich ein paar recht gute Einkäufe, und das Haus ist jetzt ganz und gar mit ersteigerten Möbeln und Teppichen ausgestattet. («Sieht auch so aus», bemerkte einer meiner snobistischen Londoner Bekannten.) Aber ehe ich die Spielregeln beherrschte, machte ich einige verhängnisvolle «Geschäfte». Die Leute bringen mir immerzu verletzte Tiere, besonders Vögel, die sie im Wald gefunden haben, und es ist nicht ganz einfach, Käfige zu beschaffen. Alte Schränke und Anrichten wechselten auf der Auktion für etwa 25 Pence die Hand, und ich ersteigerte alle, die ich erwischen konnte. Wenn ich die Türfüllungen herausnahm und sie durch ein Drahtgitter ersetzte, konnte ich diese Möbelstücke in recht elegante Käfige verwandeln. Bald begann der Auktionator, mir jeweils einen vielsagenden Blick zuzuwerfen, sobald eine Anrichte an die Reihe kam, und ehe ich mich's versah, gehörte sie mir. Es kam die Zeit, wo ich so viele potentielle Käfige hatte, daß ich die ganze Menagerie des Londoner Zoos hätte aufnehmen können, und immer noch schlug der Auktionator mir die Möbelstücke zu. Fachleute pflegen Amateure davor zu warnen, den Auktionator anzuschauen; aber vor der Gefahr, dem Auktionator ins Blickfeld zu geraten, wird man nicht gewarnt. Sooft ein alter Schrank ausgerufen wurde, fixierte mich der Auktionator, und mochte ich noch so entschlossen sein, seinem Blick nicht zu begegnen, wie hypnotisiert wurde ich von seinen Augen angezogen, und schon war ich die gar nicht stolze Besitzerin eines weiteren wackligen Sperrholzmöbels. Nach einiger Zeit merkte der Auktionator — Martin hieß er —, daß ich ein willenloses Geschöpf war, und sah mich jedesmal an, wenn ein alter Gegenstand an die Reihe kam, für den niemand bieten wollte. Es war lächerlich, aber meistens ließ ich ihn einfach dort, weil es sich nicht lohnte, ihn mitzunehmen. Einmal fragte ich Martin, was er mit all seinem Plunder anfing, wenn ich nicht kam. «Oh, ganz einfach», antwortete er, «wir warten, bis Sie das nächstemal kommen.»

Martin versteigerte auch die Pflanzen, und das war ergötzlich, da er von Pflanzen nicht das geringste verstand. So geschah es häufig, daß ein Käufer enttäuscht feststellte, daß er eine Kiste Antirrhinum (Löwenmaul) erworben hatte, obwohl er der Meinung gewesen war, für Anthurium (Arazee) zu bieten. Oder Veilchen statt Stiefmütterchen. Wenn Martin wirklich in der Klemme war, schaute er das Publikum hilfesuchend an. War Jack da, so wurde ihm Erleuchtung zuteil, denn Jack war Handelsgärtner und kannte sich aus. Wenn Jack aber nicht anwesend war, übernahm der Oberleutnant der Luftwaffe die Verantwortung für die Berichtigung. Der Oberleutnant hatte etwas von einer Witzfigur — ein klappriges, bebrilltes Männchen, das sich gern schneidig gab. Wie das Wetter auch sein mochte, der Oberleutnant trug stets einen R.A.F.-Überzieher, der ihm einige Nummern zu groß war, und die Halsbinde der Luftwaffenoffiziere. Sogar sein verbeultes altes Auto war mit den Abzeichen der R.A.F. geschmückt. Einer der regelmäßigen Auktionsbesucher meinte: «Wenn der ein Oberleutnant der Luftwaffe ist, bin ich der Messias.»

Die Tatsache, daß der Oberleutnant von Pflanzen noch weniger verstand als Martin, hielt ihn nicht davon ab, sein Wissen kundzutun. Martin hielt zum Beispiel Salbei in die Höhe und sagte: «Was wir hier haben, meine Damen und Herren, ist . . . ist . . .» Nach einem Blick in seine Papiere: «Nun ja, ich komme nicht dahinter, was wir hier haben. Jedenfalls ist es eine Pflanze, eine sehr hübsche Pflanze, und es sind vierundzwanzig Stück davon da.» Ehe sich der Oberleutnant äußern konnte, fuhr Martin hastig fort: «Für diese prächtige Pflanze beginnen wir mit . . .»

Weiter kam er nicht. Der Oberleutnant meldete sich zu Wort: «Einen Augenblick, mein Guter, ich glaube, ich kann Ihnen da helfen.» Ringsum Murren. «Als ich in Übersee war, hatte mein Freund, der Botschafter, solche im Garten seiner Residenz. Tatsächlich fragte er mich diesbezüglich um Rat, und ich konnte ihm sagen, daß diese Pflanze Coleus heißt. Sie ist winterhart und trägt gelbe Blüten.»

104

Sogar Martin wußte, daß dies reiner Unsinn war, und erwiderte mit zweifelnder Miene: «Na ja, ich weiß nicht. Wenn ich richtig lese, fängt der Name mit S an.»

«Ja, Coleus ist der lateinische Name.»

An diesem Punkt platzte meist einem der Käufer der Kragen. «Gehen Sie in Ihre Spitfire und Focke-Wulfen Sie davon!» lautete einer der eher weniger beleidigenden Vorschläge, die dem Pseudo-Fachmann gemacht wurden.

Entrüstet murmelte der Oberleutnant etwas von «Zwecklos, diese ungebildeten Bauern zu belehren», und verzog sich. Das alles gehörte mit zum Vergnügen, und der Oberleutnant fehlte uns wirklich, wenn er nicht zur Versteigerung kam.

Ganz anders, aber mindestens ebenso interessant, ging es bei den landwirtschaftlichen Versteigerungen zu. Sie finden das ganze Jahr hindurch statt, aber die eigentliche Eröffnung ist im September, wenn die Ernte eingefahren ist. Dann ist der Druck für eine Weile von den Bauern genommen, und die Atmosphäre hat fast etwas Ferienhaftes. Landwirtschaftliche Versteigerungen haben zwei Kategorien: lebendes Inventar und totes Inventar. Nachdem ich einmal der Versteigerung von lebendem Inventar beigewohnt hatte, meide ich sie wie die Pest. Tagelang verfolgte mich die Erinnerung an die zusammengepferchten Kühe und Schafe, und nachts fand ich keinen Schlaf, weil ich mich um ihr weiteres Schicksal sorgte. Eine Auktion von totem Inventar ist etwas ganz anderes. Zu meiner Erleichterung erfuhr ich, daß es sich dabei nicht um tote Tiere handelte, sondern um Zubehör wie land-

105

wirtschaftliche Geräte und Maschinen. Natürlich brauchte ich weder einen Traktor noch einen Silo, aber es gab auch alle möglichen praktischen Gegenstände wie Eimer, Kisten mit Nägeln, Zaunpfähle, Gatter und dergleichen. Da ich seit Humphreys und Barneys Ankunft sehr auf Sicherheit bedacht war, hatte ich für Zaunmaterial sehr oft Verwendung. Alle Posten waren im Freien ausgebreitet, und die Auktion fand daneben statt, wenn das Wetter es erlaubte.

Den Auktionsbeginn tat ein kleiner Mann kund, der einen weißen Kittel trug und eine Glocke schwenkte. Das war das Zeichen für die Bauern, die sich in der Bar (eine Bar mit amtlich bewilligtem Ausschank gehört zu einer solchen Versteigerung, was ihren Reiz erhöht) traurige Geschichten von Mißernten erzählten, ihr Glas zu leeren, aus ihren funkelnagelneuen Landrovers (mein Vehikel war immer das älteste und verbeulteste) ihre Leder- und Schaffellmäntel zu holen und sich zum Posten 1 zu begeben. Ich liebe Posten 1 besonders. Gewöhnlich besteht er aus altem Gerümpel, das einzelne Klassifizierung nicht lohnt und deshalb zusammengeworfen wird. Jedes Stück für sich verdient keinen zweiten Blick, aber als aufgetürmter Haufen macht es den Eindruck eines Schatzfundes. Gewöhnlich wird Posten 1 von einem Altwarenhändler auf Anhieb gekauft, und dann folgt unweigerlich ein zweiter, ganz unoffizieller Handel; verstohlen nähern sich einzelne Menschen dem Händler und flüstern: «Pssst! Verkaufen Sie den Kessel/ die Drahtrolle/den Hühnerkorb?» Wenn diese Privattransaktionen beendet sind, hat der Altwa-

renhändler meistens seine Unkosten gedeckt.
Danach beginnt die Versteigerung ernsthaft.
Auch hier hatte ich einiges zu lernen. Der wichtigste Punkt: nie für etwas zu bieten, was ich nicht in meinem Wagen verstauen konnte, mochte es noch so billig sein. In der Tat, je größer der Gegenstand war, desto wohlfeiler wurde er angeboten, da die Transportkosten so hoch waren, daß der Ankaufspreis schon gar nicht mehr ins Gewicht fiel. Ich mußte mehr als einmal einen «guten Kauf» zurücklassen, weil mein Wagen ihn nicht befördern konnte. Ich lernte auch, daß der Auktionator nicht darüber erhaben war, dem Käufer einen Streich zu spielen und in das tote Inventar ein lebendes einzuschmuggeln. Auf diese Weise kam ich zu Henrietta.
Henrietta war ein Vogel, ein sehr großer übrigens. Der Spekulationen über ihre Herkunft und ihre Vorfahren gab es viele, und dabei wurde an Verleumdungen und übler Nachrede nicht gespart. Im allgemeinen neigte man zu der Annahme, daß sie eine Kreuzung zwischen einem Pfau und einem Perlhuhn sei. Eine Schönheit war sie gewiß nicht: Ihr Kopf saß auf einem dünnen Hals und war viel zu klein für ihren Körper. Sie hatte ein trübgraues Gefieder mit weißen Flecken und sah alles in allem aus, als ob sie von einem Komitee zusammengesetzt worden wäre. Sie war wirklich armselig, eingesperrt in einem selbstgemachten Käfig, in welchem sie nicht einmal die Flügel ausbreiten konnte, und offensichtlich verängstigt durch die johlende, lachende Menge ringsum. Sie tat mir leid, aber der Gedanke, sie zu kaufen, kam mir überhaupt

nicht. Als der Auktionator ihre Nummer aufrief, hörte ich zufällig die Bemerkung der Leute in meiner Nähe. «Gibt einen großen Braten ab.» — «Ja, ein bißchen sonderbar, aber es ist viel Fleisch an ihr.» Ich war entsetzt. Sie wollten diesen ulkigen Vogel essen! Ich weiß nicht mehr, was daraufhin geschah; ich erinnere mich nur, daß fünf Minuten später der Vogel für den fürstlichen Preis von zwei Pfund mein Eigentum war. Als ich meinen Kauf näher betrachtete, sank mir das Herz. Henrietta schien 300 Jahre alt zu sein, und ich bezweifelte, daß sie die Heimfahrt überstehen würde. Ich wußte nicht, welcher Gattung sie angehörte. Und erst als ich zu Hause anlangte, ging mir auf, daß ich sie nirgends unterbringen konnte. Ich hatte ja nicht die Absicht gehabt, einen putergroßen Vogel zu erstehen, also keine Vorsorge getroffen. Ich wollte sie auch nicht einsperren, sondern der springende Punkt war, daß sie den Rest ihres Lebens — nach ihrem Aussehen zu urteilen, handelte es sich vielleicht nur um Wochen — so glücklich wie möglich verbringen sollte, und das bedeutet für jedes Geschöpf Freiheit. Aber ein paar Tage mußte sie doch in Gewahrsam gehalten werden, bis sie sich eingewöhnt hatte; sonst bestand die Gefahr, daß sie wegflog und einem Schießwütigen zum Opfer fiel. Selbst wenn sie begriffen hatte, daß sie hierher gehörte und tagsüber ungehindert herumlaufen konnte, mußte sie einen sicheren, vor Füchsen geschützten Schlafplatz haben. Am dringlichsten war wohl, sie aus ihrem lächerlich engen Käfig zu befreien und ihr Gelegenheit zu geben, die Flügel auszubreiten.

Ich trug den Käfig in die Scheune, öffnete ihn und stellte Futter und Wasser in die Nähe. Hier konnte sie gut eine Weile bleiben, bis ich aus einer meiner ersteigerten Anrichten eine Behausung gezimmert hatte. Als ich eine Viertelstunde später in die Scheune ging, um Krampen zu holen, saß Henrietta majestätisch auf dem Käfig und putzte ihr Gefieder. Sie hob gleichgültig den Kopf und setzte ihre Toilette fort. Ich verließ die Scheune, doch bevor ich die Tür zugezogen hatte, schwebte Henrietta königlich an mir vorbei in den Garten hinaus. Bei all ihrer Schäbigkeit hatte sie etwas Edles an sich, wie ein verarmter Adliger, und man wurde den Gedanken nicht los, sie habe einst bessere Zeiten erlebt. O Gott, dachte ich, nun geht sie mir verloren, ehe ich sie überhaupt kennengelernt habe. Sie setzte ihren Flug quer über den Garten fort, bis sie zu einem großen gefällten Baum gelangte. Sie raffte gewissermaßen ihren Rock, hüpfte geziert auf den Stamm, plusterte sich auf und saß dann still, um ihre Umgebung zu betrachten. «Brav von dir», sagte ich. Das nahm sie mit anmutigem Kopfnikken entgegen.

Hier blieb sie den ganzen übrigen Tag sitzen. Nach einiger Zeit kam Charlie zu ihr, der es offenbar für seine Pflicht hielt, dafür zu sorgen, daß der Neuankömmling sich bei uns heimisch fühlte. Was Henrietta dabei empfand, vermag ich nicht zu sagen, denn ihr undurchdringliches Gesicht verriet nichts. Charlie beäugte sie neugierig. Hatte er etwa im Sinn, sie wie alle Neuankömmlinge zu waschen und zu striegeln? Aber nachdem Charlie das Größenverhältnis richtig eingeschätzt hatte, entschied er doch, daß in diesem Fall Zurückhaltung geboten war, und begnügte sich mit einem Kuß auf ihren Schnabel. Henrietta nahm ihn leicht verwundert entgegen und ließ Charlie neben sich Platz nehmen. Ich war entzückt, wie gut sich die Dinge anließen. Offenbar brauchte Henrietta keine Anpassungsfrist; wahrscheinlich hatte Charlie ihr mitgeteilt, daß hier gut leben sei, wenn sie ihre Karten richtig ausspiele.

Aber die Frage nach dem Schlafplatz war noch nicht gelöst, und bald wurde es dunkel. Ich machte mich wieder an die Aufgabe, die Anrichte in ein Schlafzimmer zu verwandeln, wobei ich den Gedanken zu verdrängen suchte, wie ich Henrietta hineinbringen sollte. Nachdem sie eingesperrt gewesen war und dann eine kurze Zeit der Freiheit genossen hatte, fand sie die Aussicht, in eine umgebaute Anrichte eingeschlossen zu werden, vielleicht gar nicht verlockend. Wie sich herausstellte, kam die Sache überhaupt nicht zur Sprache: Sie hatte bereits entschieden, wo sie schlafen wollte. Sobald es dämmerte, hüpfte sie von dem Baumstamm hinunter und ging zu dem großen Apfelbaum, der weit über hundert Jahre alt ist. Nachdenklich trippelte sie um ihn herum, ab und zu stehenbleibend, um die Entfernung zum untersten Ast abzuschätzen. Mit schräg geneigtem Köpfchen stellte sie ihre Berechnungen an: Höhe × Vogelgewicht + Flügelspannweite, negative Faktoren wie verdeckte Sicht, knirschende Beingelenke, mangelnde Elastizität und so weiter. Nach einigen Fehlstarts schwang sie ihren massigen Körper endlich in die Luft und landete klatschend auf dem untersten Ast. Dann war es ihr ein leichtes, von Ast zu Ast zu hüpfen, bis sie den richtigen erreichte. Sie steckte den Schnabel unter einen Flügel und richtete sich aufs Übernachten ein.

Von Anfang an machte sie nie den Versuch, über die Grenzen des Gartens hinauszuflattern, und ich wußte zu jeder Tageszeit, wo sie zu finden war. Auf ihre Weise war sie sehr gesetzt, und sie haßte alles, was ihren Alltag störte. Sie hatte etwas Geziertes und Altjüngferliches an sich, was drollig wirkte. Nach ein paar Wochen war ihr Hals nicht mehr so dünn und struppig. Ihre Augen blickten wach, und das Gefieder nahm Seidenglanz an. Ein hübscher Vogel konnte sie nicht werden, aber sie entwickelte etwas Rassiges, das ich reizvoller fand als reine Schönheit.

Henrietta brachte mir eine unerwartete Zugabe. Jeden Morgen machte ich die Küchentür auf und rief: «Frühstück, Henrietta!» Sie flog von ihrem Baum herunter und mit ihr sämtliche Vögel der Gegend. In wenigen Tagen hatten sie gelernt, daß Frühstück für Henrietta auch für sie Frühstück bedeutete. Meine Morgenroutine gestaltete sich stets auf dieselbe Weise: Ich stand auf, zündete mir eine Zigarette an und hustete. Sehr bald erkannten Henrietta und ihre Anhängsel das Signal: Wenn Mutter Segensreich hustet, ist sie auf. Danach warteten sie den Ruf «Henrietta, Frühstück!» gar nicht mehr ab. Nach dem ersten Hustenlaut waren sie da und harrten der Dinge, die da kommen sollten.

Ich trieb Vogelhäuschen auf und deckte den Vögeln des Waldes den Tisch. An allen Bäumen hingen Fettklumpen, aufgefädelte Nüsse, halbe Kokosnüsse und andere Delikatessen. Ich machte ihnen Puddinge aus geschmolzenem Fett, Rosinen, Käsestückchen, Keksen, gehackten Nüssen und dunklem Brot. Zusammen mit den Katzen beobachtete ich das Kommen und Gehen der gefiederten Schnorrer — Buchfinken, Amseln, Rotkehlchen, Meisen, Grünlinge, Ammern. Im Winter kamen Fasane, Rebhühner und Moorhühner, um Nahrung bettelnd. Ich weiß nicht, wie es sich herumsprach, daß bei mir etwas zu holen war; es muß wohl bei den Vögeln so eine Art drahtlose Telegrafie geben. Als ich an einem Wintertag zwei Turmfalken auf dem Koppelgatter sitzen sah, wurde mir klar, daß es schwer für sie war, bei Eis und Schnee Nahrung zu finden. Ich legte an einem anderen Futterplatz Fleisch, Leber, Katzen- und Hundenahrung aus der Büchse aus und freute mich, wenn Falken und Sperber herunterschossen und sich daran gütlich taten. Ich hoffte nur, daß die Vögel im Sommer ihre Dankbarkeit bezeigten, indem sie meine Obstbäume in Frieden ließen. Aber ach!

Zehntes Kapitel

Eine meiner Lieblingsgeschichten handelt von einem New Yorker Reisenden, der auf der Fahrt nach einer anderen Stadt versehentlich in eine falsche Richtung abbog. Er fuhr und fuhr mei-

lenweit durch offenes Gelände, ohne ein Haus, ein Geschäft oder eine Telefonkabine zu Gesicht zu bekommen. Endlich erblickte er am Straßenrand eine Bruchbude; davor saß in einem Schaukelstuhl ein alter Mann, der seine Pfeife schmauchte. Nachdem der Handelsreisende Auskunft über die einzuschlagende Richtung erhalten hatte, fragte er: «Wie kommt es, daß Sie an diesem gottverlassenen Ort leben?» Der Alte nahm die Pfeife aus dem Mund, betrachtete ringsum die gewellten Hügel, die üppigen Felder und majestätischen Bäume und antwortete: «Reine Glückssache, glaube ich.»
Es vergeht kein Tag, an dem ich nicht mein kleines Reich betrachte und denke: Wohl doch reine Glückssache. Spöttische Freunde sagen: «Na ja, du bist noch in den Flitterwochen. Du wirst es bald satt haben, wenn der Reiz der Neuheit verflogen ist.» Aber während die Zeit vergeht, verstricke ich mich immer mehr ins Landleben und intensiviere meine Freude daran.
Als dieser erste herrliche Sommer seinen Höhepunkt erreichte, war ich überwältigt von der Fruchtbarkeit der Natur. Die Hecken waren zum Bersten voll von Früchten: Brombeeren, Holunder, Hagebutten, Holzäpfeln. Das war ein wunderbarer Anblick, aber er wurmte mich ein wenig, weil es eine solche Verschwendung war. Obwohl ich den Vögeln erlaubte, nach Herzenslust zu naschen, und anderen Tieren, sich einen Wintervorrat anzulegen, verdarb der größte Teil der Überfülle ungenutzt. Irgend etwas mußte doch mit diesen Früchten anzufangen sein, abgesehen vom ewigen Brombeeren- und Apfelmusessen.

Einwecken? Dafür konnte ich mich nicht begeistern. Aber warum nicht Wein daraus machen? Eingedenk des Butterdebakels beschloß ich, mich diesmal zu vergewissern, daß ich über alle Utensilien verfügte, bevor ich ans Werk ging. Meines Erachtens benötigte ich vor allem Eimer, viele, viele Eimer. Im Verlauf der nächsten Wochen gab ich meinen Auktionsstatus als Hauptkäuferin von Anrichten und Schränken auf und wurde unbestrittene Eimerkönigin. Als ich genügend Eimer gesammelt hatte, um soviel Wein zu machen, daß ein Schlachtschiff darauf hätte schwimmen können, fand ich es an der Zeit, zur Tat zu schreiten.

Ich beschloß, mit Holunderwein den Anfang zu machen, weil das Wort so schön ländlich klang. Ich zog mein Buch zu Rate. «Pflücken Sie 5 Pfund Holunderbeeren.» Kein Problem, der Garten war voll davon. Ich pflückte und pflückte. Holunderbeeren sind wohl die kleinsten Beeren, die es gibt, und fünf Pfund bedeuten eine Menge einzelner Beeren. Außerdem haben sie die Eigenschaft, sich samt einem Stielchen vom Zweig zu trennen, was bedeutet, daß jedes Stielchen abgezupt werden muß. Ich brauchte einen ganzen Tag zum Pflücken und dann noch einen zum Abzupfen, und dabei war ich immer noch bei der ersten Zeile des Rezepts! Ich wurde leicht gereizt gegen die Kochbuchverfasser, die zwei Tage Schufterei in sechs Wörtern zusammenfassen. Immerhin hatte ich nun meine Holunderbeeren, und als nächstes mußten sie gewaschen werden. Ich drehte den Hahn auf. Überraschung, Überraschung — kein Wasser. Haha,

114

dachte ich, mir schlagt ihr kein Schnippchen, ich habe ja meinen Notvorrat. Ich wusch die Beeren gründlich, fischte verdorrte Beeren und die halb und ganz toten Insekten heraus, die obenauf schwammen, und gab sie Henrietta. Dritte Stufe: «Ein Pfund Rosinen zerschneiden und den Holunderbeeren beifügen.» Ich hatte schon von Soldaten gehört, die zur Strafe Wände mit Zahnbürsten abschrubben und Gras mit einer Nagelschere abschneiden mußten; aber unverständlich ist mir, wieso die Sadisten, die sich derartige seelenmörderische Strafen ausdenken, nicht auf die allerschlimmste Arbeit verfallen sind: Rosinen zerschneiden. Rosinen sind nämlich so gut wie unzerschneidbar. Sie haben ein Eigenleben, und sobald das Messer sie berührt, springen sie weg. Wenn man schnell genug ist, eine zu fangen, und das Kunststück fertigbringt, sie zu zerschneiden, kleben beide Hälften fest an der Klinge, und man muß sie mühsam ablösen. Unglaublich, dachte ich, während ich mich abmühte, da kauft man sich für Unsummen Klebstoff, und er hat nicht halb soviel Haftkraft wie eine bescheidene Rosine. Es kostete mich einen halben Tag, die Rosinen zu zerquetschen — schneiden konnte man es nicht nennen —, und meine Hand war voller Blasen. Danach: «Bringen Sie 5 Liter Wasser zum Sieden und gießen Sie das kochende Wasser über die Früchte.» Fünf Liter Wasser auf meinem kleinen Herd? Es dauerte eine halbe Stunde, einen halben Liter zum Kochen zu bringen. Ich machte mich ans Werk. Ich setzte ununterbrochen Wasser auf.

Im Wohnwagen dampfte es wie in einem türki-

115

schen Bad. Ich entkleidete mich bis zum Gürtel.
An meinen schwindenden Wasservorrat mochte
ich gar nicht erst denken. Als endlich genügend
Wasser die Beeren bedeckte, kam etwas verhältnismäßig Leichtes an die Reihe: «Zudecken und
an einem warmen Ort 14 Tage lang stehen lassen.» Einen spezifisch «warmen Ort» gibt es in
einem Wohnwagen nicht. Bei schönem Sommer-
wetter wird es darin heiß wie in der Wüste; bei
Kälte ist es, als lebte man in einem Iglu. Es gibt
keine angenehme Mitte. Auch die Platzfrage ist
knifflig; ein Behälter, der fünf Liter faßt und in
einem gewöhnlichen Haus an vielen Stellen untergebracht werden kann, nimmt in einem Wohnwagen die Größenordnung eines Zementmi-
schers an. Ich stieß mir die Schienbeine wund,
sooft ich mich bewegte.
Nach zwei Wochen mußte die Flüssigkeit abge-
seiht und — ach, du meine Güte! — zum Kochen
gebracht werden. Diesmal war es noch schlimmer — eine fruchtige Sauna. Die Luft war so
schwer, daß ich schon vom Einatmen beschwipst
wurde. Als es dann ans Sterilisieren der Gefäße,
Löffel, Trichter und anderer Utensilien ging,
mußte ich mir widerwillig eingestehen, daß ein
Wohnwagen mit unregelmäßiger Wasserzufuhr
kein idealer Ort für die Weingewinnung ist.
Die Geschichte führte jedoch zu einem glücklichen Ende, denn der Wein wurde wirklich gut,
und als ich später ins Haus umzog, widmete ich
mich der Weinbereitung in großem Stil. Von Ho-
lunder-, Brombeer- und Mehlbeerwein ging ich
zu Kartoffel-, Reis-, Karotten-, Rhabarber- und
Kürbiswein über. Aber am liebsten habe ich Tee-

116

wein. Er ist leicht herzustellen, da der hauptsächliche Bestandteil fertig gekauft wird, und er schmeckt köstlich. Der Leser findet das Rezept am Ende dieses Kapitels, so daß er sich selbst überzeugen kann.

Immer wenn die Rede auf selbstbereiteten Wein kommt, muß ich an Nigel denken, einen Freund von mir aus der Londoner Zeit, obwohl er sich dagegen verwahren würde, mit etwas so Spießbürgerlichem wie selbstgemachtem Wein in Zusammenhang gebracht zu werden. Er ist ein bißchen geschraubt, ein Poseur, der sich für einen zweiten Noel Coward hält. Er ist der einzige Mensch in meinem Bekanntenkreis, der Kartoffeln nur im Delikatessengeschäft einkauft. Als er mich zum erstenmal in meiner Londoner Wohnung besuchte, blickte er sich um und sagte leutselig: «Na ja, meine Liebe, du hast einen ganz guten Geschmack.» Ich fühlte mich geschmeichelt und wollte gerade etwas Einfältiges sagen, als er fortfuhr: «Nur schade, daß alles so billiges Zeug ist.»

Da Nigel entschieden kein Wohnwagenmensch ist, wartete ich, bis ich das Haus bezogen hatte, ehe ich ihn einlud. Ich kann nicht behaupten, daß er meine Einladung mit überschäumender Begeisterung annahm. Natürlich wolle er mich liebend gern wiedersehen — aber auf dem Lande? Ob das wirklich etwas für ihn sei? Lauter Erde und Lehm. Er werde sich seine Schuhe verderben. Und die Bauern . . . gewiß doch, Salz der Erde, aber eigentlich . . . Ich sagte ihm, das Haus habe früher zum Besitz des Herzogs Soundso gehört, und einer meiner Nachbarn entstamme

117

einer ebenso adligen Familie. Dem konnte er als eingefleischter Snob nicht widerstehen, und er nahm meine Einladung huldvoll an. Ich freute mich, denn all seinem Getue zum Trotz war er sehr geistreich, und ich hatte ihn außerdem aufrichtig gern.

Offenbar hatte er gründlich darüber nachgedacht, was der elegante Stadtmensch beim Besuch auf dem Lande tragen sollte, wenn er gut angezogen sein und den «Eingeborenen» Eindruck machen will. Was die «Eingeborenen» betrifft, so weiß ich darüber nicht Bescheid, aber ich selbst war sehr beeindruckt von seinem Jägerhütchen, dem Tweedumhang, der Reithose und den Reitstiefeln. Ich konnte nicht glauben, daß er sich nur für den Besuch bei mir in diese Ausgaben gestürzt hatte; er mußte die ganze Ausstattung wohl entliehen haben. Ich wunderte mich, wo der Jagdhund geblieben war, der eigentlich dazugehört hätte.

Er fand das Haus «entzückend, es ist genau wie du». Ich betrachtete die ersteigerten zusammengewürfelten Möbel und die von Katzenkrallen zerrupften Polster und fragte mich, worauf er damit anspielte.

Hinterher wurde mir klar, daß es idiotisch von mir war, ihm ein Glas selbstbereiteten Weines anzubieten. Er zog die Brauen in die Höhe und murmelte: «Mein Kind, ich liebe einen edlen Wein eines hervorragenden Jahrgangs viel zu sehr, als daß ich mir den Gaumen von einem selbstgebrauten Obstwein verderben lassen würde.»

Ich war ein bißchen eingeschnappt und erwi-

derte scharf: «Nun ja, ich liebe Kaviar und Hummer, aber das hält mich nicht davon ab, auch einen geräucherten Hering zu genießen.» Er gab mir recht und ließ sich dazu herab, meinen Holunderwein zu kosten. Er hielt das Glas ans Licht und sagte: «Hm, eine ganz anständige Farbe.» Dann schnupperte er behutsam daran und urteilte: «Es fehlt das Bukett.» Schließlich nahm er einen Schluck, rollte ihn auf der Zunge und schaute ins Leere. Nach einer Ewigkeit sah er mich an und fragte: «Du sagst, du hast die Holunderbeeren aus deinem Garten?»
«Ja», antwortete ich.
Eine nachdenkliche Pause. «Und du hast den Wein in der Küche selbst gemacht?»
Ich nickte.
Wieder eine Pause. Dann: «Hm, verträgt wohl keinen Transport, oder?»

Rezept für Teewein
4½ l Tee (ohne Milch!), 4 Pfund Streuzucker, 1 Pfund Rosinen, 4 Zitronen, 2 Orangen, 1 Teelöffel Weinhefe, 1 Teelöffel Nährhefe.
Man gießt den Tee in einem Eimer auf (ich benutze immer 30 Teebeutel). Zitronen und Orangen werden in dünne Scheiben geschnitten, die Rosinen gehackt (ich mogle und benutze einen Mixer) und alles in einem Plastikeimer mit dem Zucker vermischt. Der Tee wird hineingeseiht. Gut umrühren, damit sich der Zucker auflöst. Stehen lassen, bis die Flüssigkeit lauwarm ist; dann fügt man Wein- und Nährhefe hinzu und rührt abermals um. Der Eimer wird mit einem sauberen Tuch zugedeckt und an einem warmen

Ort einen Monat lang aufbewahrt. Danach sorgfältig den Schaum abschöpfen und die Flüssigkeit in ein Gärungsgefäß seihen. (Der Saft wird aus den Früchten gepreßt und ebenfalls geseiht.) Das Gefäß wird fest verschlossen. Es bleibt an einem warmen Ort stehen, bis die Gärung beendet und der Wein klar ist.

Es ist wichtig, alle Utensilien vor dem Gebrauch zu sterilisieren.

Wenn es einem widerstrebt, etwas zu verschwenden, kann man die Rosinen zum Kuchenbacken verwenden; sie geben dem Gebäck einen leichten Alkoholgeschmack. Ich beging den Fehler, sie meinen Hühnern und Enten zu verfüttern; die Folge war, daß sie nach dem Genuß wie betrunkene Matrosen umhertorkelten.

Elftes Kapitel

Es war Spätsommer, und ich saß im Wohnwagen an meiner Arbeit, leicht verärgert, weil ich drinnen sein mußte, während die Sonne schien. Wehmütig dachte ich an die gute alte Zeit vor Barneys Ankunft, als ich meine Arbeit im Freien machen konnte. Da wurde es plötzlich völlig dunkel. Es war wie eine totale Sonnenfinsternis. Ich schaute aus dem Fenster und sah über Garten und Koppel eine dichte schwarze Rauchwolke hängen, die keinen Sonnenstrahl durchließ. Feuer! Das Feld auf der anderen Seite des Fußwegs stand in

120

Flammen. Es war die Zeit, in der die Stoppeln abgebrannt wurden. Ich fing die Katzen ein und sperrte sie in den Wohnwagen, trieb Henrietta in die Scheune und trug das heftig widerstrebende Frettchen Puh in den Schuppen. Als ich zur Koppel lief, sah ich Barney und die Esel wie irre umherrennen und bemerkte, daß ein Teil der Hecke brannte. In diesem Augenblick ratterte ein Feuerwehrauto herbei. Die Männer sprangen ab und entrollten einen Schlauch. «Schnell!» schrien sie. «Wo ist hier der Hydrant?»

Ich zeigte darauf und begann: «Aber . . .»

«Keine Zeit für langes Gerede», sagte der eine. «Wir müssen das Feuer unter Kontrolle bringen, bevor die ganze Hecke brennt.»

Sie schraubten den Schlauch an, drehten den Hahn auf und richteten die Schlauchdüse auf die Flammen. Ein rührendes Rinnsal tröpfelte heraus und netzte ihre blanken Schuhe. Sprachlos blickten sie mich an.

«Ich wollte es Ihnen ja sagen», erklärte ich. «Hier ist der Wasserdruck gleich null.»

Als sie wegfuhren, hinüber zum Bauernhof, wurde mir zum ersten Mal klar, daß ich bös dran sein würde, wenn das Haus oder der Wohnwagen jemals Feuer fangen sollten. Ich ging in den Wagen und fügte meiner Einkaufsliste «Feuerlöscher» hinzu.

Wegen des Abbrennens der Stoppelfelder wurde schon seit Jahren eine hitzige Redeschlacht geführt; die Bauern waren dafür, die übrigen Leute in der Grafschaft dagegen, und ich stand eingeklemmt irgendwo in der Mitte. Ich konnte den Standpunkt der Bauern gut verstehen: Am

schnellsten und wirksamsten wurde man die
Stoppeln los, wenn man sie abbrannte, und
gleichzeitig wurde der Boden gedüngt. Der Ak-
ker ist ja sozusagen die Werkstatt der Bauern,
und wie er seine Arbeit erledigt, ist grundsätzlich
seine Sache. Niemand würde sich's einfallen lassen, einem Schuhmacher oder einem Spielzeug-
fabrikanten zu sagen, wie er bei seiner Arbeit
vorgehen soll. Aber wir haben nun einmal das
Gefühl, daß die Landschaft uns allen gehört, daß
der Bauer sie nur verwaltet und daß alles, was ihr
schadet, unser Erbe bedroht. Auch die Frage der
Fauna spielt eine Rolle; ein brennendes Feld
bringt vielen kleinen Tieren den Tod oder macht
sie heimatlos. Ich weiß wirklich nicht, was das
Richtige ist, und als «Wahl-Landfrau» habe ich
meiner Meinung nach kein Recht, ein Urteil über
Dinge zu fällen, von denen diejenigen Menschen
abhängen, die von der Landwirtschaft leben.
Die Bauern sind in letzter Zeit in die Schußlinie
der Kritik geraten, meistens durch Leute, die von
den Problemen der Landwirtschaft wenig wissen
und sich auch wenig darum kümmern. Die sogenannten «verarmten Bauern» werden von den
Städtern bewitzelt; aber ob der Durchschnitts-
bauer wirklich so wohlbestallt ist, wie er es der
Sage nach sein soll, mag dahingestellt sein; ich
weiß nur, daß er jeden Penny, den er bekommt,
im Schweiße seines Angesichts verdient. Während der warmen Jahreszeit sind meine Nachbarn beim ersten Morgenlicht draußen auf den
Feldern, und oft arbeiten sie bis in die Nacht hinein. Und vieles hängt bei ihnen von höheren
Mächten ab; ein später Frost oder ein nasser

Sommer, und alle Mühe war umsonst. Meine Hochachtung vor den Bauern hat enorm zugenommen, seit ich unter ihnen lebe.

Ich meine die echten Bauern, nicht den Gentlemanfarmer, der sich einen Landsitz mit ein paar Morgen Ackerland kauft, gewöhnlich für das Pony seiner Tochter, und dem es im Grunde gleich ist, ob und was der Boden ihm einträgt. Von den echten Bauern wird er im allgemeinen gehaßt und verachtet, doch immerhin hat er eine nützliche Funktion: Er füllt die Lücke, die der heute ausgestorbene Dorftrottel hinterlassen hat. Den Pseudofarmer erkennt man auf den ersten Blick: Er hat eine Rolle übernommen. Dementsprechend ist er kostümiert: schicke Mütze, feiner Tweed und Hochglanzstiefel. Er spielt seine Rolle gewissenhaft durch. Er schreitet die Grenzen seines Besitzes ab, morgens und abends. (Der echte Bauer hat zum Patrouillieren keine Zeit.) Wichtige Requisiten sind ein knorriger Stock, ein Gewehr und ein sportlich aussehender Hund. Zum Ritual dieser Spaziergänge gehört es, daß er in regelmäßigen Zeitabständen «Bei Fuß, Hektor!» ruft und ebenso, daß der Hund ihn nicht beachtet. Die Freude an dem Unternehmen wird erhöht, wenn der Pseudolandwirt einem echten Bauern begegnet. Das geschieht nicht oft, weil die echten Bauern die Flucht ergreifen, sobald sie ihn kommen sehen. Wenn er aber das Glück hat, übernimmt er sogleich die Rolle des leutseligen Gutsherrn und redet sein Gegenüber mit «Mein lieber Freund» und «Mein guter Mann» an und ist schwer beleidigt, wenn sein Gegenüber brummig antwortet. Zu Hause beklagt er sich bei seiner Frau, es habe keinen Zweck, zu diesen Tölpeln freundlich zu sein; was diese brauchten, sei eine «feste Hand». Frau Pseudo hört nur mit halbem Ohr zu, da sie ihren eigenen Gedanken nachhängt: Sie hat allen lokalen Vereinen erklärt, sie sei durchaus bereit, im Vorstand Einsitz zu nehmen und alle ihres überragenden Wissens teilhaftig werden zu lassen, unter der Voraussetzung natürlich, daß man sie zur Präsidentin wähle, und sie kann nicht verstehen, wieso nicht voller Begeisterung von ihrem großzügigen Angebot Gebrauch gemacht wird. Nachdem der Pseudo eine Weile geschmollt hat, beschließt er, seine Anwesenheit fühlbar zu machen. Er zäunt alles ringsum ein. (Man erzählt sich die zweifellos übertriebene Geschichte von der Frau eines Pseudobauern, die zu langsam war und sich daher eingezäunt sah, zusammen mit ihren beiden Kindern und ihrer zufällig zu Besuch weilenden Mutter.) Dem Einzäunen folgen Schilder wie «Privateigentum», «Unbefugten ist der Zutritt verboten», «Eindringlinge werden erschossen». Die letztgenannte Aufschrift wirkt. Alle Einheimischen wissen, daß der Pseudo nicht die Kühnheit haben würde, sie zu erschießen; er würde nur Schreckschüsse abgeben. Aber da er noch nie in seinem Leben von einer Feuerwaffe Gebrauch gemacht hat, besteht die Möglichkeit, daß er sie trifft, und ganz gleich, ob man absichtlich oder versehentlich getötet wird, man verliert dabei sein Leben.

Die Tatsache, daß er von der Landwirtschaft nicht das geringste versteht, hält den Pseudobauern keineswegs davon ab, den echten Bauern seine Unwissenheit zugute kommen zu lassen. Er ist stets bereit, ihnen Ratschläge zu geben, wann man mit der Aussaat beginnen soll, welches Düngemittel das beste ist, wie man überhaupt am besten wirtschaftet, und er ist sehr erstaunt, wenn ihre Ernte seinen kümmerlichen Gewächsen weit überlegen ist. Er weiß nämlich nicht, daß sein Grund und Boden zum Anbau nicht taugt — wenn er fruchtbar wäre, hätte man ihn ihm sicher nicht überlassen.

Noch schlimmer sind die Stadtmenschen, die aufs Land ziehen und schnurstracks ihre städtischen Sitten und Gebräuche einführen, Straßenbeleuchtung verlangen, sich über die ländlichen Gerüche und das Krähen der Hähne beschweren und all die gewohnten Zerstreuungen des Stadtlebens fordern, sich aber jedem Versuch widersetzen, diese «Notwendigkeiten» in ihrem persönlichen Umkreis zu installieren. Ich verstehe wirklich nicht, was für einen Sinn es hat, dem Stadtleben zu entfliehen, wenn man seine neue Umgebung in einen billigen Abklatsch des Milieus zu verwandeln sucht, das man aufgegeben hat. Darüber sprach ich auf einer Auktion einmal mit einem Bauern, und er sagte mir, kürzlich habe ein Ehepaar ein Landhaus oberhalb seines Besitzes gekauft. Nachdem die beiden das Haus, wie er sich ausdrückte, zu einer Schnapsbude gemacht hatten, kamen sie zu ihm und beklagten sich über seine frischgepflügten Felder. All die nackte braune Erde sehe so niederdrückend aus, erklärten sie, und die Aussicht sei ihnen verdorben. Ob er nicht, bitte schön, etwas Grünes anpflanzen könne?

125

Zwölftes Kapitel

Morgens hatte die Luft jetzt etwas Beißendes, so daß mir klar wurde, daß uns der Winter bevorstand. Schon verfärbte sich das Laub, und es konnte nicht mehr lange dauern, bis die Bäume kahl waren. Eingedenk des vorigen Winters bereitete ich mich diesmal vor und brachte die Operation Belagerung in Gang. Bald platzte die Scheune beinahe von Heuballen und Hafer-, Kleie- und Maissäcken. Damit waren die Esel und Barney versorgt. Das große Problem waren die Katzen; Büchsennahrung verweigerten sie, und ich hatte nur eine sehr kleine Gefriertruhe. Also legte ich für mich einen Büchsenvorrat an und füllte die Gefriertruhe mit Kaninchenfleisch, Leber und Fischen für die Katzen. Hinter dem Haus reihten sich Diesel- und Ölkanister sowie Butangaszylinder, und in jedem Winkel, der sich finden ließ, verstaute ich tröstende Wodkaflaschen und Zigarettenpackungen. Ich füllte alle verfügbaren Gefäße mit Wasser, das ich gewissenhaft jeden Tag mit frischem ergänzte. Im Wohnwagen versiegelte ich jede Ritze und jeden Spalt. Danach blickte ich mich um und fand, daß ich nun gegen alles gewappnet sei.

Allmählich überwand Simon seine Scheu, und täglich durfte ich ihm ein wenig näher kommen. Der Durchbruch ereignete sich, als ich eines Tages Humphrey striegelte. Ich erhaschte einen Blick auf Simons Hinterteil, nur einen halben Meter entfernt, und ohne zu überlegen, streckte

126

ich die Hand aus und striegelte die Kruppe und das Hinterbein, das mir am nächsten war. Er zitterte, und dann rückte er zu meinem Erstaunen zehn Zentimeter näher. Ich striegelte weiter, und er rückte abermals näher. Da ich mein Glück nicht auf die Probe stellen wollte, beschäftigte ich mich erneut mit Humphrey. Aus dem Augenwinkel sah ich ein struppiges Hinterteil langsam heranrücken, bis ich es fast unter der Nase hatte. Die Gelegenheit war so günstig, daß ich sie mir nicht entgehen lassen wollte; ich entschuldigte mich bei Humphrey und machte mich im Ernst daran, Simon zu striegeln. Zu meiner Freude hielt er still und ließ mich gewähren. Eine Stunde lang bürstete ich das struppige Fell, bis er die bestgepflegte Kruppe im Lande hatte. Das war der springende Punkt: Ich durfte nur sein Hinterteil berühren. Sowie ich den Versuch machte, den Vorhang vor seinen Augen zu entwirren, war Simon weg. Doch es ermutigte mich, daß er stets wiederkam — leider jedesmal rückwärts. Selbst jetzt, wo wir die besten Freunde sind, läßt er sich überall striegeln, aber nicht am Kopf.
Einen Rückfall gab es nie. Ich konnte mich ihm nähern, ohne daß er Reißaus nahm. Bald machte er sogar den ersten Schritt, kam herbei und liebkoste mich ganz behutsam. Am rührendsten fand ich seine Versuche, Schabernack zu treiben. Sie rühren mich noch heute. Offensichtlich entspricht das nicht seinem Wesen; er ist ein ernstes, besinnliches Geschöpf, scheint aber anzunehmen, es werde von ihm erwartet. Zu Humphreys Lieblingsspäßen gehört es, einen Mantelärmel ins Maul zu nehmen und daran zu zerren, bis

Mantel und Eigentümer getrennt sind. Eine derartige Unverschämtheit bringt Simon nicht über sich; aber er faßt den Mantelärmel vorsichtig mit den Zähnen und zupft daran, fast als wolle er die Aufmerksamkeit auf sich lenken, wobei er einem ängstlich ins Gesicht blickt, um zu schauen, ob er es wohl schon zu weit getrieben habe. Trotzdem hält er noch immer daran fest, sich mir mit dem Hinterteil voran zu nähern. Selbst abends vor dem Schlafengehen, wenn ich meinen Lieben noch ihre Pfefferminzbonbons bringe und auf ein «Gutenachtküßchen» warte, bekomme ich neben feuchten Nüstern auch stets einen dicken haarigen Eselshintern ins Gesicht.

Als ich eines Morgens auf dem Rand der Badewanne saß, fühlte ich ein leichtes Geknabber an meinen Zehen. Ich schaute hin, und da war Puh, beinahe platzend vor Genugtuung, daß er mich hereingelegt hatte. Die nähere Untersuchung ergab, daß er durch ein loses Brett unter der Badewanne einen Zugang in den Wohnwagen gefunden hatte; wahrscheinlich hatte er das Brett selbst gelockert. Es ist nicht ganz einfach, von einem Pelztierchen eine Niederlage einstecken zu müssen, doch ich mußte mich wohl oder übel geschlagen geben. Ich sagte ihm, er könne seinen Zugang zum Badezimmer behalten, aber wenn er jemals eine Pfote in einen anderen Teil des Wohnwagens setze, sei es damit vorbei. Er nahm das philosophisch hin und schlug sein Lager unter der Badewanne auf, emsig das Toilettenpapier zerfetzend, um sein Nest damit zu polstern. Es brachte einige Probleme mit sich, ein Frettchen im Badezimmer zu haben. Ich wußte nie so

128

recht, ob ich Gäste warnen oder sie es selbst merken lassen sollte. Wenn ich es ihnen sagte, saßen sie den ganzen Abend mit gekreuzten Beinen da und wurden immer unruhiger. Hielt ich hingegen den Mund, war nicht abzuschätzen, wie sie reagieren würden, wenn sie sich plötzlich bei intimsten Verrichtungen einem Frettchen gegenübersahen, mochte es auch noch so friedlich sein. Schließlich schränkte sich mein gesellschaftliches Leben beträchtlich ein. Außerdem wurden Charlies adoptierte Kaninchenkinder zu einem Problem: Ich konnte sie nun nicht mehr ins Badezimmer lassen, obwohl Puh ein freundliches Kerlchen war. Gottlob war durch das Nahen des Winters auch das Angebot an Kaninchenkindern zunehmend rückläufig. Im übrigen konnte ich es Puh nicht verargen, daß er nicht mehr in der Scheune schlafen mochte.

Was mich wirklich verdroß, das war das Haus. Ich hatte gehofft, vor Weihnachten einziehen zu können, aber falls es mit den Arbeiten so weiterging, durfte ich mich glücklich schätzen, wenn ich Weihnachten übers Jahr das Haus beziehen konnte. Anscheinend gibt es zwei Typen Arbeitgeber: Die einen brauchen nur mit den Fingern zu schnippen, und die Arbeiter lassen alles stehen und liegen und kommen herbeigerannt, keuchend vor Begeisterung; die andern sind diejenigen, bei denen die Arbeiter gerade beschäftigt sind, wenn die erstgenannte Sorte mit den Fingern schnippt. Ich gehöre der zweiten Kategorie an. Die Arbeiter verschwanden regelmäßig, oft blieben sie wochenlang weg. Wenn sie wiederkamen, entschuldigten sie sich wortreich mit drin-

129

gend notwendigen Arbeiten; sie waren überzeugt, ich würde es ihnen nicht verargen. Ich
verargte es ihnen sehr. Wie konnten sie überhaupt annehmen, daß ich es nicht übelnehmen
würde, fragte ich mich ärgerlich. Einschmeichelnd fügten sie hinzu, die andere Auftraggeberin sei so ein zänkisches Weib, das ihnen zusetze
und ihnen das Leben zur Hölle mache. Sie sei gar
nicht so nett wie ich, sagten sie. Schließlich hätten sie nachgegeben, um ihre Ruhe zu haben.
Das brachte mich wirklich in Wut, denn offenbar
muß man blutdürstig und gemein sein, wenn
man die Arbeit getan haben will. Ich fing es ganz
verkehrt an, brachte ihnen Tee und eigens für sie
gebackenen Kuchen, weil sie das Zeug aus dem
Laden ablehnten, und machte gute Miene zum
bösen Spiel. Wie sich herausstellte, hatte der
Baumeister, der die Pläne entworfen hatte und
die Arbeiter im Auge behalten sollte, noch mehr
Respekt vor ihnen als ich. Wenn ich ihm mit
einem Vorschlag oder einer Kritik kam, wehrte
er entsetzt ab: «Oh, das ist mir unmöglich! Sehr
empfindliche Leute, die Bauarbeiter. Ich muß sie
mit Samthandschuhen anfassen, sonst laufen sie
weg.» Da sie ohnehin immer wieder fortblieben,
hätten wir den Unterschied kaum bemerkt. Derweil gab ich Unsummen aus — der Baumeister
präsentierte mir dauernd Rechnungen, auch
wenn gar nicht gearbeitet wurde —, beklagte in
meinem ungemütlichen, vollgestopften Wohnwagen das Verrinnen der Zeit und mußte mich
mit allen möglichen Abweichungen vom ursprünglichen Plan abfinden, weil wir beide, der
Baumeister und ich, zu feige waren, uns auf

130

einen Wortwechsel einzulassen. Etwas lernte ich
daraus — nie werden die Gerechten das Land er-
ben. Selbst wenn sie es durch irgendein Wunder
erbten, würden die Ungerechten es ihnen mit der
Erklärung wegnehmen, daß sie dazu angestiftet
worden seien — von einem, der ihnen sonst das
Leben zur Hölle gemacht hätte.
Der Winter entpuppte sich im Vergleich zum vorigen als ein launischer Geselle. Der erste Schnee
blockierte den Fußweg nur für wenige Tage.
Humphrey und Barney hatten ein dickes Winter-
fell, und Simon sah mehr denn je wie ein Jak aus.
Da sie auf der Koppel einen geräumigen, stroh-
gepolsterten, wasserdichten Wetterschutz hatten,
verstand ich nicht, warum sie sich die ganze Zeit
bei Regen, Schnee und beißendem Wind draußen aufhielten, es sei denn, sie wollten, daß ich
mich schuldig fühlte. Wenn ich ihnen ihr Futter
brachte, standen sie aufgereiht am Zaun, Schnee-
klumpen im Fell, mit verschneiten Wimpern und
blickten mich so leidend und gequält an, wie es
nur Tiere fertigbringen (besonders Esel). Sanfte,
schmelzende Augen sagten: «Du hättest dich
nicht bemühen müssen, nicht unseretwegen. Es
macht uns nichts aus, hier in der Kälte zu stehen
und uns den Tod zu holen. Geh nur wieder in
deinen hübsch warmen Wohnwagen, wir behel-
fen uns schon irgendwie.» Tiefes Seufzen. Ich
wußte, daß alles bloß Theater war, dennoch griff
es mir ans Herz. Mit schlechtem Gewissen kehrte
ich zum Wohnwagen zurück und holte kleine
Trostleckerbissen für sie, was genau das war, was
sie bezweckt hatten. Ich fand keine Ruhe und
ging jede Viertelstunde hin und her, mit Keksen,

131

Zuckerstücken, Pfefferminzbonbons, Mohrrüben und ähnlichen Delikatessen. Sie nahmen die Opfergaben gnädig an: «Wenn es dich erleichtert, wie könnten wir da nein sagen?»
Das Schlimmste an diesem Winter — übrigens an jedem Winter — war, dafür zu sorgen, daß das Wasser in ihren Eimern nicht gefror. Mehrmals am Tage mußte ich mit heißem Wasser hinausgehen und die Eisschicht auftauen. Nachdem sie einige Tage lang warmes Wasser getrunken hatten, zogen sie es dem kalten vor, und seither muß ich, auch im Sommer, stets heißes Wasser zugießen. Ich weiß nicht, wie die Legende entstanden ist, der Mensch sei das überlegene, intelligente, denkende Geschöpf. Ich habe jetzt sechs Esel, und einen guten Teil meiner Zeit verbringe ich damit, Heuballen und Hafersäcke herumzuschleppen. Diese Tätigkeit wird mit großem Interesse von den entsprechenden Konsumenten beäugt, die alle viel stärker und jünger sind als ich. Es kommt ihnen nicht in den Sinn, jemals Huf anzulegen, und wenn ich es ihnen vorschlüge, würden sie sich entrüsten: Dafür sind die Menschen da. Bitte sehr, wer von uns ist da der Gescheitere?
Obwohl es kein arger Winter war, tat es mir nicht leid, als er endete. Ganz abgesehen von den üblichen Freuden des Frühlings, konnte ich mich in diesem Jahr auf etwas Besonderes freuen, nämlich auf das Lämmchen für Barney. Ich hatte eigentlich vorgehabt, sofort, wenn die Zeit des Lammens kam, loszubrausen und eins zu kaufen. Aber im ersten Jahr meines Landlebens hatte ich einige wichtige Lektionen gelernt:

1. Ein neues Tier soll erst dann in die Gemeinschaft aufgenommen werden, wenn alle notwendigen Vorbereitungen getroffen und die möglichen Probleme bedacht worden sind.
2. Die voraussehbaren Probleme sind nicht diejenigen, die sich stellen werden.
3. Da in bezug auf unvorhergesehene Probleme nichts zu machen ist, braucht man keine Gedanken daran zu verschwenden.

Dessen eingedenk befaßte ich mich mit dem nächstliegenden Problem, und das war Barney. Wie konnte ich ihn und das Lamm getrennt halten, bis es groß genug war, für sich selbst zu sorgen? Ein einziger freundlicher Stoß von Barney, und das Lämmchen war Hackfleisch. Es blieb nur die Möglichkeit: Barney mußte während der Entwicklung des Lämmchens zum Schaf angebunden werden.

Um ihn daran zu gewöhnen, wollte ich ihn jeden Tag für kurze Zeit anbinden und die Zeitspanne allmählich verlängern, bis es für ihn nichts Ungewöhnliches mehr war. Ich fand das ganz logisch und vernünftig; die Frage war nur, wie Barney sich dazu stellen würde. Mit nicht ganz reinem Gewissen begab ich mich zur Koppel. Auf halbem Weg blieb ich erschrocken stehen. Ein Höllenspektakel war ausgebrochen. Die Esel galoppierten wie verrückt herum, wobei Humphrey gespenstisch schrie; Barney vollführte Bocksprünge hin und her, und sogar Henrietta, die selten Laut gab, horchte auf und piepste aufgeregt (für einen so großen Vogel gibt sie lächerlich hohe Piepslaute von sich). Als ich mich umschaute, um zu sehen, was der Anlaß dieses Auf-

133

ruhrs war, sah ich etwa fünfzig Soldaten in grotesker Tarnung der Koppelhecke entlangschleichen. Großer Gott, dachte ich, die Invasion; zwar vierzig Jahre verspätet, aber jetzt haben sie es doch noch geschafft. Sie stapften durch den Lehm, bis sie zum Gatter gelangten, dann brachen sie durch die Hecke in die Koppel und kletterten von innen übers Gatter zurück, wobei ihnen Barney mit ermutigenden Stößen beistand. Ich ergriff Humphrey, bevor er Gelegenheit hatte, durch die so geflissentlich geschaffene Lücke in der Hecke auszubrechen, und band ihn am Zaun fest. Dem letzten der Vandalen, einem Offizier, half Barney gerade übers Gatter. «He, Sie!» rief ich, «halten Sie mal an!»

Er drehte sich um, stand stramm und salutierte. Ich erlag fast der Versuchung, den Gruß mit einem Finger zurückzugeben, und fragte ihn zornbebend, was in drei Teufels Namen er sich dabei denke, mit seinen Spielzeug-Bleisoldaten durch meine Hecke zu brechen.

Immer noch stramm stehend und über meinen Kopf hinweg blickend schnarrte er: «Bedaure, meine Dame. Einzige Möglichkeit, zum Weg zu gelangen.»

«Sind Sie wahnsinnig?» fuhr ich ihn an. «Warum konnten Sie nicht wie jeder normale Mensch durch das Gatter gehen?»

«Leider nicht möglich. Manöver. Durften nicht entdeckt werden.»

Ich starrte ihn ungläubig an. Ohne entdeckt zu werden? Wenn alle Tiere hier ihr Erscheinen hysterisch der ganzen Welt verkündeten? Plötzlich wurde ich mir der Komik der Situation bewußt, und meine Wut löste sich in Lachen auf. «Das kann nicht Ihr Ernst sein», kicherte ich. «Bei dem Lärm?»

Er machte ein verlegenes Gesicht. «Höherer Befehl, Gnädigste.»

«Na, gut», meinte ich, «Sie sollten besser Ihre Pfadfinder zurückrufen und die Hecke in Ordnung bringen, bevor meine Agenten von der Gegenspionage ausbrechen und die Nachricht von Ihren Truppenbewegungen jedem Bauern in der Gegend hinterbringen.»

«Zu Befehl, meine Dame.»

Nun, da mein Zorn verpufft war, fand ich die Sache ganz lustig. Nachdem mich die Bauarbeiter monatelang wie eine Schwachsinnige behandelt und meine Wünsche (nie hätte ich gewagt, Instruktionen zu erteilen) überhaupt nicht beachtet hatten, machten mir das Strammstehen und die überhöfliche Anrede Spaß. Ich mußte mich bezähmen, keine Befehle zu erteilen: Zaun nachsehen, wenn Sie schon dabei sind. Gatterklinke festschrauben. Die Eimer der Esel füllen. Mir einen Apfel schälen. Zweifellos steigt Macht dem Menschen zu Kopf. Aber ebensoklar lag es zutage, daß ich mich für die Rolle der Befehlshaberin nicht eignete.

In den nächsten zwei Jahren wurden diese «geheimen» Manöver ungefähr jeden Monat wiederholt. Die Tiere schlugen immer Alarm, so daß ich beizeiten hinausgehen und meine kurzen Augenblicke der Macht genießen konnte, die mein Ego ungeheuer aufbauten.

Ich verschob Barneys Freiheitsberaubung auf den nächsten Tag, weil er schon genügend Aufregung gehabt hatte. Um die Wahrheit zu sagen, ich war froh über den Vorwand, es aufschieben zu können, denn mir graute davor. Am folgenden Tage ging ich schweren Herzens zur Koppel. Wie sollte ich es ihm nur beibringen, daß die Freiheit, die er für selbstverständlich hielt, nun beschnitten werden sollte? Er sprang mir voller Vertrauen und Zuneigung entgegen, was die Sache noch verschlimmerte. «Komm, Barney», sagte ich und führte ihn durchs Gatter in den Garten hinaus. Ich gab ihm eine Zigarette, und während er sie genießerisch zerkaute, streifte ich ihm ein Halsband über und band ihn an einem Pflock fest. Es hatte keinen Zweck, wie die Katze um den heißen Brei herumzugehen; also streichelte ich seinen knubbeligen Kopf und setzte ihm auseinander, daß es mir ebenso verhaßt sei wie ihm, ihn anzubinden, aber es geschehe zu seinem eigenen Besten. Später werde er mir dankbar sein. Während ich mich reden hörte, merkte ich, daß ich den gleichen Ton anschlug, wie weiland wohlmeinende Mütter, was mir stets Gänsehaut verursacht hatte. Ich brach ab, gab ihm noch eine Zigarette und überließ ihn seinem Schicksal. Alle fünf Minuten ging ich nachsehen, ob er sich auch weder verknotet noch befreit hatte, und um ihm zu versichern, daß ich ihn nach wie vor liebte. Jedesmal hieß er mich mit einem Meckern willkommen, das mir ins Herz schnitt. Warum kann er mich nicht anknurren oder angreifen, dachte ich. Dann wäre mir wohler zumute gewesen. Aber groteskerweise wollte ich unglücklich sein; ich verdiente es, unglücklich zu sein. Ich fragte mich, ob Barney vielleicht viel schlauer war, als

136

ich angenommen hatte, und ob er sich auf diese Weise schadlos halten wollte. Tiere haben ja keine andere Waffen gegen uns, als uns mit Schuldgefühlen zu belasten. Wenn das seine Absicht war, so gelang es ihm vortrefflich.

Nach einer halben Stunde band ich ihn los und brachte mich sofort außer Huf-Reichweite, da ich erwartete, daß er in wilder Begeisterung umherspringen werde. Mitnichten. Er fuhr einfach fort, zufrieden das Gras ringsum abzuweiden.

In den nächsten zwei Wochen verlängerte ich die Zeitspanne nach und nach, bis er fast den ganzen Tag an seiner Laufleine verbrachte. Ich konnte es nicht fassen, daß er diese Freiheitsberaubung so gelassen hinnahm. Entweder war er zu gutmütig, sich dagegen aufzulehnen, oder so dumm, daß er gar nicht merkte, was da vor sich ging. So oder so, ich war höchst erleichtert, daß Stufe I der Operation Lamm so glatt verlief.

Jetzt wurde es Zeit, Stufe II in Angriff zu nehmen und das Lämmchen zu holen. In meiner Gegend wurde nur Ackerbau und Viehzucht betrieben; also mußte ich einen Schäfer in der weiteren Umgebung suchen gehen. Ich hätte mich erkundigen können, aber ich wollte nicht, daß meine Nachbarn schon jetzt von der Vergrößerung meiner Menagerie erfuhren. Nach den Erfahrungen mit Humphrey und Barney könnten die Leute meinen, es stehe ihnen neues Ungemach bevor. Als ich zu der Schaffarm gelangte, war die Produktion in vollem Gange. Wenn ich dem Besitzer jemals wieder von Angesicht zu Angesicht gegenüberstehen sollte, würde ich ihn mit Sicherheit nicht erkennen, an seiner Rückseite jedoch

137

könnte ich ihn unter Hunderten identifizieren. Während unserer Besprechung war er die ganze Zeit auf allen vieren und half immer wieder einem weiteren Wollebündel auf die Welt, so daß ich sein Hinterteil gut kennenlernte. Ich kam mir ziemlich albern vor, als ich seinem Rücken mein Anliegen auseinandersetzte und ihn fragte, ob er vielleicht ein überzähliges Lamm hätte. Mir kam meine Bitte so außergewöhnlich vor, daß ich nicht sicher war, wie er sie aufnehmen würde. «Kein Problem», antwortete er, «Sie können drei bis vier haben.» Er erklärte mir, manche Schafe brächten mehr Lämmer hervor, als sie Zitzen hätten, und andere lehnten ihr Junges ab. Da die Aufgabe, diese Waisenkinder großzuziehen, der ohnehin überarbeiteten Farmersfrau zufalle, werde jedes Angebot einer Adoption begeistert angenommen. Ich wurde aufgefordert, mir ein Lämmchen auszusuchen, allerdings unter der Bedingung, daß es ein Widder sei. Auf Schafböcke könne er leichter verzichten, weil sie keine Endprodukte abgäben. Bei Schafzüchtern gibt es keinen männlichen Chauvinismus, so viel steht fest. Ich wählte ein drei Stunden altes Lämmchen mit geschecktem Gesicht, nur wegen der ulkigen Flecken. Die meisten Lämmer sahen, genau wie die Schafe, eins wie das andere aus; wenigstens hob sich Jason mit seinen Flecken von der Masse ab.

Auf der Heimfahrt hielt ich einmal, um eine Baby-Saugflasche und die mir empfohlene Pulvermilch zu kaufen. Neugeborene Lämmer müssen alle zwei Stunden gefüttert werden, Tag und Nacht, so daß Jasons Stunde bei unserer Ankunft gerade gekommen war. Ich lernte sehr bald, daß er jederzeit für seine Fütterung empfänglich war. Wie jedwede erstmalige Mutter war ich von der Furcht vor Krankheitserregern besessen, kochte alle Utensilien vor dem Gebrauch aus und desinfizierte mir die Hände — auskochen wollte ich sie denn doch nicht. Mit der Genugtuung, daß kein Bakterium in solch steriler Umgebung leben konnte, bereitete ich die Nahrung zu und nahm Jason auf den Schoß. Ehe ich die Möglichkeit hatte, ihm die Flasche hinzuhalten, nahm er den Sauger zwischen die Lippen, wedelte wild mit dem Schwanz und leerte sie, ohne jemals zum Luftholen abzusetzen. Nachdem sein Hunger gestillt war, rollte er sich auf meinem Schoß zusammen und fiel in Schlaf. Ich machte mir Sorgen wegen Winden. Hätte er nicht aufstoßen müssen? Er sah so friedlich aus, daß ich nicht das Herz hatte, ihn zu wecken.

Die Schlafenszeit wurde wie eine militärische Operation geplant, aber entschieden besser als die militärischen Operationen, die ich erlebt hatte. Ich bereitete vier Flaschen für die Nacht vor und stellte sie in den Kühlschrank. Jason lag derweil in seinem Korb, gut zugedeckt und mit einer Wärmflasche versehen — mit meiner Wärmflasche, wohlgemerkt, ein größeres Opfer hätte ich nicht bringen können —, und der Korb stand neben meinem Bett. Ich stellte den Wecker auf zwei Stunden später. Charlie sah diesen Vorbereitungen mit großem Interesse zu. Er platzte fast vor Neugier auf den neuen Hausbewohner und starb fast vor Verlangen, ihn zu liebkosen. Mutterschafe pflegen ja ihr Junges zu lecken, und da ich keine Lust hatte, diese Mutterpflicht zu übernehmen, warum nicht Charlie gewähren lassen? Er würde dem kleinen Waisenkind Wärme und Trost bescheren. Aber die Bakterien . . .? Als ich an die Schafe dachte, die ich gesehen hatte, mußte ich zugeben, daß sie nicht allzu hygienisch aussahen. Sogar recht schmuddelig. Ich beschloß, es drauf ankommen zu lassen. Charlie war entzückt, kletterte vorsichtig in den Korb, nahm Jason fest zwischen seine Vorderpfoten und ließ ihm seine Sonderbehandlung für Waisen angedeihen, indem er ihn behutsam von oben bis unten ableckte. Jason blökte beglückt, wedelte mit dem Schwanz und suchte sofort nach der Nahrungsquelle. Verlegen schaute Charlie weg und tat so, als ob nichts geschehen wäre.

Pudding, Flossie und Min entschieden nach kurzer Beschnupperung, daß diese sonderbar aussehende, wollige Katze nicht interessant genug sei, sich mit ihr abzugeben, und danach übersahen sie Jason geflissentlich. Rufus hingegen war verstimmt. Sein übliches Verfahren «nicht beachten, dann verschwindet es» wirkte nicht. Er merkte, daß in diesem Fall stärkere Maßnahmen angebracht waren, und spielte den Märtyrer. «Schon wieder einer, der mir deine Liebe stiehlt? Bitte sorg dich nicht um mich, ich will ganz still für mich sitzen, allein mit meinen Erinnerungen. Ich weiß, ich bin dir eine Last, aber es wird nicht mehr für lange sein.» Es war reines Theater. Er wußte es ebensogut wie ich; dennoch griff es mir ans Herz. Zerknirscht ersann ich alles mögliche, ihn zu entschädigen. Ich kümmerte mich beson-

140

ders um ihn, verwöhnte ihn und gab ihm sogar jedesmal, wenn ich Jason fütterte, etwas Besonderes zu fressen, damit er sich nicht benachteiligt fühlte. Er nahm diese Opfergaben huldvoll an, ließ aber durchblicken, daß ich nur so handelte, damit «du dir keine Vorwürfe machen mußt, wenn ich nicht mehr bin».

Wie sich herausstellte, hätte ich mich um den Wecker gar nicht zu kümmern brauchen. Punkt eine Stunde und fünfundfünfzig Minuten später schrak ich aus tiefem Schlaf auf, geweckt durch ein Gewimmer an meinem linken Ohr. Bis ich die Augen aufgeschlagen hatte, war aus dem Gewimmer bereits ein hartnäckiges Blöken geworden. Ich sprang aus dem Bett und wärmte Jasons Milch zur Begleitung eines unablässigen Mähähäs. Kaum zu glauben, welchen Lärm ein so kleines Kerlchen machen konnte. Schnell steckte ich ihm den Sauger ins Mäulchen, und aus dem Geblöke wurde ein zufriedenes Gurgeln. In genau drei Minuten war die Flasche leer, und zwei Sekunden später schlief Jason wieder fest. Ich erneuerte die Wärmflasche und wechselte die Unterlagen, denn kleine Lämmchen sind sehr inkontinent. Inzwischen putzte sich Charlie von oben bis unten und fand, daß es wohl am besten sei, nässende Lämmchen allein schlafen zu lassen; er nahm daher seinen früheren Schlafplatz wieder ein — gewissermaßen direkt auf meinem Gesicht.

Etwa zwei Wochen lang bereitete Jason keinerlei Schwierigkeiten. Er trank und schlief. Sowie er aufwachte, trank er, und sobald er getrunken hatte, schlief er ein. Dann aber kam die Zeit des

Wachseins. Jason wuchs sehr schnell und entwickelte einen eigenen Willen, überdies den stärkeren als ich. Wenn er etwas tun sollte, was ihm nicht paßte, oder wenn er, was noch häufiger geschah, etwas tun wollte, das mir nicht paßte, gab es kein Kräftemessen — er siegte immer. Er fand zwar den Korb mit der Wärmflasche recht gut, aber ein Bett mit einer liebevollen Adoptivmutter war noch besser. Er kletterte zu mir aufs Bett; was den Katzen recht war, das war ihm gewiß billig. Ich wies darauf hin, daß die Katzen stubenrein seien, daß sie sanfte Pfoten hätten, was man von seinen steinharten Hufen nicht behaupten könne, und ein liebevoller Klaps mit Samtpfötchen rufe keine blauen Flecken hervor. Erste Lehre: Ein Lamm läßt nicht mit sich reden. Er hörte gespannt zu, nickte ab und zu mitfühlend, und sowie ich geendet hatte, sprang er wieder aufs Bett. Mit der Zeit fürchtete ich mich vor dem Schlafengehen. Todmüde nach der Plackerei des Tages und unter Schlafmanko leidend, fühlte ich mich nicht imstande, um Territorialbesitz zu kämpfen. Ich ergab mich in mein Schicksal. Das war weniger anstrengend. Doch wenigstens zog ich Jason als Vorsichtsmaßnahme eine Schutzkleidung an (zu meinem Schutz, nicht zu seinem): dicke Bettsocken und eine unförmige Hose.

Dann kam er dahinter, daß Schlafen am Tage eine Verschwendung von Zeit war, die man viel lustiger damit verbringen konnte, in Wassereimer zu fallen, auf heiße Herdplatten zu springen, über Katzen zu stolpern und nach weiteren potentiellen Möglichkeiten zu suchen, Selbst-

mord zu begehen. Ich wagte nicht, ihn aus den Augen zu lassen oder mich von ihm zu entfernen, es sei denn, ich fesselte ihn an den Hufen. Er seinerseits belauerte mich wie ein Falke, um sich zu vergewissern, daß ich ihn nicht verließ oder etwas ohne ihn unternahm. Ich konnte nicht einmal unbegleitet ins Badezimmer gehen, sonst blökte er kläglich. «Jetzt hör einmal zu», sagte ich zu ihm, «ich bin nicht deine Mama. Deine Mama ist ein dickes, wolliges Schaf.» Er betrachtete mich nachdenklich und antwortete noch nachdrücklicher: «Mämä.»
Wegen seines Fütterungsstundenplanes und seiner offensichtlichen Todessehnsucht mußte ich ihn überallhin mitnehmen. Er fand es sehr lustig, im Auto zu fahren, an einer Leine Besorgungen zu machen, mit den Vorbeikommenden, die ihn streichelten, zu scharwenzeln und die Bemerkungen über sein Aussehen gutgelaunt hinzunehmen. Am häufigsten hörten wir: «Ein seltsamer Pudel, das.» Eine besondere Vorliebe hegte er für Verkehrspolizisten; er rieb sein Köpfchen an ihren Beinen und blickte bewundernd zu ihnen auf, so daß sie vergaßen, daß meine Parkuhr abgelaufen war. Sogar weltmüde Polizisten verfielen seinem Zauber. Wenn sie den Schrecken überwunden hatten, ein Schoßlamm im Wagen zu erblicken, machten sie sich zum Narren, indem sie ihm zuschnalzten und vollständig vergaßen, warum sie mich angehalten hatten.
Bald war Jason so groß, daß er uns auf unseren Nachmittagsspaziergängen begleiten konnte, und er verlieh ihnen wahrhaftig eine neue Dimension. Er liebte diese Ausflüge und kapriolte

143

mit unbändiger Freude und Anmut umher, so daß ich mir wie ein Dinosaurier vorkam. Dieses Herumtollen gab er auch dann nicht auf, als er erwachsen war. Ich brauchte nur zu sagen: «Los, Jason, treib deine Possen», und schon hob er seinen dicken Leib in die Luft, vollführte einen Hochsprung und ließ sich fallen wie eine Bleikugel. Er jagte Kaninchen, spielte mit den Katzen und mit Puh Verstecken und galoppierte manchmal davon, bis er nur noch ein Punkt am Horizont war. Wenn ihm dann aufging, daß er mich nicht mehr sehen konnte, bremste er schlitternd, machte eine U-Wendung und kam zurückgerannt. Bei der Rückkehr setzte er nie seine Bremsen ein, sondern benutzte mich als Puffer. Wie Barney wurde er von Reue erfaßt und stellte die Vorderhufe fest auf meine Brust, während ich auf dem Rücken lag und nach Luft japste. Er blökte mir ängstlich ins Gesicht, um mir zu sagen, wie leid es ihm tue. «Schon gut, Wollemoppel», sagte ich, «wenn du groß genug bist, mich umzulegen, bist du auch groß genug, es mit Barney aufzunehmen.» Was die Höhe betraf, so reichte er zwar nicht an Barney heran, aber er übertraf den Ziegenbock an Umfang. Er war auch stärker als Barney, der seinerseits gewiß kein Schwächling war, so daß ich mir keine Sorgen mehr zu machen brauchte, wie die Begegnung ausfallen würde. Jason war durchaus imstande, sich zu wehren, wenn es zu einem Konflikt kam.

Zitternd vor Aufregung führte ich Jason zu der Stelle, wo Barney angebunden war. Ich kam mir vor wie der Weihnachtsmann, der Geschenke

bringt. «Schau, Barney, ein Freund für dich!»
Barney hob den Kopf vom Gras, fixierte Jason
nachdenklich und weidete ungerührt weiter.
Jason schritt zu ihm und beschnüffelte ihn vorsichtig. Barney, mit den Gedanken woanders,
schnüffelte halben Herzens zurück. Ich kam mir
sehr dämlich vor und tröstete mich damit, daß sie
einander wenigstens nicht angegriffen hatten,
was ja eigentlich das Wichtigste war. Die besten
Freundschaften beginnen vorsichtig und entwik-
keln sich allmählich. Ich band Barney los, wor-
aufhin die beiden gemessen im Garten umher-
spazierten. Ich war tief gerührt. Da Barney nun
einen Gefährten hatte, war ich meiner Überzeugung nach aller Schwierigkeiten enthoben. Ich
lernte nie dazu. In Wirklichkeit hatten die
Schwierigkeiten noch gar nicht angefangen.

Dreizehntes Kapitel

Vorerst ging alles glatt. Jason und Barney waren
glücklich miteinander, Humphrey und Simon
ebenfalls, die Katzen gediehen. Der dicke kleine
Puh pusselte herum, erneuerte fleißig sein Nest
und kostete mich ein Vermögen an Toilettenpapier. Seine emsige Nestbauerei brachte mich
plötzlich auf einen Gedanken: Konnte es sein,
daß auch ihn der Frühling gepackt hatte und daß
er an Nachkommenschaft dachte? Die Tatsache,
daß er in meinen Augen immer ein Männchen

gewesen war, besagte gar nichts; solange das Gegenteil nicht erwiesen ist, sind für mich alle Tiere männlichen Geschlechts, das heißt, ich spreche stets von «ihm», nicht von «ihr» (mögen mir die Feministinnen verzeihen). Ich ging ins Badezimmer und rief ihn. Mit aufgeregtem Gequieke wand er sich unter der Badewanne hervor. Ich hob ihn auf und untersuchte ihn. Er war wirklich ziemlich rundlich. Ich wußte zwar nicht viel von Frettchen, aber an jungfräuliche Geburt glaubte ich nicht. Wenn mein Verdacht stimmte, mußte ein zweites Frettchen beteiligt sein. Der kleine Frechdachs gab meinen Blick keck zurück. Bisher hatte ich an Puhs untadeligem Betragen nie gezweifelt, und die Frage der Vermehrung war mir gar nicht in den Sinn gekommen. Jetzt aber ging mir die volle Bedeutung der Lage auf: Lauter junge Frettchen, die unter meiner Badewanne lebten, und die im Gegensatz zu Puh, der eine Ausnahme bildete, wild und blutdürstig waren. Ich mochte gar nicht daran denken und verdrängte die Vorstellung.

Um mich abzulenken, befaßte ich mich mit einem anderen Sorgenkind, mit Henrietta. Sie war einsam, fand ich. Sie brauchte Gesellschaft. Ein Gefährte im Sinne eines Männchens kam nicht in Frage, da ihre Herkunft zweifelhaft war, im übrigen war sie viel zu alt für derlei Späße. Aber ein Seelenfreund, der ihr an ihrem Lebensabend Trost brachte — war das nicht das mindeste, was ich der lieben alten Dame bescheren konnte? In Anbetracht ihrer mutmaßlichen Mischung wäre ein Pfau oder ein Perlhuhn vielleicht die richtige Wahl gewesen. Einen Pfau konnte ich mir nicht leisten, überhaupt hätte ich nicht den Mut gehabt, ein so aristokratisches Geschöpf in das morastige, unkrautverseuchte Elendsviertel zu versetzen, das ich beschönigend einen Garten nannte. Um die Wahrheit zu sagen, ich bezweifelte auch, daß meine Eitelkeit es ertragen hätte, von einem hochmütigen Pfau über die Schulter angeblickt zu werden. Es genügte mir, daß Esel, Lämmer und Frettchen mit mir Schindluder trieben. Es sollte also ein Perlhuhn sein.

Natürlich bekam ich es wieder mit den Naturgesetzen zu tun. «Ein Perlhuhn zu dieser Jahreszeit? O nein, meine Liebe, das ist unmöglich.» Noch enttäuschender war das knappe Verfehlen. «Tja, wenn Sie vorige Woche (vor zwei Tagen, gestern) bei mir angefragt hätten, da hätte ich genau das Richtige für Sie gehabt, einen wunderschönen Vogel, selbst aufgezogen und gezähmt.» Immerhin lernte ich auf meiner Suche sehr nette Leute kennen, vor allem einen Züchter, der die faszinierendste Vogelsammlung hatte, die man sich vorstellen kann. Ich weiß nicht mehr, wer mich an ihn verwies. Ich fuhr zu ihm, und als ich aus dem Auto stieg, vernahm ich eine Stimme: «Hallo, Sie da, was wünschen Sie?» Ich schaute mich um, sah aber keine Menschenseele. Ich kam mir ein bißchen albern vor, als ich antwortete: «Ich möchte Herrn Newbury sprechen.» «Er ist nicht da, er ist nicht da. Er ist ausgegangen, er ist nicht da.» In diesem Augenblick kam ein großer, bärtiger Mann aus dem Hause. Lachend sagte er: «Hören Sie nicht auf ihn, er ist ein schrecklicher Lüg-

147

ner.» Er zeigte mir seine Empfangsdame: Es war ein Eichelhäher, der auf dem Torpfosten saß.

Ich fragte Newbury, wie er dem Vogel das Sprechen beigebracht habe, worauf er antwortete: «Oh, ich habe ihm gar nichts beigebracht. Er schnappt die Wörter einfach von den Leuten auf, die herkommen.»

Newbury hatte kein Perlhuhn, jedenfalls jetzt gerade nicht. Aber er hatte zwei entzückende chinesische Gänslein, ein ungefähr drei Wochen altes Pärchen, das noch den Kükenflaum trug, aber schon die langhalsige Eleganz verriet. Ich wünschte sie mir glühend, fand jedoch keine Rechtfertigung für den Ankauf. Impulsive Tierkäufe gingen nicht an, sagte ich mir. Wenn ich mit diesem Unsinn erst einmal anfing, war kein Ende abzusehen. Als ob Newbury meine Gedanken gelesen hätte, sagte er: «Gänse sind vortreffliche Wachhunde.»

Natürlich! Genau das brauchte ich ja! Sie werden räuberische Tiere fernhalten, sagte ich mir, mich vor Eindringlingen warnen, mich vor Einbrechern schützen, kurz, alles tun, was Hunde zu tun pflegen, ohne Hunde zu sein. Wohlmeinende Leute hatten mir ja immerzu gesagt: «Du müßtest einen Hund haben.» Sie hatten selbstverständlich recht. Sie wußten es, und ich wußte es, aber das Problem bestand darin, den Katzen dieses Wissen zu vermitteln. Zweimal hatte ich den Versuch gemacht und einen Hund ins Haus gebracht, und beide Male waren sie geflüchtet und hatten mir zu verstehen gegeben, daß sie keine Pfote mehr in den Wohnwagen setzen würden, bevor dieses Geschöpf weg sei.

Gussie und Griselda adoptierten mich sofort als
ihre Mutter. Sowie sie mich erblickten, kamen sie
freudig schnatternd angewatschelt. Ich hoffte,
daß Henrietta sie an ihren Busen nehmen würde;
damit wäre ihr Einsamkeitsproblem (das vielleicht nur in meinem Geist bestand) gelöst, und
gleichzeitig hätten die Gänschen eine geeigne-
tere gefiederte Pflegemutter. Zuerst zeigte sie
auch gelinde Neugier und trippelte geziert herbei, um zu sehen, wovon ich soviel Aufhebens
machte. Sie schaute dem Gewatschel der Gänschen eine Weile gleichgültig zu, entschied, daß
diese ungehobelten Strolche nicht ihrer Gesell-
schaftsklasse angehörten, warf den Kopf zurück
und entschwebte majestätisch.
Im Boden vor dem Haus hatten die Lastwagen
der Bauarbeiter kreuz und quer verlaufende Fur-
chen hinterlassen. Als ich eines Tages sah, wie
vergnügt die Gänschen in einer regenwasserge-
füllten Furche herumplätscherten, dachte ich,
daß es eine nette Geste wäre, ihnen die Furche
ein wenig zu verbreitern. Ich holte einen Spaten
und machte mich an die Aushebung. Ich begei-
sterte mich so sehr für mein gänsefreundliches
Werk, daß die Tierchen zu guter Letzt einen
Teich von mehr als drei Metern Durchmesser
hatten. Sie freuten sich riesig. Einem Impuls fol-
gend, ließ ich die Frösche frei. Vielleicht ver-
mehrten sie sich in dem Teich und schenkten mir
zahlreiche Kaulquappen. Ich setzte sie unter einem bemoosten Stein am Rand des Teiches aus.
Die Gänschen verbrachten zwar den ganzen Tag
im Freien, aber da es nachts immer noch recht
kalt war, holte ich sie abends herein. Kaum ließ

149

ich mich vor dem Fernsehapparat nieder, da krabbelten sie schon um meine Füße herum und wünschten schnatternd hochgehoben zu werden. Ich nahm sie auf den Schoß, und nach viel Geschubse und Gewackel hockten sie zufrieden da und sahen sich das Programm an. Sie entpuppten sich als der Zuschauertyp, der nicht darauf verzichten kann, laut Kommentare abzugeben, und der im Kino immer neben mir sitzt. Jedes Wort löste fröhliches Geschnatter aus, das den weiteren Dialog übertönte. Nach zwei solchen Abenden verzichtete ich aufs Fernsehen; ich schaltete den Apparat für sie an und vertiefte mich derweil in ein Buch.

Wenn ich auf diese erste, glückliche Zeit mit Gussie und Griselda zurückblicke, fällt es mir schwer, den Zeitpunkt anzugeben, an dem sich die Dinge änderten. Ich weiß nur, daß aus diesen zutraulichen, niedlichen Gänschen auf einmal angriffslustige, jähzornige Tyrannen wurden. Freilich, deshalb hatte ich sie mir ja zugelegt, Wachgänse müssen aggressiv sein. Das Dumme war nur, daß meine Wachgänse ihre Angriffslust lediglich an mir ausließen. Fremde konnten des Weges kommen und ungehindert an ihnen vorbeigehen, aber sowie sie meiner ansichtig wurden, schossen sie mit weit über den Boden gestrecktem Hals und zischend wie Kobras auf mich zu und wetteiferten, wer mich als erster beißen könne. Ich wagte nie, ihnen den Rücken zu kehren; zweimal beschlichen sie mich von hinten und schubsten mich kopfüber in den Teich. Beim zweitenmal saßen sie auf meinem Kopf, so daß ich beinahe ertrunken wäre. Ich dachte über ihre

150

Kindheit nach, um eine Erklärung für ihr Verhalten zu finden. War ich zu streng mit ihnen? Hatte ich sie zu sehr gescholten? Ihnen einen Wurm vorenthalten? Ihnen das gewünschte Fernsehprogramm nicht eingeschaltet? Ich fand nichts und gelangte zu der betrüblichen Schlußfolgerung, daß sie in dem Alter, wo Gänse Unterschiede machen, ganz einfach entschieden hatten, daß sie mich nicht mochten. Zu denken, daß ich keinen Pfau hatte haben wollen, aus Sorge, er könnte mein empfindliches Ego verletzen!

Im großen und ganzen ging alles recht gut. Ich hätte aber wissen müssen, daß dem Menschen nicht nur eitel Glück beschieden ist. Eine Wolke ist stets am Himmel. Bei mir waren es allerdings zwei. Außer den Gänsen hatte ich meine Schwierigkeiten mit Barney und Jason. Der Widder brauchte nicht lange, um eine eigene Ausbruchsmethode zu entwickeln. Er konnte sich wegen seiner Leibesfülle nicht wie Humphrey durch die Hecke zwängen, und es fehlte ihm auch Barneys Sprungkraft; statt dessen drückte er mit seinem ganzen Gewicht gegen den Zaun, bis dieser zusammenbrach. Natürlich versäumte Humphrey nie eine Gelegenheit, sich die von Jason geschaffenen neuen Fluchtrouten zunutze zu machen. Was Barney betraf, so betrachtete er Jason weniger als Gefährten denn als Schüler. Jeden verflixten Kniff, den er kannte, brachte er Jason bei. Der gelehrige Jason dachte sich schon bald eigene Kniffe aus, und nach dem Grundsatz «Eine Hand wäscht die andere» gab er sie großzügig an Barney weiter.

In meiner Naivität hatte ich gedacht, daß Barney

151

und Jason nun weniger Anforderungen an mich stellen würden, da sie ja einander hatten; aber so entwickelten sich die Dinge nicht. Offensichtlich bekümmerte es sie, daß ich mich ausgeschlossen fühlen könnte, und so gaben sie sich die größte Mühe, mich wissen zu lassen, daß ich immer noch erwünscht war. Ich hatte es nun mit zwei Geschöpfen zu tun, die sich übereifrig in alles mischten, was ich tat; zwei Augenpaare verfolgten mich, und zwei gespitzte Ohrenpaare lauschten auf jedes Geräusch. Es war hart genug gewesen, sie einzeln auszutricksen; zu zweit waren sie absolut unschlagbar. Sowie ich den Fuß ins Freie setzte, galoppierten beide wie zwei wildgewordene Büffel herbei und trampelten alles nieder, was sich ihnen in den Weg stellte. Im sicheren Wissen, daß die kürzeste Verbindung zwischen zwei Punkten die gerade Linie ist, liefen sie nie um etwas herum, wenn sie es durchbrechen konnten. Pflanzen, Kübel, Wassereimer, Gartenmöbel, alles flog umher, wenn sie heransprengten. Meine Rippen litten unter dem verdoppelten Anprall, dem ich nur zu entgehen vermochte, wenn ich mich flach auf den Boden warf, ehe ich mit Wucht umgestoßen wurde.

Dann machten sie es sich zur lieben Gewohnheit, immer weiter feldauswärts zu wandern, wobei sie eine Spur der Zerstörung hinter sich ließen; sie zertrampelten Getreide, fraßen sorgfältig gepflegte Gärten leer, entwurzelten junge Bäume, erschreckten Hühner und Enten zu Tode. Immer wenn das Telefon läutete, blieb mir das Herz stehen, weil ich eine neue Beschwerde fürchtete. Meistens traf meine Ahnung zu. Ich war mit meinem Witz am Ende und wußte nicht, was ich tun sollte. Ich ertrug den Gedanken nicht, Barney und Jason für den Rest ihres Lebens anbinden zu müssen, doch andrerseits konnte ich nicht untätig zusehen, wie sie den Besitz meiner Nachbarn verwüsteten. Schließlich griff das Schicksal ein, oder wie immer man es nennen mag. Seit einiger Zeit kannte ich einen Streichelzoo in Nordlondon. Es hatte mir immer Eindruck gemacht, wie gut die Tiere hier gepflegt wurden, wieviel Liebe und Zuwendung sie erfuhren. Als der Leiter mir anbot, meine beiden Tunichtgute zu übernehmen, sah ich ein, daß dies die beste Lösung war. Es brach mir fast das Herz, mich von ihnen zu trennen, doch ich wußte, daß sie gut versorgt sein würden. Außerdem würde es ihnen dort nie an menschlicher Gesellschaft fehlen, denn es kamen immer viele Besucher, die sich mit den Tieren abgaben.

Ich lasse es mir angelegen sein, stets nach ihnen zu sehen, wenn ich in London bin, und es freut mich, wenn ich feststellen kann, daß sie gesund und munter sind. Nur einmal hatte Jason ein Gipsbein. Er hatte es sich angewöhnt, abends mit Barney quer über die Straße zum Restaurant zu spazieren, wo die beiden von Gästen verwöhnt wurden. Offenbar hatte er ein Bier spendiert bekommen, denn da er unsicher auf den Beinen gewesen war, war er von einem Taxi gestreift worden. Zum Glück war es kein komplizierter Bruch; er heilte schnell, und das Bein trug keinen Schaden davon. Ich stelle mir manchmal die Szene vor, die sich abgespielt hat, als der Taxifahrer an diesem Abend nach Hause kam und

153

seiner Frau erklärte: «Entschuldige, daß ich mich verspätet habe, Liebling, aber ich bin in Kentish Town mit einem Schaf zusammengestoßen.» Ob sie es ihm wohl geglaubt hat?

Bei einem meiner Besuche in dem Streichelzoo schloß sich mir ein kleiner Bantamhahn an. Wohin ich auch ging, er folgte mir. Er war wirklich ein wunderschöner Vogel mit langem, seidigem Gefieder aller Farbnuancen, pfauenblau, smaragdgrün, dunkelrot, und mit langen pflaumenblau-schwarzen Schwanzfedern, die sich über seinen Rücken lockten. Sobald ich stehenblieb, blieb auch er stehen und blickte neckisch zu mir auf. Also setzte ich mich auf eine Kiste und sagte: «Also gut. Was soll's?» Er hüpfte auf meinen Schoß und sagte: «Eerrk.»

«Ich verstehe», antwortete ich, «du willst dich nur unterhalten, nicht wahr?» Er ruckte heftig mit dem Kopf und wiederholte: «Eerrk, eerrk.» Ich war ratlos, worüber spricht man mit einem Hahn? Mein Umgang mit Haushühnern beschränkte sich aufs Verzehren der von ihnen gelegten Eier. Im Hinblick darauf, daß ein kleines Kompliment stets gut aufgenommen wird, sagte ich ihm, er sei der schönste Vogel, den ich jemals gesehen hätte, nur schade, daß er nicht mir gehöre. Der Zooverwalter, der diesen albernen einseitigen Dialog mit angehört haben mußte, tauchte plötzlich aus dem Nichts auf und fragte: «Möchten Sie ihn wirklich haben? Wir sind nämlich bemüht, ihn unterzubringen.» Ich konnte ihm kaum glauben. Warum wollten sie dieses entzückende Geschöpf weggeben? Zögernd und stammelnd wurde die Erklärung abgegeben. Kurz zusammengefaßt, der kleine Hahn schien nicht ganz normal zu sein, man hielt ihn für schwul. Die anderen Hähne machten ihm das Leben schwer, die Hennen verachteten ihn, und deshalb hing er so an Menschen. Als unverbesserliche Kämpferin für die Benachteiligten sagte ich natürlich: «Ja, ich nehme ihn sehr gern», und verlud ihn in meinen Wagen, bevor der Verwalter anderen Sinnes wurde. Ich taufte den Hahn Joseph wegen seines bunten Rocks, aber da der Name nicht so recht zu ihm paßte, wurde daraus Josch.

Josch war ein liebes Kerlchen, zutraulich und anhänglich. Er begleitete mich stets auf meiner Runde zu den anderen Tieren, saß auf meiner Schulter und plapperte mir vergnügt ins Ohr. Abends suchte er seinen Schlafplatz auf dem Apfelbaum auf, aber weit entfernt von Henrietta, vor der er große Hochachtung hatte. Henrietta ihrerseits beachtete ihn überhaupt nicht. Beim ersten Tageslicht saß er auf dem Fenstersims und morste mit dem Schnabel an die Scheibe: «Zeit zum Aufstehen. Zeit fürs Frühstück.» Es spricht für seine große Ausstrahlung, daß mir nie der Gedanke kam, ihm den Hals umzudrehen, obwohl er mich zu unmenschlicher Zeit aufweckte. Aber bald meldete sich wieder mein altes, wohlbekanntes Schuldgefühl. Sosehr ich seine Begleitung auch liebte und sosehr er den Rundgang mit mir auch genoß, ich konnte das nagende Unbehagen, daß es unnatürlich war, nicht überwinden. Er hätte mit seinesgleichen umgehen sollen. Aber wo findet man einen schwulen Hahn? Ich dachte viel über das Problem nach. War er wirk-

lich schwul? Vielleicht hatten die anderen Hähne
ihn nur geplagt, weil er so schön war und er ihre
Eifersucht erregte, und vielleicht hatten die Hennen ihn bloß verachtet, weil er zu gutmütig war,
sich zu behaupten? Vielleicht würde er seine
wahre Identität finden, wenn er seinen eigenen
Harem hatte, ohne andere Hähne, die ihm die
Hennen streitig machten?
Seit ich aufs Land gezogen war, hatte ich immer
wieder den Rat zu hören bekommen: «Sie sollten
sich Hühner halten.» Sogar meine Londoner
Freunde, die vom Landleben so gut wie nichts
verstanden — was sie nicht davon abhielt, man-
ches besser zu wissen —, schwärmten von den
Freuden der Hühnerzucht und der kostenlosen
Eier. Ich hatte mich nie überzeugen lassen und
meine Gründe genannt: Hühner sind schmutzig,
dumm, bar jeglicher Persönlichkeit — nein
danke. Meine Beziehung zu Josch änderte nichts
an meiner Einstellung zu Hühnern im allgemeinen, da Josch genau wie Puh ein Einzelgänger,
etwas Spezielles war. Doch dann setzte ich mich
hin und analysierte meine Beweggründe. Also
gut, ich mochte Hühner nicht. Aber waren meine
Gefühle ausschlaggebend? Da ich die Verantwortung für Josch übernommen hatte, schuldete
ich es ihm, seinen Bedürfnissen den Vorrang zu
geben. Wenn er einen Harem brauchte, sollte er
ihn haben. Ich rückte meinen Heiligenschein zurecht und stapfte über die Felder, um mit Alec zu
reden, der vielerlei Hühner hielt und folglich von
diesen Dingen etwas verstehen mußte. Großzügig willigte er ein, mir fünf junge Bantamhennen
abzutreten. Ein paar Tage später waren sie in

156

einem Hühnerhaus untergebracht, das ich hastig aus einer ersteigerten Anrichte zusammengezimmert hatte. Ich erklärte ihnen, dies sei nur ihr Schlaf- und Eierlegeraum, im übrigen könnten sie frei umherlaufen. Sie zwinkerten mir mit schräggeneigtem Kopf zu und sagten: «Du tust, was dir paßt, und wir leben auf unsere Weise. Einverstanden?»

Die Veränderung, die mit Josch vor sich ging, war erstaunlich. Er plusterte sich auf und machte sich sofort daran, den Hühnern zu zeigen, wer hier der Herr war. Ein Blick auf ihn, und sie gerieten in Ekstase. Er brauchte weniger als zehn Minuten, um zu beweisen, daß alle Gerüchte über seine abwegige Veranlagung ganz und gar unbegründet waren. Seine Hennen freuten sich, und ich freute mich mit.

In den folgenden Wochen lernte ich viel über Hennen, zum Beispiel, daß sie, selbst wenn man ihnen eine gemütliche, heugepolsterte Schachtel zum Eierlegen gibt, einen lehmigen Graben, ein Versteck unter dem Auto oder im Eselstall vorziehen, kurz, alles, was möglichst unzugänglich ist. Ebenso verachten sie ein sicheres Hühnerhaus und verbringen die Nacht lieber auf dem untersten, von Füchsen leicht erreichbaren Ast eines Baumes, wo sie, je nach Wetter, fast erfroren oder vollständig durchnäßt wurden, womit sie die Last meiner Schuldgefühle noch vergrößerten. Ich lernte auch, daß das wonnevolle Gefühl, morgens mit vorsichtiger Hand ein noch warmes Frühstücksei unter einer Henne hervorzuholen, nur im Märchen existiert. Erstens nimmt das Huhn dieses Eindringen in sein Pri-

vatleben sehr übel und macht einem das auf
schmerzhafte Weise klar; zweitens ist es so, daß
man meistens eine Handvoll Hühnerexkremente
anstelle eines Eies erwischt.

Den größten Teil des Tages verbrachte ich nun
mit der Eiersuche, denn wenn ich glücklich einen
Nistplatz entdeckt hatte, benutzten ihn die Hühner ab sofort nicht mehr, sondern legten ganz
woanders. Es wurde ein lächerliches Versteckspiel, bei dem ich natürlich fast immer verlor.
Schließlich mußte ich sie, zu meiner Schande sei
es gesagt, bespitzeln. Ich verbarg mich hinter
einem Baum, bewaffnet mit einem Fernglas, verfolgte ihre Bewegungen, merkte mir die Stelle,
wo sie verschwanden, und schlich ihnen nach.
Sie waren mir stets um einen Schritt voraus, bewegten sich nie geradeaus, sondern schlugen ver-
wickelte Umwege ein, um mich von der Fährte
abzubringen. Meistens gelang es ihnen, mich zu
überlisten, und ich mußte meine Vorstellung,
Hühner seien dumm, völlig neu überdenken.

Mit der Zeit erkannte ich außerdem, daß es Hühnern keineswegs an Persönlichkeit mangelt, sondern daß sie sich charakterlich stark unterscheiden. Mary, das größte von ihnen, war eine sehr
energische, weiße Dame, zweifellos die unge-
krönte Königin. Niemand durfte fressen, bevor
sie sich ihr Teil einverleibt hatte, manchmal nicht
einmal dann. Ihre Stellvertreterin war Dinah.
Wenn Mary damit beschäftigt war, ihr Ei zu legen oder ihre Pflichten Josch gegenüber zu erfül-
len, durfte Dinah das Kommando übernehmen,
unter der strikten Voraussetzung, daß es sich nur
um ein vorübergehendes Arrangement handelte.

Dann war da Clara, eine braungelbe Matrone mit einem Intelligenzquotienten von ungefähr dreieinhalb. Ich hatte nie Schwierigkeiten, Claras Eier zu finden, da sie sie immer auf das abschüssige Scheunendach legte, so daß sie als Rührei mit zerbrochener Schale am Boden zu erkennen waren. Die letzten in der Hackordnung waren Castor und Pollux, schwarz-goldene polnische Zwillinge mit niedlichem Bommelchenschopf. Sie verehrten Josch von weitem, durften aber ihrer Leidenschaft nie frönen, wenn Mary in der Nähe war; Josch fürchtete Mary so sehr, daß er nichts tat, was ihr Mißfallen hätte erregen können.

Ich war begeistert von meiner neuen Familie, und ich war froh, etwas zu haben, das mich von meiner Sehnsucht nach Barney und Jason ablenkte. Die beiden fehlten mir sehr.

Vierzehntes Kapitel

«Gutes Heim gesucht für eine Eselin mit Fohlen.» Ich las das Inserat zweimal, um mich zu vergewissern, daß ich mich nicht getäuscht hatte. Ich konnte es einfach nicht glauben, daß ein Mensch tatsächlich Esel hergeben wollte. Wenn man bedenkt, welche Mühe ich gehabt hatte, für Humphrey einen Gefährten zu finden! Ich ertappte mich immer wieder dabei, daß ich an die beiden Esel dachte. Was für ein Mensch gibt

159

seine Esel weg? Noch schlimmer, wer wird sie nehmen? Jemand, der etwas umsonst haben will? Ich mußte an die Geschichte von dem Händler denken, der einem Gast im Wirtshaus einen Elefanten verkaufen wollte. Je mehr der Mann betonte, er habe keinen Platz für einen Elefanten, er hause in einer Wohnung, seine Frau möge Tiere nicht, desto zudringlicher wurde der Händler. Schließlich erklärte er: «Ich will Ihnen etwas sagen, aus besonderer Gefälligkeit gebe ich Ihnen drei Elefanten für den Preis von zweien.» Darauf antwortete der Mann: «In diesem Fall nehme ich sechs.» Ich stellte mir vor, daß die Esel zu einem Menschen kamen, der sie eigentlich nicht haben wollte, aber einem Geschäft nicht widerstehen konnte. Sie landeten dann irgendwo in einem Hinterhof als großes Wunder, und wenn der Reiz der Neuheit verflogen war, wurden sie bloß Kandidaten für den Tierschutzverein — falls sie Glück hatten. Wenn sie Pech hatten, wurden sie verwurstet. Allerdings stand in dem Inserat, man suche ein «gutes Heim» für sie, aber ob sich der Inserent die Mühe machen würde, sich davon zu überzeugen? Ich neigte eher zu der Annahme, daß ein Mensch, der sich seiner Esel über ein kleines Inserat in einer Lokalzeitung entäußerte, sich um ihr Schicksal kaum weiter kümmern würde.

Ich wollte mir die Sache aus dem Kopf schlagen, doch es gelang mir nicht. Schließlich schrieb ich dem Inserenten und setzte ihm auseinander, wie gewagt es doch sei, fremden Leuten Esel unentgeltlich anzubieten. Mochte man mich für einen aufdringlichen Wichtigtuer halten, es war mir egal. Da die Angelegenheit damit für mich erledigt war, hätten diese Zeilen eigentlich genügt, aber zu meiner eigenen Verwunderung fügte ich hinzu, wenn kein wirklich geeignetes Angebot käme, würde ich die Tiere selbst übernehmen. Wenigstens hatte ich mir meine Sorge vom Herzen geschrieben — damit basta. Darin irrte ich mich, denn ein paar Tage später wurde ich angerufen, und eine Frauenstimme sagte, sie danke mir für mein Angebot und wann ich die Esel abholen könne?

Plötzlich wurde mir klar, was ich getan hatte, und mir wurden die Knie weich. Gerade als alles so gut verlief, als Humphrey mit Simons Gesellschaft zufrieden war und die Nachbarn mich nicht mehr schnitten, gerade da ging ich hin und warf mir selbst einen Knüppel zwischen die Beine, genauer gesagt, zwei Knüppel. Bisher hatte mich nur das Los dieser Esel bekümmert, jetzt fragte ich mich zum erstenmal, warum sie wohl weggegeben werden sollten. Niemand gibt freiwillig zwei sanfte, liebe Tiere weg, nur ungebärdige, gefährliche. Und ich wollte zwei Ungeheuer in meinen mittlerweile verhältnismäßig geordneten Haushalt aufnehmen! War ich denn wahnsinnig geworden?

Mit Bangen machte ich mich auf, die Esel abzuholen. Die überschwengliche Freude, mit der die Besitzerin mich willkommen hieß, beruhigte mich keineswegs. Sie sei so froh über mein Kommen, sie habe befürchtet, ich könnte es mir anders überlegen. Die Tatsache, daß sie sich nicht erkundigte, ob ich schon Erfahrung mit Eseln und eine Unterkunft für sie hätte, verstärkte mein Mißtrauen, daß das Schicksal der Tiere sie nicht weiter kümmerte. Ich hätte ja ebensogut eine Pferdefleischhändlerin sein können. Sie entfernte sich, um die Esel zu holen, während ich die Zeit damit verbrachte, meine Fingernägel bis zu den Ellbogen abzuknabbern. Mittlerweile hatte ich mich so sehr in Befürchtungen hineingesteigert, daß ich darauf gefaßt war, zwei rabiate, bockende Halbwilde mit Schaum vor dem Maul zu bekommen. So war ich auf den Anblick der hübschen, scheuen, grauen Jenny und ihres schokoladebraunen Fohlens gar nicht gefaßt. Sie standen ruhig da, während wir miteinander bekannt gemacht wurden, und begrüßten mich, indem sie meine Hände beschnupperten. Ich war selig und vor allem erleichtert, nicht nur weil ich mich mit den zwei Ungeheuern vor mir selbst zum Narren gemacht, sondern diese beiden entzückenden Tiere vielleicht auch vor einem schlimmen Schicksal bewahrt hatte. Da die Namen durch die Freilassung der Frösche ja wieder vakant waren, taufte ich die Esel Phil und Sophie.

Nun stand mir allerdings die Aufgabe bevor, sie den Alteingesessenen vorzustellen. Simons wegen machte ich mir keine Sorgen, denn ich kannte ihn gut genug, um zu wissen, daß er die Neuankömmlinge mit seiner üblichen Nachsicht und Gutmütigkeit gelten lassen würde. Aber Humphrey ... das war eine andere Frage. Ich mußte es eben darauf ankommen lassen; Schwarzmalerei war sinnlos. Damit hatte ich mir das Leben oft genug erschwert.

Ich fuhr mit dem Anhänger auf die Koppel und

ließ die Rampe herunter. Sofort galoppierte Humphrey herbei, mit seinem neugierigen Ausdruck: «Was gibt's denn da?» Er wußte nicht, was in dem Anhänger war, doch was es auch sein mochte, er wollte es nicht dulden. Gerade als ich erwartete, daß die Hölle losbrechen würde, tänzelte Sophie die Rampe herab, stellte sich neben Humphrey, ließ ihre unglaublich langen Wimpern flattern und i-ahte kokett. Das hatte eine elektrisierende Wirkung auf ihn. Alles Kriegerische fiel von ihm ab, er rückte sich sozusagen die Krawatte zurecht, glättete seine Haare und grinste sie an. Ich erschrak; offenbar hatte Humphrey seine Männlichkeit doch nicht ganz eingebüßt. Sophies Augen glänzten; sanft beknabberte sie seinen Nacken, und es kam mir fast vor, als schnurrte er wie eine Katze.

Damit war ein Problem aus dem Wege. Dafür gab es nun ein neues. Wie würde Simon es auffassen, wenn er Humphrey mit der Eselin teilen mußte? Ich schaute mich nach ihm um; zu meiner Verwunderung befand er sich im Anhänger und striegelte den kleinen Phil von oben bis unten. Als die Toilette beendet war, stupfte er Phil sanft die Rampe hinunter und führte ihn zu einer Besichtigungsrunde um die Koppel. Ich konnte es kaum fassen — es war zu schön, um von Dauer zu sein. Aber von Anfang an ernannte sich Simon zu Phils Kindermädchen, Beschützer und Wächter. Wenn ich die beiden beobachtete, fand ich, daß Simon der Idealvorstellung von einem guten Onkel entsprach: gutmütig und nachsichtig, fest, wenn Festigkeit angebracht war, doch im wesentlichen liebevoll. Glücklicher Phil,

163

dachte ich. Sophie nahm diese Einmischung in ihre mütterlichen Rechte erstaunlich gelassen hin. Nachdem sie den ersten Schrecken überwunden hatte, merkte sie, daß sie es hier eigentlich recht gut getroffen hatte: Wo sonst mochte es einen so vortrefflichen Kinderpfleger geben? Aller Bürden der Mutterschaft ledig, war sie hinter Humphrey her. Sie schlug jegliche Zurückhaltung in den Wind, flirtete ungehemmt und wandte jeglichen Trick an, seine Gunst zu gewinnen. «Du brauchst nicht so zu übertreiben», sagte ich zu ihr. «Er ist leicht zu gewinnen. Ein bewundernder Blick, und er ist dir ergeben.» Sie sah mich kalt an: «Was weißt denn du davon?» Immerhin wußte ich etwas, wovon sie keine Ahnung hatte. Humphrey wurde unruhig. «Keine Sorge», beschwichtigte ich ihn, «von mir wird sie es nicht erfahren.»

Simon nahm seine Verantwortung als Phils Wächter sehr ernst. Er ließ das Fohlen keinen Moment aus den Augen. Beim kleinsten Anzeichen einer Gefahr wurde Phil ins Esel-Schutzhaus getrieben. Da Simon viele Dinge gefährlich fand, wurde der arme Phil wie ein Federball hin und her befördert. Die anderen Tiere wunderten sich über Simons Verwandlung ebensosehr wie ich, denn bisher war er von allen als willenloses Geschöpf betrachtet worden. Sie waren es gewohnt gewesen, die Koppel nach Belieben zu betreten, und jetzt war ihnen der Zutritt auf einmal verwehrt. Simon hatte in seinem Verhalten nichts Herrisches oder Aggressives, er machte nur deutlich, daß von jetzt an jeder Unbefugte, der auf die Koppel wollte, zuerst an ihm vorbei mußte.

164

Nach dem ersten Blick auf seinen kompakten Leib hielten sie es für besser, nicht zu stören, alle außer Charlie. Dieser ließ sich von niemandem Vorschriften machen. Er kletterte einfach auf den Zaun und sprang über das zottige Hindernis. Menschen bedeuteten die allergrößte Gefahr. Eine unbekannte Stimme oder der Anblick eines Wanderers am Horizont, und es war höchste Alarmstufe. Simon schubste Phil unsanft unter das Schutzdach und faßte Posten am Eingang. In Anbetracht der Tatsache, daß Simon immer noch vor Fremden scheute, rührte mich sein Mut, wenn es galt, einen anderen Esel zu verteidigen. Als Phil größer wurde, fand er Simons Fürsorge doch ein wenig lästig. Abgesehen von den Mahlzeiten, zu welchen Simon das Fohlen widerwillig seiner Mutter überließ, wurden alle seine Schritte und Unternehmungen von diesem großen, struppigen Wichtigtuer bestimmt. Natürlich liebte er Simon, aber das Leben mit ihm war nicht ausgesprochen lustig. Humphrey hingegen ... Mir wurde angst und bange. Seit einiger Zeit bemerkte ich ein Funkeln in Phils Augen, das ich nur allzugut kannte, ein mutwilliges Funkeln, das Ungemach verhieß. Ein zweiter Humphrey? Lieber Gott, betete ich im stillen, gib, daß ich mich irre. Nicht noch ein Humphrey, bitte. Wie sich herausstellte, wurde ich nicht erhört.

Doch das lag noch in der Zukunft, vorläufig bekam ich es mit einem anderen Problem zu tun. Jeden Morgen freute ich mich auf Puhs Begrüßung, wenn ich ins Badezimmer ging. Er wand sich dann unter der Badewanne hervor, sein dik-

165

kes Körperchen zitterte vor Erregung. Er drehte sich auf den Rücken, zappelte mit den Beinchen und erwartete fröhlich quiekend das morgendliche Gekraule. Aber seit zwei Tagen hatte er sich nicht blicken lassen, und ich war ganz außer mir vor Sorge. Vielleicht hatte er seine Jungen geworfen (in meinen Gedanken war Puh immer noch «er»). Mit einer Taschenlampe spähte ich unter die Wanne. Sein Papiernest war da, aber kein Puh und keine Jungen. Ich suchte ihn im Garten und auf der Koppel, rief und rief. Nichts. Doch dann, am zweiten Tage, schoß Charlie plötzlich durch den Garten, und ein paar Minuten später hörte ich ihn aufgeregt miauen. Ich lief hin und sah sein Hinterteil aus einem der Rohre ragen, die die Bauarbeiter hinter dem Haus aufgestapelt hatten. Zu Puhs Lieblingsspielen gehörte es, sich in einem Rohr zu verstecken und hervorzuspringen, wenn ich vorbeiging. Das Schlimmste befürchtend, zog ich Charlie heraus und schaute hinein. Da stak der arme kleine Puh, fest eingeklemmt, nicht mehr zu retten. Offenbar hatte er nicht an seinen dicker gewordenen Leib gedacht, hatte sich hineingezwängt und sich nicht befreien können. Ich holte ihn mit Mühe heraus und begrub ihn unter dem Apfelbaum. Charlie sah traurig zu. Er hatte seinen Spielkameraden verloren. Ich streichelte ihn und sagte: «Ich weiß, er wird dir fehlen, aber das steht uns allen bevor.»

Schweren Herzens erledigte ich meine Arbeit. Es ist lächerlich, um ein Frettchen zu trauern, sagte ich mir. Aber er war nicht nur ein Frettchen — er war Puh.

Ich brachte den Eseln ihr Wasser, focht den üblichen Strauß mit den Gänsen aus, und als ich die Hühner fütterte, stellte ich fest, daß Dinah fehlte. «Nanu», sagte ich, «wo ist sie?»
«Wie sollen wir das wissen?» antworteten sie. «Wir kümmern uns um unsere eigenen Angelegenheiten.» Damit gingen sie, ihre Eier zu verstecken. Mir wurde klar, daß dies ein Unglückstag war.

Als ein Tag nach dem andern verging, ohne daß Dinah zum Vorschein kam, mußte ich mich in das Unvermeidliche schicken, daß sie wohl ein Fuchs geholt hatte. Um so größer war meine Freude, als sie etwa drei Wochen später unvermittelt aus dem Eselschuppen auftauchte; ihr folgten dreizehn Bommelchen auf Beinen. Das waren die ersten Tierkinder, die auf meinem Besitz zur Welt kamen. Kurz darauf führte mir Mary stolz vierzehn flaumige Kügelchen vor; natürlich mußte sie eins mehr als Dinah haben. Als Castor und Pollux dann auch noch mit zusammen neunzehn Küken ankamen, war ich, wie ich gestehen muß, nicht mehr so erfreut. Ich watete geradezu in Küken, die kaum satt zu kriegen waren, und mußte inzwischen die Eier bei Alec kaufen. In wirtschaftlicher Hinsicht ging die Rechnung nicht auf. Ich stand vor dem obersten Naturgesetz der Hühnerzüchter: Von zehn Küken sind sieben Hähne. Demnach würde ich binnen kurzem Gastgeberin von achtundzwanzig Hähnen sein, alle mit ungeheurem Appetit und ohne Produkte außer einer Unmenge von Hühnerdung, für den es nur einen beschränkten Markt gibt.

Ich setzte mich hin und rechnete. Wenn man die Kosten für Futter und Stroh in Rechnung stellte, ohne die Arbeitszeit einzubeziehen, würde mich jedes Ei etwas über ein Pfund kosten. Und da die Kükendiät mit hartgekochten, gehackten Eiern ergänzt werden mußte, brauchte man kein mathematisches Genie zu sein, um ausrechnen zu können, daß Eierproduktion kein rentables Geschäft war. Jedenfalls nicht so, wie ich sie betrieb. Abgesehen von den Unkosten, konnte ich alle diese Hähne nicht behalten, weil Josch, zwar zuerst ein stolzer Vater, jetzt von den Kämpfen zermürbt wurde, die sich unter seinen männlichen Nachkommen um die Führerstellung auf dem Hühnerhof entspannen.

Als ich mich im Garten in den Liegestuhl setzte, um nachzudenken, sprang Josch auf meinen Schoß und sagte: «Eerrk.»

«Ich weiß», sagte ich, «wir haben beide ein Problem. Doch mach dir keine Sorgen, ich werde mir schon etwas einfallen lassen.» Ja, aber was? Die Bauern in der Nachbarschaft ließen sich durch Gefühle nicht beeinflussen: «Essen Sie doch die Hähnchen.» Ich war entsetzt. Sie essen? Ich konnte die Hähne ebensowenig essen wie meine eigene Mutter. Ich kannte sie alle beim Namen, hatte sie aufwachsen und sich zu ausgeprägten Persönlichkeiten entwickeln sehen: den kleinen Ferdy, der sich für eine Ente hielt und mindestens zweimal am Tage aus dem Teich gefischt werden mußte; Horace mit seinem schiefen Kamm und seiner pathologischen Furcht vor Regenwürmern; Bert, der sich in Griselda verliebt hatte und deshalb regelmäßig von Gussie

168

geprügelt wurde; auch Harold, der mich nicht ausstehen konnte und mir an den unmöglichsten Stellen auflauerte, um sein Mütchen an mir zu kühlen — sie alle waren meine Familie, und man rupft, brät und ißt doch nicht die eigene Familie! Schließlich schlug ich den Weg des Feiglings ein und schenkte Alec sämtliche Hähnchen. Ich fragte ihn nicht, was er mit ihnen machte, und er sagte es mir nicht. Ich wollte es gar nicht wissen. Auch die Füchse holten sich ihren Anteil, und ob ich wollte oder nicht, ich konnte ihnen meine Bewunderung für ihr jägerisches Können nicht versagen. Eines Morgens war ich im Eselstall, als ich plötzlich Henrietta hysterisch piepsen hörte. Ich lief hinaus und sah sie mitten auf der Koppel im Kreis herumrennen, während ein Fuchs sie beschlich. Warum sie nicht wegflog, ist mir schleierhaft. Der Fuchs war etwa fünf Meter von ihr entfernt und kam immer näher. Ich stürzte mich hinüber und schrie: «Weg mit dir, weg!» Der Fuchs ließ sich nicht beirren. Ich hob das erstbeste Ding auf, das mir in die Hand fiel — es war zufällig Eselsdung — und warf es nach ihm. Unseligerweise traf ich Henrietta, aber es hatte die beabsichtigte Wirkung, denn der Fuchs flüchtete in den Wald. Ich war ratlos: Was für einen Sinn hatte es, die Hühner nachts in ein fuchssicheres Haus zu sperren, wenn die Füchse sie bei hellem Tageslicht vor meiner Nase stahlen? Natürlich wußte ich, daß auch Füchse leben müssen, und ich hätte ihnen gern geschlachtete Hühner gekauft, wenn sie dafür meine Vögel in Frieden ließen.

Fünfzehntes Kapitel

Das Haus nahm nun Form an; es ist erstaunlich, was es ausmacht, wenn ein Gebäude ein Dach hat. Um Lieferanten und Gästen die Suche zu erleichtern, stellten die Bauarbeiter am Ende des Fußweges ein Schild auf. Damit war dieses Problem zwar gelöst, doch es entstand prompt ein neues. Wanderer und Ausflügler, die bisher nicht bemerkt hatten, daß der Pfad irgendwohin führte, schwärmten zu Hunderten herbei — nun ja, sagen wir Dutzenden, klopften an und baten um Tranksame, um Benützung der Toilette und eine gemütliche Sitzgelegenheit. Wenn ich darauf hinwies, daß dies Privatbesitz sei, entrüsteten sie sich: «Sie hätten kein Schild aufstellen sollen, wenn Sie nicht wollen, daß man zu Ihnen kommt.» Das entbehrt wohl nicht der Logik. Jedenfalls brachten sie soviel unfreiwilligen Humor ins Geschehen, daß sich die Störung beinahe lohnte.

An eine Familie erinnere ich mich besonders — Vater, Mutter und Sohn. Jede Frage, die der Junge stellte, wurde vom Vater feierlich, umständlich und weitschweifig, aber mit ebensoviel Unwissenheit beantwortet.

«Was ist das?» (auf die Gänse deutend).

«Das sind Schwäne, mein Sohn. Seltene Tiere, da sie grau sind. Schwäne sind gewöhnlich weiß. Tropische Schwäne aus Amerika.»

«Und was ist denn das?» (auf Henrietta deutend).

«Ein Truthahn. Er wird für Weihnachten gemästet.»

Krümm Henrietta ein Haar, dachte ich, und ich erwürge dich.

Sie kamen herbei und schauten mir beim Füttern der Esel zu. «Was geben Sie ihnen?»

«Hafer», antwortete ich.

«Ah, ich verstehe», sagte die Mutter. «Wie den Pferden. Nur eben Eselshafer.»

«Darf ich sie füttern?» bat der Knabe. «Darf ich? Oh, bitte, lassen Sie mich sie füttern, bitte.»

«O nein», wehrte die Mutter entsetzt ab. «Esel sind sehr bösartig. Sie würden dir die Finger abbeißen.»

Monty, der gerade bei mir war, ertrug es nicht länger. Er krempelte seine Hose auf, zeigte ihnen sein Holzbein und sagte: «Ganz recht. Schau, was sie mir angetan haben.»

Schreckensschreie begleiteten den hastigen Rückzug der Naturliebhaber.

Und dann gab es Leute, die freundlicherweise mein Leben für mich gestalten wollten. Sie sagten zum Beispiel bedeutungsvoll: «Sie sollten aus der Wiese dort einen Campingplatz machen. Reine Verschwendung, sie nur für Esel zu benützen.» Oder: «Sie sollten sich noch mehr Tiere zulegen und einen richtigen Tierpark schaffen, so wie Longleat.» Oder: «Ich an Ihrer Stelle würde die Wiese für Popkonzerte vermieten. Damit könnten Sie ein Bombenvermögen machen.» Ich erklärte, ich sei aufs Land gezogen, um von dem allem wegzukommen, nicht um es mitzunehmen. Merkwürdigerweise nahmen sie das persönlich, murmelten etwas von sie hätten den Wink mit dem Zaunpfahl verstanden, hätten ja nur helfen wollen, bitte sehr, sie seien offenbar unerwünscht, und zogen beleidigt ab.

Am meisten haßte ich die Familie, die während des Sommers jeden Sonntag kam, im Garten picknickte und es diskret mir überließ, den Abfall wegzuräumen. Nachdem die Kinder jeweils meine Toilette benutzt hatten, wurden sie fortgeschickt, um auf der Koppel Kricket zu spielen. Derweil verwickelten mich die Eltern in ein endloses, langweiliges Gespräch — nun, eigentlich war es kein Gespräch, denn ich durfte nicht mitreden, nur zuhören — über ihr Leben, ihre Kinder, ihre Ferien, ihr Tun und Treiben und ihre Krankheiten. Ich stand währenddessen wie auf Kohlen und dachte an all die Dinge, die ich in der Zeit hätte tun können, wußte aber nicht, wie dem ein Ende machen, ohne unhöflich zu werden. Ihre stets gleichen Abschiedsworte brachten mich an den Rand der Raserei: «Sie sind sicher froh über unser Kommen; es muß schrecklich für Sie sein, die ganze Woche allein zu sein und mit keinem Menschen reden zu können.»

Einmal war ich unter dem Schutzdach der Esel, als zwei Damen mittleren Alters vorbeikamen. Ohne mich zu bemerken, unterhielten sie sich laut.

«Wie ich sehe, ist das Haus verkauft worden», sagte die eine.

«O ja», antwortete die andere. «Es ist zwar ein Geheimnis, aber ich habe gehört, daß eine berühmte Sängerin es gekauft hat.»

«Verständlich. Diese Leute brauchen einen Zufluchtsort, um sich vor ihren Fans zu retten.»

172

Ich spielte mit dem Gedanken, mich ihnen auf Gnade oder Ungnade zu ergeben und sie anzuflehen, mein Geheimnis im üppigen Busen zu bewahren und mich vor den Horden der Bewunderer zu schützen, sah aber davon ab. Ein Blick auf mich, und ihre Illusionen wären am Boden zerstört gewesen. Vielleicht hätte ich mein versehentlich gestreiftes Haar doch behalten sollen, gewissermaßen zur Image-Pflege!

Während der Schulferien geht es lebhaft zu, denn dann wandern viele Kinder über den Fußweg zum Wald hinauf. Sie klopfen meistens bei mir an, um für sich oder ihre Hunde Wasser zu erbitten und ihre Feldflaschen aufzufüllen. Man hätte wirklich meinen können, sie gingen auf Safari im dunkelsten Afrika. Einige lernte ich näher kennen, und zwischen uns entwickelte sich eine für beide Teile befriedigende Handelsbeziehung. Ich gab ihnen Äpfel aus dem Garten, und sie brachten mir dafür Bucheckern und Kastanien. Mehrere Bäumchen im Garten verdanken diesem Tauschgeschäft ihr Dasein.

Einer der Jungen hieß Kevin. Als er mir seinen Namen nannte, klingelte es in meinem Kopf, und ich fragte, ob sein Nachname Timms sei. «Ja», antwortete er, «warum?» Als ich das Haus kaufte, waren die Wände mit obszönen, unmißverständlichen Graffiti dekoriert gewesen, alle signiert mit «Kevin Timms». Ich sagte es ihm und sah, wie ihm das Blut ins Gesicht schoß, zum großen Vergnügen seiner Gefährten. «Oh, das war ich nicht», wehrte er ab, «sondern mein Vetter. Er heißt auch Kevin.» Ich tat so, als glaubte ich ihm.

Ein wirklich willkommener Besucher war ein alter Herr namens Fred Hanley. Als Kind hatte er in dem Haus gewohnt. Das war über sechzig Jahre her, als das Haus noch zum Gut des Herzogs gehört hatte, und sein Vater war der Wildhüter des Gutsherrn gewesen. Damals hatte es hier kein Wasser gegeben, und als Klo diente ein Eimer in der Scheune. Fred und seine vier Brüder hatten das Trinkwasser bei der entfernten Quelle holen müssen. Er erzählte mir, als Schuljunge habe er einen Zeppelin auf dem Nachbaracker abstürzen sehen. «Als wir dort ankamen, brannte er lichterloh. Der Pilot war tot, und seither spukt er in dem Haus herum, das seine letzte Ruhestätte ist.» Ein Gespenst! Ich war begeistert. Ein eigenes Gespenst hatte ich mir schon immer gewünscht. Schade, seit ich hier bin, hat es sich nie materialisiert; aber ich glaube, die Katzen spürten seine Gegenwart. Wenn sie abends am Kamin liegen, richten sie sich manchmal plötzlich bolzengerade auf und starren ins Nichts. Das kann einem ganz schön auf die Nerven gehen. Londoner Freunde fragen mich oft, ob ich mich nicht fürchte, so ganz allein mitten im Niemandsland. Wenn ich dann darauf hinweise, daß ich nicht allein hier lebe, sondern ein Gespenst als Dauermieter habe, erblassen sie gewöhnlich, besonders, wenn sie sich gerade im Haus aufhalten. Tatsächlich habe ich mich in meiner Londoner Wohnung mehr gefürchtet als hier. Niemals hätte ich es mir dort einfallen lassen, zu Bett zu gehen, ohne mich zu überzeugen, daß die Wohnungstür abgeschlossen und verriegelt war; hier hingegen denke ich gar nicht

174

daran. Ich besitze nichts, das einen Diebstahl lohnen würde, und ich sehe Autos auf dem Pfad zehn Minuten vor ihrer Ankunft — Zeit genug, mich zu verbarrikadieren und die Polizei anzurufen.

Nur einmal habe ich mich wirklich gefürchtet, und zwar im ersten Frühling. Es war spät nachts, und ich lag im Wohnwagen im Bett, da hörte ich draußen jemand husten. Der Atem stockte mir; es gab hier nur einen einzigen Menschen, der hustete, und der war ich. Ich saß die ganze Nacht aufrecht im Bett, klammerte mich an die Bettdecke und lauschte dem hustenden Herumschleicher. Das Telefon war noch nicht installiert, und das hatte letztlich sein Gutes, denn als ich im Morgengrauen genügend Mut zusammenraffen konnte, um draußen nachzusehen, stellte ich fest, daß mein Verbrecher eine von Joe Sheppeys Kühen war, die sich selbständig gemacht hatte! Ich hatte nicht gewußt, daß sich hustende Kühe genau wie Menschen anhören.

Fred sagte mir, das Dorf habe sich seit seiner Kindheit nicht sehr verändert. Das glaubte ich ihm gern. Die meisten Läden sind immer noch in Familienbesitz, und man wird so freundlich bedient, wie es in London nur selten vorkommt. Ich lernte den Drogisten etwas näher kennen, weil ich bei ihm immer Nahrungsmittel und Medikamente für die Tiere holte. Infolgedessen war es nicht weiter verwunderlich, daß er mir, als ich ein Fläschchen Parfüm und einen Deodorant-Spray «Intimate» verlangte, ein Fläschchen «Antimate» reichte, das zur Geruchsbindung bei läufigen Hündinnen verwendet wird. Er ent-

schuldigte sich überschwenglich. «Ich bin es so
gewohnt, daß Sie lauter Sachen für Tiere kaufen,
daß ich gar nicht auf die Idee kam, Sie könnten
mal etwas für sich selber kaufen! Na so was.»
Die Kolonialwarenhandlung ist außerdem Post-
büro und Nachrichtenagentur. Hier trifft man
immer Leute, die weniger kaufen als Neuigkeiten
hören wollen. Am lebhaftesten geht es allerdings
am Markttag zu; dann stehen ungefähr fünfzehn
Buden auf dem Dorfplatz. Ich habe darunter
einen Stand entdeckt, wo von den Frauen köstli-
che selbstgebackene Kuchen feilgeboten werden,
und seither habe ich meine eigene Bäckerei aufgegeben, denn damit konnte ich nicht wetteifern.
Wenn Freunde zum Tee kommen und mich fragen, ob der ihnen vorgesetzte Kuchen hausge-
macht sei, bejahe ich mit gutem Gewissen, denn
keiner fragt je, in welchem Haus!
Zu meinen Besuchern zählten auch Leute, die
mir alle möglichen verletzten Tiere brachten, die
sie im Wald aufgelesen hatten, wie Holztauben,
Krähen, Spatzen, Amseln und Eichhörnchen.
Charlie war dann im siebten Himmel, und Rufus
bewies mehr Langmut denn je. Meistens standen
diese Tiere unter Schockwirkung, und nach ein
oder zwei Tagen konnte ich sie entlassen. Die
Verletzten brachte ich zum Tierarzt, der sie in
hoffnungslosen Fällen einschläferte. Die anderen behandelte er, und ich pflegte sie weiter, bis
sie der Freiheit wiedergegeben werden konnten.
Ich mußte sehr aufpassen, daß sie mir nicht zu
sehr ans Herz wuchsen. Wenn die Wildtiere ihre
instinktive Menschenscheu verloren, war ihre
Überlebensaussicht in der freien Natur gleich

176

null. Darum hütete ich mich davor, sie zu zähmen. Leider aber werden Jungtiere, die von Menschen aufgezogen werden, so anhänglich, daß sie ihren Pfleger nicht mehr verlassen wollen. Bietet man ihnen die Freiheit der großen weiten Welt, so bleiben sie meistens ganz in der Nähe und verbringen den Rest ihres Lebens ein paar Meter von dem einzigen Heim entfernt, das sie kennen. Zu dieser Sorte gehörte Quaggy, ein Stockentlein, das Buben vor einem Hund gerettet hatten. Es war unversehrt, hatte aber einen Schock. Ich setzte es mit einer Wärmflasche in eine heugepolsterte Schachtel, die ich in einen Schrank stellte. Ich wußte, wenn es die Nacht überstand, hatte es gute Aussichten, am Leben zu bleiben. Deshalb freute ich mich, daß der kleine Enterich am folgenden Morgen nicht nur am Leben war, sondern lebhaft Frühstück forderte. Ich machte ihm einen Brei, den er vergnügt über den Boden, die Wände, ja selbst die Decke verspritzte. «Du bist ein entzückendes Kerlchen», sagte ich zu ihm. «Möchtest du einen Regenwurm?» Er quakte fröhlich, also ging ich hinaus und grub ihm einen Wurm aus. Er war selig über das Angebot, verschluckte den Wurm im Nu und verlangte noch mehr. Danach hatte ich Mühe, ihm etwas anderes zu verfüttern, und ich bekam alle Hände voll damit zu tun, für ihn Würmer auszugraben. Die Hühner begriffen bald den Zusammenhang: «Wozu nach Würmern picken, wenn sie das für uns tun kann?» Sowie ich den Spaten ergriff, waren sie da und stellten sich in strikter Hackordnung auf, gemäß welcher ich den letzten Platz einnahm. Mary, die oberste der Hierarchie,

177

saß auf dem Spaten, und da sie dem Boden näher war als ich, schlug sie mich meistens. Himmel, dachte ich, nie hätte ich mir träumen lassen, daß ich einmal so tief sinken könnte, mit einem Huhn um einen Regenwurm zu streiten.

Quaggy gedieh prächtig bei seiner Wurmdiät — Regenwürmer sind sehr nahrhaft, voller Proteine —, und bald war er groß genug, der weiten Welt gegenüberzutreten. Ich bedauerte es nicht, denn ein Wohnwagen ist entschieden nicht die richtige Behausung für eine Ente. Er watschelte munter hinter mir drein — sein Schnabel war etwa drei Zentimeter von meinen Fersen entfernt — und quakte vergnügt. Obwohl er mittlerweile fast ausgewachsen war, folgte er mir überallhin, so daß ich befürchtete, einmal versehentlich auf ihn zu treten. Als die Paarungszeit kam, erlitt er eine Identitätskrise. Er hatte ja seit frühester Kindheit keine Ente mehr gesehen und wußte wahrscheinlich nicht einmal, daß er ein Erpel war. Außerdem identifizierte er sich mehr mit mir als mit einem anderen Geschöpf. Da er meinen Füßen am nächsten war, verliebte er sich in meine Gummistiefel. Er warb um sie und gab sich alle Mühe, sich mit ihnen zu paaren. Die Leute, die mich aufsuchten, gewöhnten sich daran, mich mit einer verrückten Ente umherhinken zu sehen, die fest an meinem Fuß haftete. Es mußte etwas geschehen. Ich mußte ihm eine Gefährtin beschaffen, aber Stockenten sind Wildenten, und ich hatte keine Ahnung, wie ich ein Weibchen vom Fluß entführen sollte. Schließlich brachte ich bei der «Nachrichtenagentur», sprich Gemischtwarenhandlung, einen Anschlag an: «Heiratsanzeige. Liebeskranker Enterich sucht dringend ein Weibchen.» Von Entenliebhabern erhielt ich keine Antwort, hingegen rief mich eine Lokalzeitung an. Ein pfiffiger Journalist hatte den Anschlag gelesen und überlegt, daß sich daraus vielleicht ein Artikel machen ließe. Ob er mit einem Fotografen kommen und Quaggy interviewen dürfe? Warum nicht? sagte ich mir. Alles konnte nützlich sein, wenn das Publikum nur von Quaggys Notlage erfuhr.

So wurde Quaggy berühmt. Sein Bild erschien in der Zeitung, und die Welt erfuhr von seinem Problem. Ich kam mir ein bißchen niederträchtig vor, dies vor die Öffentlichkeit zu bringen und seine persönlichen Angelegenheiten von der Presse breittreten zu lassen, doch ich tröstete mich mit dem Gedanken, daß ich in edelster Absicht gehandelt hatte und Quaggys Freunde ja doch wohl nicht lesen konnten. Tatsächlich führte die Publizität dazu, daß mir eine Stockente angeboten wurde, die ich gerne annahm. Inzwischen hatte ich aber genügend Erfahrungen mit der Unberechenbarkeit der Tiere gemacht, so daß ich mir über den Ausgang meiner Kuppeleiversuche nicht allzuviel Illusionen machte. Das war gut so, denn Quaggy warf nur einen Blick auf seine Braut und sagte: «Nein, danke.» Er war vollständig gummistiefelfixiert, so daß nichts anderes in Frage kam. Maggie, seine Zukünftige, nahm die Ablehnung gelassen hin und warf ein Auge auf Josch, zu dessen Entsetzen und Marys Entrüstung.

Wie sollte das weitergehen? Mußte ich nun ein Männchen für Maggie suchen? Ich beschloß, die

Sache eine Weile ruhen zu lassen; vielleicht wurde Quaggy mit der Zeit vernünftig und erkannte, daß eine echte, lebende Ente doch besser war als ein abgetretener, alter Gummistiefel. Es betrübte mich, daß ich keine Waisenkinder von Jim Barry übernehmen konnte, solange ich im Wohnwagen hauste. Seine Fälle waren meist behinderte Pfleglinge oder von Menschen aufgezogene Tiere, die Langzeit-Heime brauchten, und dafür eignete sich meine Wohnwagenbehausung nicht. Ausgewachsene Hausenten von ihm zu übernehmen, war jedoch etwas anderes; und als er eines Abends mit sechs Enten erschien, die er aufgezogen hatte, war ich begeistert, zumal sich herausstellte, daß darunter ein Erpel war — vielleicht ein Lebensgefährte für Maggie? Da ich die Enten zu so später Stunde nicht draußen unterbringen konnte, setzten wir sie über Nacht ins Badezimmer. Es ist unvorstellbar, was sechs Enten im Zeitraum von wenigen Stunden anrichten können; ich mußte drei Tage lang schrubben, bis das Badezimmer wieder menschenwürdig aussah.

Tags darauf brachte ich sie zum Teich und zimmerte ihnen ein Entenhaus. Maggie freundete sich sofort mit ihnen an. Quaggy betrachtete sie nur kurz und kehrte zu seinen Gummistiefeln zurück.

Sechzehntes Kapitel

Meine Vorahnung in bezug auf Phil erwies sich als richtig. Er entpuppte sich als der größte Entfesselungskünstler seit Houdini. Sogar Humphrey war beeindruckt. Da Phil kleiner war als Humphrey, konnte er sich durch kleinere Lücken zwängen, aber freundlicherweise vergrößerte er diese Lücken beim Durchschlüpfen, so daß Humphrey ihm zu folgen vermochte, was er natürlich auch tat. Und Sophie folgte Humphrey. Derweil blieb der arme, treue Simon wie ein Häuflein Elend an deren Ausgangsort zurück und verging fast vor Herzeleid. So schlimm es früher auch gewesen war, als er Humphrey nachtrauerte, jetzt war es noch tausendmal schlimmer, weil er sich größte Sorgen um Phil machte. Er war gar nicht überzeugt, daß Sophie sich als Mutter eignete — es war nach seinem Dafürhalten leichtsinnig von ihr, mit Humphrey herumzutollen und dabei ihr Kind zu vernachlässigen.
Sosehr er Humphrey auch liebte, war er doch nicht blind gegen dessen Fehler. Humphrey forderte das Unglück heraus; er zog Ungemach an. Er vertraute Fremden! Er konnte den wehrlosen kleinen Phil in schreckliche Gefahr bringen. Simon war todunglücklich. Er fühlte sich für Phil verantwortlich und hatte versagt. Es war alles seine Schuld. Er legte seinen Kopf zwischen die Vorderhufe und heulte lautlos. Ich versuchte ihn zu trösten und ihm klarzumachen, daß sie ja stets

181

zurückgekommen waren und auch diesmal wie-
derkehren würden; aber es hatte keinen Zweck.
Seine frühen Erfahrungen hatten ihn gelehrt, immer mit dem Schlimmsten zu rechnen: «Ich
weiß, aber diesmal ist es anders. Diesmal sind sie
für immer fort. Ich werde sie nie wiedersehen.»
Er steigerte sich in seinen Kummer hinein.
Ich ließ ihn in seiner Trauer ungern allein, aber
je früher ich die Ausreißer fand und zurückbrachte, um so eher wurde er von seiner Verzweiflung befreit. Ich streichelte ihn und erklärte
ihm, ich wolle sie suchen gehen, inzwischen solle
er nicht an gebrochenem Herzen sterben. Ich
machte mich auf, erzürnt über die Niedertracht
der Esel, die es darauf anzulegen schienen,
meine Nachbarn zu ergrimmen und mich bei ihnen unbeliebt zu machen. Es war nämlich so, daß
die Bauern nicht verstehen konnten, warum und
wieso ein Mensch sich Esel hielt. Ihre Einstellung war rein praktischer Natur: Wozu sich Tiere
halten, wenn man sie nicht melken, nicht scheren
und nicht essen kann? Mit andern Worten, sie
müssen etwas produzieren. Also verständlich,
daß die Bauern es verübelten, wenn diese
Schmarotzer in ihre Scheunen eindrangen und
sich an ihrem Heu gütlich taten; ich konnte es
ihnen wahrlich nicht verargen. Meine Esel bekamen genügend Heu und brauchten nicht zu stehlen, und es war nicht einmal so, daß das verbo-
tene Heu besser geschmeckt hätte als das eigene,
denn ich kaufte ihr Heu ja bei eben diesen Bauern. Sie tun es absichtlich, redete ich mir in
einem Anfall von Paranoia ein, um mich bloßzu-
stellen.

182

Vielleicht haben die Bauern sie noch nicht gesehen, dachte ich nicht gerade hoffnungsfroh, und ich kann sie herausschmuggeln, ohne daß jemand es merkt. Höchst unwahrscheinlich — sie kündigten ihr Erscheinen immer mit lautem Eselsgeschrei an, und falls der Bauer ihren Gruß nicht hörte oder vielleicht taub war, hinterließen sie auf seinem sauberen Hof reizende kleine Dunghäufchen, so daß er mit Sicherheit von ihrem Besuch erfuhr.

Ich fand den Bauern, den es diesmal getroffen hatte, und setzte ein falsches Lächeln auf, als er mir die herzzerreißende Geschichte erzählte von den «hungrigen armen Kerlchen», die er in seiner Scheune beim Heufressen ertappt hatte. Ich betrachtete die dicken, überfütterten, verwöhnten armen Kerlchen mit Mordlust in den Augen und zischte durch die Zähne: «Gute, liebe Esel, Mutter ist gekommen, euch heimzubringen.» Dabei ging ich auf Humphrey zu, um ihm das Halsband überzustreifen. Ich wußte, wenn ich Humphrey zurückführen konnte, würden die andern folgen. Aber Humphrey war nicht dazu bereit, solange das Ganze noch mehr zu dramatisieren war. Mit kläglichem I-ah versteckte er sich hinter dem Bauern: «Laß sie mich nicht von hier wegführen, mich armes Eselchen.» Erst als er sicher war, daß der Bauer die Botschaft verstanden hatte — daß er, Humphrey, zu Hause nicht glücklich sei, daß er sich unverstanden fühle, daß er schlecht behandelt würde —, gab er nach und ließ sich den Halfter anlegen. Mit Leidensmiene schlurfte er unwirsch mit mir zurück; Sophie und Phil folgten ihm.

183

Ich hielt mir vor, daß es sinnlos war, mich über sein Verhalten zu ärgern. Wichtig war, seine Beweggründe zu begreifen; deshalb betrieb ich auf dem Rückweg Eselspsychologie. «Ich bin nicht böse auf dich, Humphrey», sagte ich nicht ganz wahrheitsgemäß, «ich möchte nur wissen, warum du dich so benimmst. Bist du unsicher? Vielleicht hast du einen Minderwertigkeitskomplex und mußt ihn kompensieren? Wurdest du zu früh entwöhnt? Warst du ein Einzelkind oder bestand Rivalität zwischen Geschwistern? War deine Mutter von der Erziehung zur Stubenreinheit besessen? Erzähl mir alles.» Er sah mich aus seinen sanften, schwermütigen Augen an: «Was soll das? Ich tue es zum Spaß.»
Als wir in Sichtweite der Koppel kamen, schritt Simon ungeduldig am Gatter hin und her. Er i-ahte lautlos und bildete ein Einer-Empfangskomitee. Er lief vom einen zum andern und prüfte nach, ob alle wieder da waren. Nach ausgiebigem Nasenreiben und Halsbeknabbern wandte er sich dem Hauptpunkt der Tagesordnung zu: Er vergewisserte sich, daß Phil kein Leid geschehen war. Jedes Haar wurde genau untersucht. Nachdem er festgestellt hatte, daß offenbar nichts Nachteiliges entstanden war, begann er von vorn, nur um ganz sicher zu sein. «Da siehst du's, Simon», bemerkte ich, «hab' ich dir nicht gesagt, daß sie zurückkommen würden?»
«Nun ja», gab er zu, «aber es gibt immer ein nächstes Mal.»
Natürlich hatte er recht damit: Es gab immer ein nächstes Mal.
Ich konnte nur hoffen, daß es nicht mit Simons

jährlicher Inspektion durch die HAPPA zusammenfallen würde, die jetzt jederzeit fällig war. Da ich das Auto nicht kommen sah, wurde ich vom Klopfen an der Tür überrumpelt. Der Mann, der vor mir stand, sah aus, als wäre er einem Bilderbuch entsprungen. Er war untersetzt, hatte eine rote Gesichtsfarbe und trug einen runden, flachen Hut sowie alte Reithosen. Er tippte an seinen Hut. «Guten Morgen. Mein Name ist Bunter. Ich komme, um nach unserem Esel zu sehen, wenn Sie nichts dagegen haben.» Wie ich erfuhr, hatte er sein ganzes Leben mit Pferden verbracht. Jetzt betätigte er sich für die Gesellschaft zum Schutz der Pferde und Ponies und kam in ihrem Auftrag, um sich von Simons Wohlergehen zu überzeugen.

Mein Kopf arbeitete fieberhaft. Vor zehn Minuten hatte ich den Eseln ihr Wasser gebracht, aber in zehn Minuten kann viel geschehen. Freilich, wenn die andern wieder einmal ausgerissen waren, befand sich Simon immer noch auf der Koppel, aber ich wollte nicht, daß Bunter ihn vor Schmerz am Boden zerstört zu sehen bekam. Im Geist hörte ich mich matt erklären, so sei er nicht immer, nur jetzt gerade unglücklich, weil seine Gefährten einen kleinen Ausflug unternommen hätten. Ich konnte mir vorstellen, wie sich Unglauben in Bunters Augen stahl — sogar in meinen Ohren klang das recht fadenscheinig, wie mußte es sich dann erst für ihn anhören? Und selbst wenn er meine Erklärung gelten ließ, was für einen Eindruck gewann er von mir als Pflegemutter, wenn ich nicht einmal wußte, wo sich meine Schützlinge befanden?

Mit albernem Geplauder, hinter dem ich meine Spannung verbarg, führte ich Bunter zur Koppel. Hurra, sie waren alle da! Bewegung überwallte mich. Ihr lieben Esel, dachte ich, ich wußte, daß man sich auf euch verlassen kann, wenn es ums Ganze geht. Sie standen aufgereiht am Gatter, die Köpfe ruhten auf der obersten Stange, und ihre Augen glänzten vor Erwartung. Sie liebten Besuch, denn Besuch bedeutete Äpfel, Mohrrüben, Pfefferminzbonbons und andere Eseldelikatessen. Schmeichlerisch beschnüffelten sie Bunters Hand und erforschten seine Taschen. Sogar Simon, dessen Einstellung zu Fremden immer noch unberechenbar war, bot sein Hinterteil zum Streicheln dar. Mir wurde ganz schwach vor Erleichterung. Bunter untersuchte sie alle und erklärte sie für gesund, kräftig und glücklich. Die andern Esel gingen ihn eigentlich nichts an, aber er hielt es wohl für angebracht, sie ebenfalls zu begutachten, wenn er schon da war. Ich freute mich sehr; ich wußte zwar, daß meine Esel in guter Verfassung waren, aber es ist immer angenehm, bestätigt zu werden.

Auf dem Rückweg zum Wohnwagen für eine Tasse Tee blieb Bunter stehen, um sich das Haus anzusehen. Zufällig war es ein Tag, an dem wirklich gerade gearbeitet wurde. Er ging rings herum, machte mit lauter Stimme kritische Bemerkungen und gab ebenso vernehmbare Ratschläge. Ich war entsetzt. Was, wenn die Bauarbeiter ihn hörten? Sie würden beleidigt sein und ihren Unmut zeigen, indem sie ihr Handwerkszeug hinlegten und wahrscheinlich für immer gingen. Wenn sie streikten, würde der Umbau

186

niemals fertig werden, und ich mußte den Rest meines Lebens im Wohnwagen verbringen. Ich sah im Geist Streikposten mit hartem Gesicht den Weg auf und ab marschieren; sie trugen Transparente und hielten den Verkehr vom und zum Haus auf. Dann war ich eine Gefangene auf meinem eigenen Anwesen und mußte unter einem Hagel von faulen Eiern Spießruten laufen, wenn ich mich hinauswagte, um Besorgungen zu machen. Ich malte mir all die Umtriebe aus, die Diskussionen am runden Tisch. (An welchem Tisch? Im Wohnwagen hatte ich keinen.) Ich mußte die Fachsprache lernen, die Bedeutung von Tarifverhandlungen, Parität, Schiedsgerichtsverfahren, Gewerkschaftsapparat und dergleichen. Mit schockerfüllter Miene beschwor ich Bunter, leiser zu sprechen, damit die Arbeiter ihn nicht hörten. «Was heißt das, meine Gute?» donnerte er. «Sollen sie mich doch hören. Ich wünsche es. Streng muß man mit diesen Faulenzern sein. Darf sie nicht die Oberhand gewinnen lassen.» Ich betete im stillen, die Bauarbeiter möchten alle taub sein, wenigstens vorübergehend. «Es liegt daran, daß Sie eine Frau sind», brüllte Bunter weiter. «Frauen gegenüber nehmen sie sich alle Freiheiten heraus. Bei mir würden sie sich das nicht erlauben, bei mir nicht.» Das glaubte ich ihm gern. Schade, daß nicht er mein Baumeister war statt des furchtsamen Leisetreters, mit dem ich geschlagen war. Dann hätte ich schon vor Monaten in das Haus einziehen können.

Vielleicht war es reiner Zufall, aber in den nächsten Tagen waren die Arbeiter fleißig und zuverlässig, so daß ich Mut faßte. Leider hielt Bunters günstiger Einfluß nicht lange an, und bald ging alles wieder im alten Trott: eine Stunde Arbeit, zwei Stunden Pause, eine Woche da, eine Woche nicht da. Ich war arg versucht, Bunter unter dem Vorwand, mit Simon stimme etwas nicht, anzurufen, nur damit er den Bauarbeitern eine Aufputschinjektion verabreichte.

Siebzehntes Kapitel

Herr Newbury rief mich an: Er hatte einen Perlhahn für mich. Ich lief hinaus und teilte Henrietta die gute Nachricht mit. Sie zog fragend eine Augenbraue hoch: «Ich will ja nicht hochmütig erscheinen, aber was wissen wir von diesem Geschöpf? Aus was für einem Milieu kommt er? Ist er von guter Familie? Ist er standesgemäß? Man muß da vorsichtig sein.» Das hatte ich mir nicht überlegt; aber da ich Newbury kannte, war ich überzeugt, daß er mir keinen Vogel anbieten würde, der nicht untadeliger Abstammung war. Das sagte ich Henrietta, doch sie blieb skeptisch. Sie schaute geringschätzig zu Gussie und Griselda hinüber: «Hat er dir nicht auch diese beiden Flegel angedreht?» Damit hatte sie recht. Ich wandte mich an ihr besseres Ich und wies darauf hin, daß Hochmut das Markenzeichen der Gewöhnlichen ist, daß echte Aristokraten alle Geschöpfe gelten lassen, sie nicht nach Abstammung und Vorfahren beurteilen. Adel verpflichtet, und so weiter. Sie erkannte das herablassend an und willigte in eine Audienz ein, unter der Bedingung, daß der Hahn unverzüglich den Abschied nehmen mußte, wenn er sich als untragbar erwies. In der Erkenntnis, was dieses Zugeständnis sie gekostet hatte, versprach ich es ihr und machte mich auf, ihren Prinzgemahl zu holen.

Diesmal war ich vorbereitet, so daß ich auf die Frage einer körperlosen Stimme, was ich wünschte, ohne Zögern antwortete: «Ich möchte mit Herrn Newbury sprechen, und ich will von deinem Unsinn nichts hören.»

«Er ist nicht da, er ist fort.»

«Er erwartet mich», verkündete ich großartig.

«Oh, nein, oh, nein, er ist fort.»

Zum Glück erschien Newbury in diesem Augenblick, sonst hätte ich bei dem unsinnigen Dialog mit einem anmaßenden Häher womöglich noch den kürzeren gezogen. Newbury führte mich zum Gehege der Perlhähne und forderte mich auf, mir einen auszusuchen. Da für meine Augen alle gleich aussahen, bat ich ihn, für mich ein liebes, gutartiges Exemplar auszusuchen. Nach kurzem Überlegen packte er eins und steckte es in eine Schachtel. «Hier, das ist der Richtige für Sie», sagte er. Ich fragte ihn, woher er das wisse. «Na ja, er ließ sich am leichtesten fangen, also ist er der freundlichste.» Durchaus logisch, fand ich.

Ich brachte Percy nach Hause und sperrte ihn in einen eleganten Käfig mit Auslauf, den ich für alle Fälle einmal gebastelt hatte. Er hackte nach mir, um mir zu zeigen, wie wenig Eindruck ihm das machte. Ich war von ihm auch nicht gerade beeindruckt. Er stolzierte fluchend hin und her. Ich war entsetzt über sein Repertoire, das einem Matrosen Ehre angetan hätte, und betrachtete ihn zweifelnd. Wie sollte ich diesen ungehobelten Gesellen Henrietta gegenüber rechtfertigen? Ich ging fort, um Futter und Wasser für ihn zu holen.

Als ich zurückkehrte, saß Henrietta oben auf dem Käfig und zwitscherte ihm freundlich zu. Percy hüpfte auf und ab und beschimpfte sie. «Du bist wirklich ein widerlicher kleiner Schweinehund», sagte ich zu ihm. Doch ich hielt mir vor, ich müsse gerecht sein. Er war seiner Familie entrissen, in eine Schachtel gestopft und in eine fremde Umgebung versetzt worden, wo man ihn eingesperrt hatte. Zu allem war er von lauter Tieren umgeben, die ihre Freiheit genossen. Natürlich war er erzürnt. Das wäre jeder an seiner Stelle gewesen. Aber wenn ich ihn hinausließ, bevor er sich eingewöhnt hatte, verirrte er sich vielleicht. Ich betrachtete Henrietta, die von diesem unbeherrschten Lümmel entschieden hingerissen war. Mit ihrem Dünkel war es doch nicht weit her. Möglicherweise wird sie ihn nicht aus den Augen lassen, überlegte ich und entschied mich für das Wagnis.

Als ich die Tür öffnete, hüpfte Percy sofort heraus und hackte im Vorübergehen ein Stück Fleisch aus meiner Wade. Ich war sehr enttäuscht von ihm. Ohne Henrietta zu beachten, ging er stracks auf die Hühner los und sagte ihnen, sie sollten sich wegscheren. Sie gehorchten.

Henrietta flatterte ihm aufgeregt nach und beschwor ihn, nicht so voreilig zu sein; seine Antwort lautete grob übersetzt: «Hau ab.» Ich war wütend. Wie konnte er sich unterstehen, so mit meiner süßen Henrietta zu reden? Ich wollte ihm gerade nachsetzen, um ihm gehörig Bescheid zu sagen, da merkte ich, wohin er strebte. Ich brauchte mich nicht einzumischen, er würde seine Abreibung schon bekommen. Er rannte auf die Gänse zu und sagte ihnen, ihre Anwesenheit sei nicht mehr erwünscht, sie sollten also bitte das Gelände verlassen. Gussie und Griselda blickten einander an, dann sahen sie auf Percy und griffen gleichzeitig an. Percy wußte nicht, wie ihm geschah. Er schoß in die Luft, keifend und fluchend wie ein Fuhrknecht. Die Gänse, entzückt über diese Reaktion, reckten den Hals und verjagten ihn. Henrietta, die diesem Vogelkrieg aus sicherer Entfernung zugeschaut hatte, flatterte ihm nach, wobei sie zuckersüße «Hab'-ich-dir's-nicht-gesagt»-Töne von sich gab. Das war zuviel für Percy: Schlimm genug, so schrecklich gedemütigt zu werden, nun nörgelte dieses eingebildete Geschöpf auch noch an ihm herum. Er machte kehrt und hackte zu.

Das genügte mir. Ich packte seinen struppigen Hals, wobei ich der Versuchung widerstand, ihm die Luftröhre zuzudrücken, und setzte ihn in den Käfig. Hierauf hielt ich ihm einen Vortrag. Kurz zusammengefaßt des Inhalts, dies sei eine friedliche Gemeinschaft, leben und leben lassen laute hier der Grundsatz. Wer sich dem nicht anpassen wolle, der könne sich gefälligst einen anderen Wohnsitz suchen. Ob ich mich klar genug ausgedrückt hätte? Er spuckte mir ins Gesicht. Ich hatte das Gefühl, bei ihm abgeblitzt zu sein.

Ich übte mich Percy gegenüber in Nachsicht, aber da sich mit der Zeit nicht die geringste Besserung zeigte, mußte ich mich mit der Tatsache abfinden, daß er ein großmäuliges, ungezogenes, widerspenstiges Teufelchen war. Henrietta war unglücklich; sie fühlte sich für Percy verantwortlich. Der Himmel mag wissen, warum, aber sie strengte sich aufs äußerste an, ihm Manieren beizubringen, obwohl es vergebliche Liebesmüh war. Zum Schluß ertrug sie es nicht mehr und kehrte sich von ihm ab. Er schien es nicht einmal zu bemerken.

In den drei Monaten, die Percy bei mir war, brach er alle Rekorde in der Kunst, sich Feinde zu machen und alle gegen sich einzunehmen. Er haßte alle und jeden mit einseitiger Besessenheit, die geradezu bewundernswert war. Er griff jeden an, der ihm in den Weg lief, Enten, Gänse, Esel, Wildvögel, auch mich, ja, mich im besonderen. Es war, als lebten wir auf einem Schlachtfeld, und wir waren in einem Dauerzustand der Furcht und Erschöpfung. Ich kann nicht behaupten, daß ich ihm eine Träne nachweinte, als er eines Tages verschwand. Wir atmeten alle erleichtert auf und nahmen die Fäden unseres zerrütteten Lebens wieder in die Hand.

Die Hühner legten von neuem Eier, und bald folgten ihnen die Enten. Die Enten machten mir großen Eindruck, denn sie legten ihre Eier ohne jegliches Versteckspiel im Entenhaus. Aber im Gegensatz zu den Bantamhühnern verrichteten sie dieses Geschäft sehr nachlässig und ließen

192

die Eier einfach wie Zigarettenstummel fallen, worauf sie gar kein Interesse mehr an ihnen zeigten. Es kam ihnen überhaupt nicht in den Sinn, ein Nest zu bauen und auf dem Gelege zu brüten. An sich konnte ich ihnen das nicht verargen; es ist sicher nicht lustig, tagelang auf harten Eiern zu sitzen. Die Hühner taten mir deswegen leid, denn sobald sie eine Kükenschar ausgebrütet hatten, fingen sie von neuem damit an, eine weitere Familie zu gründen, so daß sie sämtliche schönen Sommertage mit Brüten und Aufziehen verbrachten. Ich fand das Ganze eine große Verschwendung.

Clara tat mir besonders leid. Da sie sich nicht davon abbringen ließ, ihre Eier auf dem Scheunendach zu legen, hatte sie nichts zu brüten. Nichtsdestoweniger sammelte sie alle die zerbrochenen Schalen auf, trug sie aufs Dach zurück und setzte sich drauf. Ganz abgesehen davon, daß es sehr unbequem sein muß, auf zerbrochenen Eierschalen zu sitzen, erschien es mir betrüblich, daß sie so gar nichts vorzuzeigen hatte. Deshalb machte ich ihr in der Scheune ein Nest und legte zwei Enteneier hinein, außerdem einige zerbrochene Schalen, damit sie sich heimisch fühlte. Als sie zur Fütterung herunterkam, fing ich sie ein und setzte sie auf das Nest. Da saß sie nun in seliger Ahnungslosigkeit, daß sie höchst absonderliche Hühner ausbrüten sollte.

Achtzehntes Kapitel

Wer um alles in der Welt konnte an einem Sonntagmorgen um halb sieben an die Wohnwagentür klopfen? Ein entsprungener Sträfling, der eine Zufluchtsstätte suchte? Ein blutrünstiger Amokläufer? Ich öffnete, und da stand der lachende Polizist vor mir. Das fand ich wirklich stark. Wenn er jedesmal bei mir anklopft, wenn er etwas zu lachen haben möchte, muß ich ausziehen, dachte ich. «Guten Morgen», grüßte er schmunzelnd und versuchte, ein ernstes Gesicht zu machen, was ihm jedoch mißlang. «Wissen Sie, daß Sie acht Ochsen in Ihrem Garten haben?»
Sehr witzig, dachte ich und hätte gern geantwortet: Ja, natürlich, sie sind meine Wochenendgäste. Statt dessen erwiderte ich: «Nein, das wußte ich nicht. Wieso?»
«Schauen Sie selbst», sagte er.
Ich zog meine Gummistiefel an und ging hinaus, und siehe da, tatsächlich standen im Garten acht Ochsen, die sich an meinen Pflanzen gütlich taten. Warum können sie nicht die Disteln und Brennnesseln fressen? dachte ich. Ich sah den Überbringer der guten Nachricht an, und er sah mich an. Es war offensichtlich, daß er von Ochsen und ihrem Fang ebensowenig verstand wie ich. «Versuchen wir, sie auf die Koppel zu treiben», schlug ich vor.
«Ein guter Gedanke», sagte er.
Wir standen weiter da und blickten einander an. Keiner von uns mochte in Worte fassen, was wir

194

beide dachten: Aber wie? Ich nahm einen Stecken auf, und er folgte meinem Beispiel. Langsam, ganz langsam bewegte ich mich auf die Ochsen zu. Er schlich hinter mir her. Es geht doch nichts über einen strammen Polizisten, dachte ich, einen richtigen Mann, der Vertrauen einflößt. Ich machte «sch, sch», als ob ich Hühner zu verscheuchen hätte. Die Ochsen hoben den Kopf und glupschten mich an. Ich rückte näher, sagte schüchtern: «Brave Ochsen, geht weg», und schwang den Stecken.

Zu meiner Überraschung rührten sie sich. Ich kam mir großartig vor, nahm eine Cowboy-Haltung ein und brüllte: «Weg mit euch, ihr Hornochsen! Zurück in euren Korral!» Sie machten sich davon. Vom Erfolg getragen und berauscht von Machtgefühl, lief ich ihnen nach und schrie: «Hohoho! Auf zum letzten Treiben!»

Ich hörte ein ersticktes Grunzen hinter mir und drehte mich um; den Supermann hatte ich vollständig vergessen. Es ging ihm offenbar schlecht: Er hielt sich mannhaft an einem Baumstamm fest und krümmte sich. «O mein Gott», stieß er hervor, «wenn ich das meinen Kollegen im Revier erzähle. Sie werden es nicht glauben.»

«Wahrscheinlich nicht», erwiderte ich eisig. «Sie sollten das nächstemal einen Video-Recorder mitbringen.» Er war schon vorher keine Hilfe gewesen, aber jetzt schien er zu gar nichts mehr tauglich zu sein. So ein Spielverderber!

Ich trieb die Ochsen stilvoll zur Wiese hinüber und dann durchs Gatter. Die Esel, die dem Rodeo von der sicheren Koppel aus neugierig und belustigt zugesehen hatten, waren weniger begeistert, als sich das Schauspiel auf ihren heimatlichen Boden verlagerte. Sie drängten sich im fernen Winkel der Einzäunung zusammen und beobachteten mißtrauisch die Kapriolen der Eindringlinge. Alle außer Simon: Zu meiner großen Verwunderung galoppierte er ihnen nach. Sein Galopp ist ganz und gar ungewöhnlich, ähnlich wie bei einem Clownspferd, wenn es wirklich loslegt. Ich prustete los.

Inzwischen gerieten die Ochsen immer mehr in Panik. Als sie beim Grenzzaun anlangten, rannten sie einfach weiter, quer über den Zaun hinweg. Ich war sprachlos; ich hatte keine Ahnung gehabt, daß Rinder einen Zaun überspringen können. Nur ein Ochse blieb zurück, der entweder weniger athletisch oder dümmer als die andern war. Jedenfalls rannte er auf der Wiese im Kreis herum, bis mir allein vom Zusehen schwindlig wurde. Als er merkte, daß er der einzige Überlebende war, erfaßte ihn Berserkerwut, so daß er alles angriff, was in Sicht war: den Zaun, das Gatter, die Esel. Ich hielt es für angebracht, etwas zu unternehmen, bevor er auf mich losging. Da es sinnlos war, ihn hier zu behalten, während die übrigen sieben fort waren, öffnete ich das äußere Gatter, worauf er hindurchraste. Ich hatte einige Mühe, Simon davon abzuhalten, ihm nachzusetzen. «Was ist nur in dich gefahren?» fragte ich ihn. Er machte ein verlegenes Gesicht, aber er hatte ein Funkeln in den Augen: «War das nicht lustig?» So ein Außenseiter auf der Rennbahn, dachte ich.

Nachdem die Krise überstanden war, kam Humphrey herbeistolziert. «Ich hätte sie schon verjagt», sagte er, «aber ich mußte Sophie und Phil beschützen.» Ja, du und der Supermann, dachte ich, ihr könnt euch zusammentun.

Es stellte sich heraus, daß die Ochsen Graham Christie gehörten. Er erging sich in Entschuldigungen, doch ich war froh über den Vorfall: Er erleichterte mein Gewissen, weil meine Esel öfters bei ihm eingedrungen waren.

Als alles vorbei war, fühlte ich mich so klapprig und ratlos, daß ich zu nichts imstande war. Nichts kann einem den Tag mehr durcheinanderbringen, als am frühen Morgen von einer Viehherde überfallen zu werden. Es herrschte schönes Spätherbstwetter, und ich beschloß, ein paar Stunden blauzumachen. Solche Tage würde es nicht, mehr oft geben, denn der Winter lag schon in der Luft. Als ich meinen Stock ergriff, lief Charlie herbei und sah mich vorwurfsvoll an: «Du hast mir nichts davon gesagt, daß du einen Spaziergang machen willst.» Ich antwortete: «Dazu hatte ich keine Gelegenheit. Ich wollte dich gerade rufen.» Wir machten uns quer über die Koppel zum Wald auf. Auf einmal kam Quaggy geflogen und landete platt vor meinen Füßen. Er nahm seinen üblichen Platz ein, drei Zentimeter von meinen Fersen entfernt, und watschelte vergnügt quakend hinterher. Die Esel wiederum zogen hinter ihm her. Sie begleiteten uns bis zum Ende der Wiese und blickten uns betrübt nach, als wir durch das Gatter auf den Wald zugingen. Humphrey gab als Anführer das Signal, und schon brach die Esel-Serenade los. Das Geschrei war ohrenbetäubend, und mir taten alle Leute leid, die in der Nähe die Sonntagsruhe genießen wollten. Ich pflückte eine Handvoll Löwenzahn und verteilte sie gerecht unter die vier Esel. Sie hatten die Blätter im Nu zerkaut und verlangten Nachschub. Die nächste Stunde verbrachte ich damit, Löwenzahnblätter für sie zu sammeln und meine Taschen mit Eicheln und Fichtenzapfen zu füllen, die als Weihnachtsschmuck dienen sollten. Ich bedauerte es, kein Gefäß mitgenommen zu haben.

Als wir über die Koppel zurückkehrten, saß Henrietta auf dem Gatter und piepste vor sich hin. Ich kramte eine Rosine hervor, die sie dankbar entgegennahm. Die Hühner und Enten, denen nie etwas entging, liefen herbei, beschwerten sich laut über die Benachteiligung und forderten gleiches Recht für alle. Ich holte den Spaten, um Regenwürmer auszugraben. Josch, stets ein Kavalier, stand höflich beiseite, während die Damen schmausten. Da er und Quaggy immer zurückstanden, wollte ich ihnen die Sache erleichtern und ihnen eine Gelegenheit bieten. Ich füllte einen Eimer mit warmem Wasser, dem ich ein Desinfektionsmittel beifügte, und goß es auf dem Boden aus. Zwei Minuten später kamen überall Regenwürmer hervor. Das Desinfektionsmittel, das irritierend wirkte, zwang die Würmer an die Oberfläche. Ich hatte dabei kein reines Gewissen, denn wenn ich Würmer auch nicht liebe, so ist es mir doch zuwider, einem Geschöpf etwas Unangenehmes anzutun. Wenn ich sehe, wie schnell die Vögel sie verschlingen, tröste ich mich mit dem Gedanken, daß die Regenwürmer wenigstens nicht lange leiden müssen. Ich schaute bei der Mahlzeit zu. Die besten

Dinge im Leben kosten nichts, dachte ich. Lauter proteinhaltige Würmer, und sie hatten mich keinen Pfennig gekostet.

Ein warnendes Geschnatter im Hintergrund brachte mich auf die Erde zurück. Gussie und Griselda hatten gemerkt, daß da etwas vor sich ging. Im Sturmschritt griffen sie an; sie wollten wissen, was los war und warum sie nicht eingeladen worden waren. Wir stoben allesamt auseinander und überließen ihnen das Feld. Sie behackten die wenigen restlichen Würmer — eigentlich mochten sie sie nicht, aber sie ertrugen es nicht, mit anzusehen, daß andere sie genossen. Als ich durch den Garten ging, trat ich beinahe auf Pudding, der im Gras lag und ein zweites Frühstück erhoffte. Er bekam es natürlich nie, aber er war nun einmal ein Optimist. Rufus lag zusammengerollt auf dem Komposthaufen und träumte von längst vergangenen Zeiten, als er noch jung und beweglich war, federnde Sprunggelenke hatte, Schmetterlingen nachjagte und Spinnen beschlich. Er machte die Augen auf, seufzte asthmatisch und träumte weiter. Clara trippelte herbei, ihr folgten ihre beiden «Kinder». Die Entlein waren jetzt ausgewachsen und doppelt so groß wie sie, aber sie bemutterte sie noch immer und machte viel Aufhebens von ihnen. Sie stand immer noch Qualen aus, wenn die Enten den Teich aufsuchten, und war überzeugt, daß sie ertrinken müßten. Dann irrte sie am Rand des Teiches umher und beschwor sie, herauszukommen und sich wie anständige Hühner zu benehmen. Sie konnten ihre Wasserscheu nicht verstehen. «Schau, Mutter», sagten sie vergnügt planschend, «es ist herrlich. Komm doch auch.»

Ich setzte mich auf einen gefällten Baumstamm und dachte über die vergangenen anderthalb Jahre nach. So viel hatte sich ereignet, so viele Erinnerungen bewegten mich. Ich dachte an Barney und Jason, und ich empfand Sehnsucht nach ihnen, die unüberwindbar zu sein schien. Ich dachte an das leere Badezimmer, wo kein Puh mehr war. In dieser Stimmung dachte ich sogar an Percy, nicht gerade mit zärtlicher Rührung, doch mit einer gewissen Hochachtung. Man muß einen kleinen Vogel wohl oder übel bewundern, der entschlossen ist, es mit der ganzen Welt aufzunehmen.

Schließlich ging ich mit Charlie, Pudding und Min zum Haus. Es war jetzt fast fertig, und wir wollten im nächsten Monat einziehen, beizeiten für Weihnachten. «Wird das nicht wundervoll sein?» sagte ich zu den Katzen. «Wir werden Zentralheizung haben, heißes Wasser, richtige Zimmer mit Türen und an den Wänden Schalter, auf die man nur zu drücken braucht, wenn man Licht haben möchte. Nichts muß mehr nachgefüllt werden, kein Generator, kein Benzinofen und keine Petroleumlampe. Wir können dasitzen und ein Fernsehprogramm ohne Unterbrechung anschauen. Wir werden wieder ein richtiges Heim haben.»

Die Katzen schauten mich entsetzt an. Hier drin leben? Wir? Niemals! Und sie schossen zurück zum Wohnwagen. Ich hatte das Gefühl, daß ich wieder von vorn anfangen mußte.

Mein Käuzchen
frißt am liebsten
Kuchen

Sylvia Fenton

Mein Käuzchen frißt am liebsten Kuchen

*Ins Deutsche übertragen
von Christine Mäder-Viragh*

Die englische Originalausgabe erschien
unter dem Titel «Creature Comforts» bei
George Allen & Unwin, London

ERSTES KAPITEL

Wol sitzt auf seiner Stange am Fenster und beobachtet mit runden Augen, wie ich den Tisch aufräume und Schreibmaschine und Papier hervorhole. Sein gedrungener kleiner Körper bebt vor Neugier, und er rennt auf der Stange hin und her und sucht verzweifelt nach dem besten Ausblick. Den Kopf um zweihundertsiebzig Grad verdreht, hängt er jetzt in der Hoffnung auf noch bessere Aussicht verkehrt von der Stange. Schrecklich, wenn er etwas verpassen würde! Ich setze mich an den Tisch, und das ist zuviel für ihn.

Es kommt doch sonst nie vor, daß ich mich tagsüber hinsetze. Da läuft was, da ist was los, und das muß näher in Augenschein genommen werden: Er stürzt sich von der Stange und landet präzis — und schmerzhaft — auf meinem Kopf. Dann verfolgt er jede Bewegung gespannt: Hülle weg von Schreibmaschine — aufgeregtes Nikken. Papier einspannen — Nicken. Taste anschlagen — um Himmels willen, was war das? Er hüpft auf die Rolle und begutachtet, was ich geschrieben habe — ein halbes Wort bis jetzt —, findet es nicht nach seinem Geschmack und zerrupft das Papier methodisch zu Streifen. Mein erster Impuls ist, ihn zu erwürgen, doch dann zähle ich bis zehn. Was keine gute Idee ist, denn so hat er Zeit, auch aus dem Farbband Spaghetti zu machen.

Zeit für eine Konfrontation: Ich nehme ihn auf den Schoß und schaue ihm fest in die Augen. Er weiß zwar nicht, was das soll, aber er erwidert meinen Blick. Jetzt kann ich ihn über gewisse Belange des Lebens aufklären: daß Leber und Rindfleisch und Mehlwürmer und solcherlei Köstlichkeiten nicht auf den Bäumen wachsen, sondern gekauft werden müssen. Mit Geld. Was ebensowenig auf den Bäumen wächst, sondern verdient werden muß. Was ich versuche, indem ich diese Geschichte schreibe. Also wäre es nett, wenn er sich mit anderem beschäftigte und mich arbeiten ließe. Gebannt hört er sich das an und unterstreicht jedes zweite Wort mit begeistertem Nicken. Ich fühle mich sehr ermutigt. Wechsle das Farbband, spanne ein neues Blatt ein — beobachtet von einem gebändigten und reumütigen Wol. Ich schlage eine Taste an. Er hüpft auf die Walze, würdigt das Geschriebene keines Blickes und wiederholt die Zerrupf-Nummer. Ein erstickter Schrei meinerseits. Besorgt hüpft mir Wol auf die Schulter und legt seinen flauschigen, kleinen Kopf an meinen Mund: «Hast du so ein komisches Geräusch gemacht?»

«Na gut», sage ich, «offenbar bedeuten dir materielle Werte nichts, aber wie steht's mit dem Ruhm? Wenn ich deine Geschichte schreibe, wirst du berühmt. Jeder wird wissen, was für eine bezaubernde, intelligente, charmante kleine Eule du bist. Was sagst du dazu?» Gar nichts. Er hüpft auf die Schreibmaschine zurück und drückt seine

6

Meinung sehr graphisch und äußerst unfein auf den Tasten aus. Ich weiß, wann ich mich geschlagen geben muß. Zurück mit ihm auf die Stange, Schreibmaschine reinigen und wegräumen. Die Geschichte von Wol und den anderen Waisen, die jetzt mit mir in meinem Bauernhaus wohnen, muß warten, bis Wol im Bett ist.

Da ist natürlich die leise und beharrliche Stimme des Gewissens: Es gibt noch andere Zimmer. Du brauchst nicht unter Wols rundem Blick zu arbeiten. Wie wahr. Vielleicht brauche ich Wol als Ausrede, um nicht zu arbeiten. Was gibt's für Alternativen? Das Wohnzimmer fällt eindeutig außer Betracht: Bestimmt ginge der rekonvaleszente Bussard mit mir einig, daß dort nicht genug Platz für uns beide sei. Die Toilette ist zu klein, und überhaupt ist dort der einzige Sitzplatz — die Klobrille — schon von einem Eichhörnchen mit gebrochenem Bein besetzt. Also oben im Schlafzimmer? O nein, nicht mit den drei Turmfalken-Babys auf dem Fenstersims, die darauf geprägt sind, mit weitoffenem Schnabel nach Futter zu quieken, sobald ich aufkreuze. Sie würden kaum zulassen, daß ich meine Zeit mit Arbeit vergeude, anstatt ihnen abstoßende, mit gehackten Federn garnierte Fleischstücke in den ewig offenen Schlund zu stopfen. Das Badezimmer? Du machst Witze. Dort hält sich der Geräuschpegel dank zwei vorlauten Enten nur geringfügig unter dem eines Preßluftbohrers. Und ich könnte sowieso nicht mitansehen, was sie aus meinem hübschen, glänzend neuen Bad machen.

Bleibt nur noch das Studio. Ah, mein hübsches Studio. Als ich mit dem Architekten die Pläne für den Umbau des Häuschens machte, gerieten wir uns wegen des Studios beinahe in die Haare. «Das kann nicht Ihr Ernst sein», japste er. «Wenn Sie ein Studio wollen, bleibt Ihnen nur noch ein einziges Schlafzimmer!»

«Und?» sagte ich. «Ich bin auch nur eine Person. Ich brauche nur ein Schlafzimmer.»

«Aber wenn jemand über Nacht bleiben will, können Sie ihn nirgends unterbringen.»

«Ja, ich weiß. Ist das nicht großartig?» Ich hatte meine Schönwetter-Freunde ohnehin gründlich satt. Während des ganzen Winters, als ich beim Schneeschaufeln und Heuballen-Schleppen eine helfende Hand hätte brauchen können, ließ sich keiner blicken. Mit dem ersten Frühlingstag war ich dann plötzlich ungeheuer beliebt. Horden von Stadt-Bleichgesichtern — von denen ich einige kaum kannte — trampelten den Weg herauf und schwatzten mir die Ohren voll, wie sehr sie sich in diesem gräßlichen Winter Sorgen um mich gemacht hätten, wie sie sich jetzt gleich vergewissern mußten, daß es mir gut ging. Herzerweichend, dachte ich, während ich herumraste, um aus einem pensionierten Käse, zwei senilen Tomaten und dem, was ich meinen knickrigen Hühnern an Eiern entwenden konnte, so was wie ein Essen zu basteln. Dabei waren mir ihre elegant-nylonumhüllten Beine fortwährend im Weg.

«Ach, Liebes, das wäre doch gar nicht nötig gewesen», zirpten sie, wenn ich mein kläglich zusammengewürfeltes Omelett auffuhr. «Wir haben schon unterwegs gegessen», worauf sie das Ganze mit Appetit verschlangen. Und dann sagte einer — scharfsichtiger als die anderen — jeweils mitfühlend: «Du siehst so abgehetzt aus, Liebes. Das alles ist zuviel für dich, dieser Jux mit Pioniertum und Zurück-zur-Natur. Wir haben dich ja gewarnt, nicht wahr?»

Wenn sie endlich gingen, dann unter vielen Beteuerungen, wie leid es ihnen tat, «daß wir dich allein lassen müssen. Aber macht nichts. Wenn du dann im Haus wohnst, werden wir länger bleiben können.» Einen Dreck werdet ihr, dachte ich. Deshalb stieß der Architekt mit dem zweiten Schlafzimmer bei mir auf taube Ohren — ein Studio sollte es werden oder gar nichts. Was dann überhaupt nichts änderte, wie sich herausstellte. Ich war noch keine fünf Minuten ins Haus eingezogen, als schon beim ersten Morgengrauen Besucher auftauchten — unangemeldet und ungeladen: «Wir könnten ja gleich den ganzen Tag bleiben» — und mir bei den mehreren tausend Dingen, die ich zu tun hatte, im Weg waren. Als sich der Tag neigte und sie keine Anstalten machten zu gehen, begann ich mit dem Zaunpfahl zu winken: Wird langsam spät, muß früh aus den Federn, anstrengender Tag morgen — was völlig überhört wurde.

Ich wurde deutlicher: «Ich weiß nicht, wie ihr's habt, aber ich bin reif fürs Bett.» Und: «Ihr habt eine lange Fahrt vor euch. Solltet ihr nicht langsam aufbrechen?» Schließlich spielte ich meinen Trumpf aus: «Ich würde euch sehr gerne über Nacht hierbehalten, aber ich habe kein freies Zimmer.»

«Ach, Liebes, mach dir keine Sorgen. Wir pennen auf dem Boden.»

Mürrisch schleppte ich Kissen und Decken herbei, stellte Möbel um und sah bald mein Wohnzimmer in ein Zigeunerlager verwandelt. Da dämmerte mir, daß ich ein bißchen zu schlau gewesen war. Es wäre verdammt viel einfacher gewesen, sie in ein Zimmer abzuschieben und die Tür hinter ihnen zuzumachen. Ich wünschte ihnen beflissen eine gute Nacht und machte mich auf den Weg nach oben — entsetzt über meine eigene Verlogenheit. Denn von einer guten Nacht würde keine Rede sein, wenn die Katzen-Fünferbande sie erst entdeckt hatte. Die Katzen waren nämlich aus den oberen Räumen verbannt und deshalb schrecklich frustriert. Verschiedene warme menschliche Körper zu finden, mußte für sie so etwas wie eine Stippvisite im Paradies sein.

Als ich am nächsten Morgen nach einem guten Schlaf etwas milder gestimmt hinunterging, präsentierte sich mir ein unglaublicher Anblick: Das Zimmer sah aus wie nach einem Hurrikan. Halbnackte, verrenkte Körper über den ganzen Boden verstreut, dazwischen Kissen und Decken. Aufs Geratewohl über die liegenden Körper verteilt waren fünf Katzen in einem Glücks-Delirium. Sie schnurrten wie irrsinnig und kneteten das Zwerchfell ihrer Gastgeber mit nadelspitzen Krallen. Ganz offensichtlich war es in der Nacht zu einer Konfrontation zwischen Pennern und Katzen gekommen. Keine Frage, zu wessen Gunsten sie ausgegangen war. «Schönen guten Morgen», trällerte ich strahlend. «Gut geschlafen?» Ein Auge öffnete sich feindselig, und eine Hand griff schwach nach einem Kissen, um es zu werfen. Ich zog mich hastig zurück.

«O.K.», sagte ich mir, der Schuß ist nach hinten losgegangen. Vielleicht wäre ein Gästeschlafzimmer doch nicht so eine schlechte Idee gewesen. Aber ich liebte mein Studio. Jeden Tag ging ich hinein, machte die Tür zu, stand einfach dort und bewunderte es. Den lederbedeckten Super-Schreibtisch, den Direktoren-Drehstuhl, die eindrücklichen Schränke und Bücherregale — alles von Gnaden öffentlicher Auktionen. Ich ging ans Fenster und berauschte mich an der Aussicht: das sanfte Gefälle des Feldes, die grasenden Esel auf der Koppel, im Garten herumalbernde Katzen, Enten, Gänse und Hennen. So schön war das alles — und es gehörte mir ganz allein! Das Studio war ein wunderbares Zimmer zum Meditieren, aber als Arbeitszimmer taugte es nicht. Statt zu arbeiten, vergeudete ich die Zeit damit, aus dem Fenster zu schauen, die Vorgänge draußen zu beobachten und zu wünschen, ich wäre auch dort. Alles Interessante fand unten statt, und da war ich, isoliert und von allem abgeschnitten. Wie unfair! Manche können nur in einer ruhigen Atmosphäre arbeiten, aber zu denen gehöre ich nicht. Man gebe mir ein Zimmer voller Unordnung und Katzen und anderen unsteten Gesellen, wo Radio oder Fernseher laufen und halbstündlich eine kleinere Krise ausbricht, und man wird sehen, wie ich loslege. Leider wurde mir das zu spät bewußt, als das Studio schon eine vollendete Tatsache war. Ich steckte wirklich in einem Schlamassel: Im Studio konnte ich nicht arbeiten, weil es zu ruhig war, und anderswo konnte ich nicht arbeiten, weil ich wegen des ungenutzten Studios ein schlechtes Gewissen hatte. Doch dann löste sich das Problem von selbst. Verwaiste und verwundete Kreaturen begannen herbeizuströmen, und auf einmal hatte ich keinen Platz mehr für sie. Also verwandelte ich — ungeheuer erleichtert und nur ganz schwach von Märtyrertum angehaucht — das Studio in eine Unfallstation.

Im Sommer wechseln sich pelzige und gefiederte Findelkinder ziemlich schnell ab, so daß die Platzfrage kein großes Problem darstellt, vor allem auch, weil die Rekonvaleszenten draußen sein können. Der Winter hingegen ist ein Alptraum, weil bereits genesene Vögel nicht freigelassen werden können, bis es wärmer ist. Besonders während meines ersten Winters im Haus, als ich noch nicht richtig organisiert war, gab es Zeiten, da ich ernsthaft (na ja, halbwegs ernsthaft) daran dachte, das Haus den Tieren zu überlassen und in den Wohnwagen zurückzuziehen. Das hätte den Katzen sehr gut gepaßt. Nach beinahe zwei Jahren im Wohnwagen fühlten sie sich hier ganz zu Hause und sahen nicht ein, warum sie ihre Lebensweise umkrempeln sollten, nur weil ich mir in den Kopf gesetzt hatte, über fünfzehn weite Meter an einen Ort zu ziehen, der unangenehm nach Farbe, Terpentin und Neuem roch. Was sie betraf — so wurde klar —, konnte ich

12

tun, was ich wünschte, sie selbst aber hatten
nicht im geringsten die Absicht, mit mir zu kommen. «Eigentlich wartet man, bis man gefragt
wird», sagte ich und gab mich ganz lässig. Ich
machte mir keine Sorgen, denn als Futterbe-
schaffer hatte ich ja den Trumpf in der Hand.
Wenn's Zeit wird fürs Abendbrot, überlegen sie
sich's schon anders, dachte ich. Taten sie aber
nicht. Nach einer halben Stunde ging ich hinaus
und rief sie. «Futter, Miezen. Kommt her.» Fünf
vergrämte, pelzige Gesichter erschienen am
Wohnwagenfenster. Ich klapperte mit den Fut-
ternäpfen. Sie schauten interessiert drein, rührten sich aber nicht. «O.K.», sagte ich, «spielt
nach euren Regeln», und ging ins Haus zurück.
Ich war sicher, daß sie bald nachkommen würden.

Um Mitternacht sah ich mich gezwungen, ein-
zusehen, daß ihre Prinzipien offenbar und erstaunlicherweise stärker waren als ihr Appetit.
Es riß mich mit aller Gewalt zum Wohnwagen,
wo ich vor ihnen auf die Knie fallen wollte, doch
ich widerstand. Auch ich habe meinen Stolz! Als
aber auch die Frühstückszeit vorüber war, dachte
ich: zum Teufel mit dem Stolz, ging hinüber, riß
die Tür auf und sagte: «Na schön, genug mit diesem Unsinn. Kommt ihr mit mir oder nicht?»

Sie schauten mich trübe an und miauten kläglich. «Mit dir kommen? In unserem Zustand?
Wir haben nicht einmal die Kraft, vom Bett zu
springen, geschweige denn, irgendwohin zu gehen.» So ist das also, dachte ich. Von Rufus, dem
Ältesten, hatte ich die Märtyrer-Nummer erwar-

13

tet — er beherrschte sie kunstvoll —, doch war ich leicht überrascht, daß auch die anderen sie wagten. Schön, dachte ich, bei mir zieht das nicht. Ich ließ sie allein und ging ins Haus zurück. Aber ich konnte nichts Rechtes anfangen. Abgesehen von allem fehlten sie mir. Nachdem ich so lange Wange an Pfote mit fünf Katzen zusammengelebt hatte, fühlte ich mich schrecklich verlassen, wie ich in der vergleichsweise riesigen Kate einsam herumklapperte.

Am Abend hielt ich es nicht länger aus. Ich machte ein Tablett zurecht und trug es zum Wohnwagen hinüber. Sie schauten gleichgültig zu, wie ich ihre Näpfe auf den Boden stellte, und machten keine Anstalten, herzukommen. Nicht einmal Pudding, den man am besten als wandelnden Appetit beschreibt. Sie warfen mir tragische Blicke zu: «Jetzt ist's zu spät, wir sind sogar zum Essen zu schwach.»

«Schön. Es ist da, falls ihr wollt. Versucht euch aufzuraffen.» Ich machte die Tür hinter mir zu und schlich zum Seitenfenster. Fünf auf wunderbare Art geheilte Katzen waren um die Näpfe gruppiert und schlangen selbstvergessen ihr Futter hinunter.

Damit war die Linie vorgegeben. Dreimal pro Tag stapfte ich mit dem Tablett zum Wohnwagen und bereute meine Schwäche bitter. Jetzt würde ich sie nie mehr dazu bringen, bei mir im Haus zu wohnen. Ich sah mich schon in zehn, zwanzig Jahren, alt, verhutzelt, gebeugt zum Wohnwagen hinüberhumpeln, das Tablett in arthritisch verkrümmten Händen. Bis dann bin ich selbst auf

den Mahlzeiten-Dienst angewiesen, dachte ich
sauer. Wie ich am fünften Tag bequem in meinem Wohnzimmer am Feuer saß, wurde mir bewußt, daß mich das Bild von fünf zitternden, verlassen und ungeliebt in einem Wohnwagen da-
hinsiechenden Katzen verfolgte. Ich ging in die
Scheune, brachte den Generator in Gang, damit
sie Licht hatten, grub dann den Ölofen wieder
aus, den ich erst vor ein paar Tagen so freudig
ausrangiert hatte, und trug ihn zum Wohnwagen.
Die Katzen schauten blasiert zu, während ich ihn
anfachte: «Wir haben ja gewußt, daß du früher
oder später Vernunft annehmen würdest. Ist's
nicht hübscher hier?» Ich schaute mich im Zimmer um, das die letzten zwanzig Monate mein
Heim gewesen war. Es sah bequem-vertraut aus,
so richtig eingelebt, wie es das Haus noch nicht
war. Einen Augenblick war ich versucht, «nur
zehn Minuten oder so» den Katzen Gesellschaft
zu leisten. Plötzlich aber ging mir der reine Irr-
sinn der Situation auf. Wirklich, ich war nicht
besser als die Katzen, hing am Alten und Ver-
trauten, nur *weil* es alt und vertraut war. Ich verzog mich schleunigst ins Haus.

Eine Woche lang führte ich zwei Haushalte
und hatte schon alle Hoffnung aufgegeben, die
Katzen je umstimmen zu können. Doch auf einmal kam der Durchbruch: ein Klappern an der
Katzentür, und eine kleine, rosarote Schnauze
erschien. Nach einem kurzen Rundblick in der
Küche folgte der Rest von Charlie. «Hallo, Charlie», sagte ich, um großes Aufheben zu vermei-
den, «eben rechtzeitig zum Abendessen», und

ich öffnete den Eisschrank. Da drückte sich auch schon Pudding durch das Türchen und gleich darauf Flossie und Min. Ich schaufelte ihnen das Futter heraus und ging dann, während sie sich vollstopften, auf die Suche nach Rufus. Er saß bolzengerade mitten im Wohnwagen und miaute verdrossen. Alt war er und gebrechlich, und alle hatten ihn verlassen. Er würde einsam sterben, ungeliebt und unbeweint. Es hatte keinen Wert, ihn hinüberlocken zu wollen — dafür genoß er sein Märtyrertum zu sehr —, deshalb hob ich ihn auf und trug ihn ins Haus. Und endlich konnte ich die Wohnwagentür definitiv zumachen.

Mein eigener Umzug ins Haus war nicht ohne Zwischenfälle abgelaufen. Alle Maurerarbeiten waren gemacht, man mußte nur noch malen, und es sah aus, als könnte ich in ein paar Wochen einziehen. Am Tag, an dem der Maler anfangen sollte, bekam er Grippe. Ich reagierte auf die unter diesen Umständen einzig mögliche Art: hysterisch. Der Baumeister war fassungslos. Nachdem ich alle vorhergehenden Krisen spielend überstanden hatte, fand er es höchst unvernünftig, daß ich jetzt Zustände bekam, obwohl das doch nicht mehr als ein Schluckauf war. «Für Sie ist es vielleicht ein Schluckauf», kreischte ich. «Für mich ist es der letzte Strohhalm.» Er sagte, er habe alles im Griff und einen Maler von einer anderen Baufirma geborgt. Das kam mir sehr merkwürdig vor — ein Baumeister, der seine Männer einem Konkurrenten ausleiht. So was von Nächstenliebe! Nächstenliebe? Eher Sabotage, wie sich herausstellte. Ich konnte mir die

16

Szene im Büro des Konkurrenz-Baumeisters genau vorstellen:

Vorarbeiter: Hatte eben Bert Willen an der Strippe. Will sich einen Maler ausleihen. Wen hammer?

Werkmeister: Na, da hätten wir Arthur. Er ist morgen mit dem Pub fertig.

Vorarbeiter: Biste bekloppt oder was? Ich brauch nicht Michelengo. Ich brauch einfach jemanden, der einen Anstrich an die Wand knallen kann.

Werkmeister: Was ist mit dem kleinen Billy ...?

Vorarbeiter: Nö, der hat eben angefangen, zwischen zwei Farben seine Pinsel zu reinigen. Der is doch schon ein Kunsthandwerker.

Werkmeister: Na schön, bleibt nur noch Harry. Bei dem läuft nichts mehr, seit ihn die alte Schachtel im Bungalow rausgeschmissen hat, weil er ihr den Teppich angemalt und die Farben in ihrer Teekanne gemischt hat.

So kam ich zu Harry und der schlechtesten Malerarbeit seit Menschengedenken. Er war ein Ein-Pinsel-Mann: ein einziger Pinsel für den ersten Anstrich, den zweiten, den Lack, die Emulsion, die Wände, die Fenster, innen und außen. Da er zwischen diesen Operationen seinen Pinsel nie reinigte, («ich habe gerne Pinsel mit Patina»), entstanden ein paar äußerst unorthodoxe Farbmischungen und Maserungen. Er hatte auch den Grundsatz, man müsse «die Dinge so lassen, wie sie die Natur gewollt hat», und so präparierte er das Holz vor dem Anstreichen nicht. Das Resultat war, daß Harz durch die Astlöcher auf die neue Farbe sickerte. Als ich ihn fragte, warum er die Astlöcher nicht behandelt habe, sagte er: «Na, ein Ast ist kein Loch, ein Loch ist kein Ast — was soll ich da behandeln?» Was soll man da noch sagen? Wirklich überspannt war der Bogen, als ich auf dem Fenstersims in der Küche drei merkwürdige Höcker untersuchte und entdeckte, daß er über zwei Mücken und einen Marienkäfer hinweggemalt hatte. «Ich habe es nicht übers Herz gebracht, sie zu stören», sagte er scheinheilig, als ich ihn zur Rede stellte. Ich schmiß ihn hinaus und malte selbst fertig.

Das Leben im Wohnwagen war nicht gerade eine Lustpartie gewesen. Jeder Tag hatte eine Anzahl von Problemen gebracht, mit denen ich leben lernte, wenn ich sie nicht lösen konnte. Schließlich war das alles provisorisch: Wohnte ich einmal im Haus, würden alle diese Probleme verschwinden. Was auch geschah — aber nur, um von einer ganzen Menge neuer, haus-bezogener Probleme abgelöst zu werden. Als ich meinen Freunden in London zum erstenmal sagte, ich wolle aufs Land ziehen, taten sie alles mögliche, mich davon abzubringen. Sie zählten alle negativen Aspekte des Landlebens auf: Schlamm, Abgeschiedenheit, die bitterkalten Winter, keine Infrastrukturen, Wanzen. Nichts konnte mich

18

abhalten. Hätten sie jedoch «Sickergrube» gesagt, hätte ich es mir vielleicht noch einmal überlegt. Als Stadtbewohner beschäftigten mich die sogenannten «Abwässer» wenig — man zog am Griff, und das war's. Jetzt war ich zum erstenmal mit den Einzelheiten der ganzen Angelegenheit konfrontiert, und das gefiel mir nicht besonders. Um es beim Namen zu nennen: Wenn ich am Griff zog, geschah nicht viel. Manche Probleme lassen sich mit dem Leitspruch lösen: «Nur nicht beachten, dann geht es von selbst weg», doch das war eindeutig keines von denen. Ich rief die Gemeinde an und sagte, ich hätte Probleme mit meiner Sickergrube. «Wir schicken jemanden vorbei, der sich der Sache annehmen wird», versprachen sie, was mir eine besonders glückliche Wortwahl schien. Pflichtschuldig tauchte ein Beamter auf und goß irgendeine purpurrote Flüssigkeit in den Behälter. Nachdem wir das WC gespült hatten, schauten wir gebannt zu, wie ein purpurroter Fleck am Boden erschien und sich schnell über die Böschung hinunter ins nächste Feld ausbreitete, wo er als grellfarbige Pfütze liegenblieb. «Sie haben ganz recht», sprach der Experte für Abwässer mit großem Scharfsinn, «es sickert heraus.» Er diagnostizierte eine durch die Jahre bedingte Ansammlung von Schlick und sagte, er würde jemanden vorbeischicken, der den Behälter leeren sollte.

Zwei Tage später ratterte ein riesiger Tankwagen den Weg herauf, und ihm entstieg Mr. Schlick. Alles an ihm war schlickfarben: seine Haare, seine Kleider, sogar sein Gesicht. Der

einzige Mißton waren seine Hände: von einem
Paar schockrosa Gummihandschuhen umhüllt,
gaben sie dem Gesamtbild eine Aura vulgärer
Eleganz. Mr. Schlick selbst war eine reine
Freude: verliebt ins Leben, in sich selbst und,
ganz besonders, in seine Arbeit. Das Abwasser
hatte er im Blut und war mit ihm auf du und du,
wobei er immer von «ihr» sprach, was ich ihm,
wäre ich feministischer angehaucht, hätte übelnehmen können. Doch war er von seiner Arbeit
so hingerissen, daß ich es als Kompliment an
mein Geschlecht nahm. Ich ließ ihn freudig suh-
len und ging hinein, um die Kanne aufzusetzen.
«Kommen Sie herein, wenn Sie Ihren Tee möchten», sagte ich. Nach einer halben Stunde ging
ich nachschauen: Er schaute eben verzückt zu,
wie die letzten Schlickreste davongurgelten.
«Der Tee ist fertig», sagte ich.

Er wandte mir ein ergriffenes Gesicht zu. «Da
geht sie», hauchte er andächtig. «Mag es das
Letzte von ihr sein.» Und mit einem Seufzer tiefer Befriedigung begann er sein Werkzeug weg-
zupacken.

Im Haus zeigte ich ihm den Weg zum Bad, damit er die Hände waschen konnte.

«Oh, nicht nötig, meine Liebe. Deshalb trage
ich die Handschuhe, damit meine Hände sauber
bleiben.»

Und unglaublich: Er fiel über Tee und Kuchen
her, ohne die Handschuhe auszuziehen. Was ich
auch tat, ich konnte meinen Blick nicht von den
hellrosa Würsten an seinen Vorderarmen abwen-
den. Wie die Mutter, die ihr Kind mahnt, die

überdimensionierte Nase des Vikars nicht zu er-
wähnen, wenn er zum Tee kommt, und sich dann
selbst dabei ertappt, wie sie den Gast fragt:
«Trinken Sie Ihre Nase mit Milch und Zucker?»
— so hörte ich mich zu meinem Entsetzen sagen:
«Versuchen Sie doch einen von diesen rosa
Handschuhen. Ich habe sie selbst gebacken.»
Dabei war die Konversation so schon schwierig
genug. Alles, was ich sagte, wurde mit einem wis-
senden Zwinkern, einem Finger an der Nase und
einem rustikalen Reim beantwortet. «Ich frage
mich, ob das Wetter trocken bleibt», sagte ich
beiläufig.

«Ist der Mond am Schwinden, wirst du Regen
finden», gab er zurück.

«Bläst ziemlich heute», sagte ich hoffnungsvoll.

«Wenn die bösen Ostwinde pusten, müssen
alle Leute husten.» Und dann, um alle Möglichkeiten abzudecken: «Wenn aus dem Westen
kommt der Wind, zieht man die Mäntel an ge-
schwind.» Westen? Husten? War das die Sprache unserer ländlichen Vorfahren? Mein Verdacht, daß er ein Schwindler war, wurde bestärkt
durch seine feierliche Versicherung: «Ruft der
Kuckuck in der Nacht, wird bei Sonne aufge-
wacht.»

«Ich habe noch nie einen Kuckuck in der
Nacht gehört», protestierte ich.

«Ich auch nicht, meine Süße, aber es klingt so
gut.»

«Sie alter Betrüger», schrie ich. «Sie machen
sie selbst!»

21

«Natürlich», sagte er, «ich bin ein Dichter.»
Er trank seinen Tee aus, wischte seine rosabe-
handschuhten Finger delikat an einem schwarz-
braunen Fetzen ab und ging dann zur Tür.

«Bis etwa in einem halben Jahr», rief ich ihm
nach.

«Warten Sie nicht länger», warnte er. «Sicker-
gruben muß man öfter leeren, sonst kann man
sich nicht gegen Dämpfe wehren.» Das war ein
toller Abgang!

ZWEITES KAPITEL

Bald nachdem ich ins Haus gezogen war, kam der erste Notfall. Alec von der Farm jenseits des Feldes erschien auf der Schwelle, voller Blut, und zuerst dachte ich, er sei der Patient. Doch dann sah ich das blutige Federbüschel in seiner Hand. Alec legte es auf den Küchentisch, und nachdem ich den Vogel, so gut es ging, vom Blut gesäubert hatte, kam ein männlicher Turmfalke zum Vorschein. Das sind wunderbare Vögel, die manchmal in der Luft stillzustehen scheinen und den Gesetzen der Schwerkraft mit einer Leichtigkeit trotzen, die mich immer wieder verblüfft. Was für eine Freude, sie zu beobachten, wie sie durch die Luft segeln, über ihrer Beute schweben und dann auf sie hinunterstoßen. Leider werden sie selbst, wenn sie so schweben, zur leichten Beute für die Art von Idioten, die auf alles schießen, was sich bewegt, und noch auf einiges mehr. Und da ihr «Sportsgeist» meist dort aufhört, wo sie nachschauen sollten, ob ihr Opfer auch wirklich tot ist, sterben allzuoft verwundete Turmfalken eines langsamen und qualvollen Todes. Diesem hier räumte ich nicht besonders gute Überlebenschancen ein. Wenn er nicht seinen Verletzungen erlag, dann wahrscheinlich dem Schock. Und hat ein Wildvogel einmal beschlossen zu sterben, kann man sehr wenig tun, um ihn zu retten. Mir blieb nur, ihn gegen den Schock zu behandeln und dafür zu sorgen, daß er wenigstens in Ruhe sterben konnte. Es hatte keinen Sinn, sich jetzt mit seinen Verletzungen abzugeben. Waren sie schwerwiegend, würde er sowieso nicht überleben. Waren sie eher geringfügig, hatte es Zeit, bis er den Schock hinter sich hatte. Jetzt brauchte er zuerst Wärme, Ruhe und Dunkelheit. Dank einer guten Eingebung hatte ich an einer der Auktionen einen Tellerwärmer gekauft, aber da ich eine mäßig begabte Hausfrau bin, hatte er bis dahin an keiner meiner Gesellschaften figuriert und würde es wohl auch nie tun. Als Bettwärmer für kranke Vögel hingegen war er großartig. Ich steckte den Turmfalken in eine mit Heu ausgelegte Schachtel, die Schachtel stellte ich auf zwei Ziegelsteine über den Tellerwärmer und den ganzen Aufbau im Studio in den Schrank. Jetzt konnte ich nur noch warten und hoffen.

Am nächsten Morgen öffnete ich den Schrank und sah hocherfreut, daß der Turmfalke nicht nur lebte, sondern auch ganz munter dreinschaute. Er hüpfte auf den Schachtelrand und starrte mich mit Basilisk-Augen an, worauf ich ihn gleich Basil taufte. «Wie ich sehe, hast du dich zum Leben entschlossen», sagte ich im Konversationston. «Jetzt wollen wir uns deine Verletzungen vornehmen.» Ein Blick auf seinen nutzlos herabhängenden, blutverkrusteten Flügel (wobei das Blut wohl auch von Alec war — Turmfalken haben scharfe Krallen und einen Raubvogelschnabel), und es war klar, daß da ein

24

Fachmann vonnöten war. Sehr zu seinem Unmut steckte ich Basil in die Schachtel zurück und fuhr mit ihm zum Tierarzt. Die Kugel hatte den Flügel durchbohrt und ihn schwer beschädigt, und Mr. Partridge hielt es für unwahrscheinlich, daß er je richtig verheilen würde. Das allerdings war eine schlechte Nachricht. Schon für einen gesunden Vogel ist der Kampf ums Überleben ganz schön hart. Ein behinderter Vogel aber hat gar keine Chance. «Armer Basil», sagte ich, «sieht aus, als müßten wir zusammenbleiben.» Mir schien, als würde in seinen Knopfaugen Entsetzen aufblitzen. «Aber schau es doch von der guten Seite an», fuhr ich fort. «Jetzt, wo wir wissen, daß du für die Freiheit nie stark genug sein wirst, brauchen wir nicht aufzupassen, daß dir *der* Feind nicht zu nahe kommt. Wir können Freunde sein.» Dieses Mal war Irrtum ausgeschlossen: Er war entsetzt. Natürlich dachte ich keinen Augenblick wirklich daran, wir könnten Freunde werden, aber da er sich nie mehr mit der Außenwelt herumschlagen mußte, konnte ich zumindest versuchen, irgendeine Beziehung mit ihm aufzubauen. Was ich nie tun würde mit einem Vogel, der wieder freigelassen werden soll. Denn ein Tier, das nicht mehr instinktiv Angst vor dem Menschen hat, ist sowieso verloren.

Ich setzte Basil in der Ecke neben dem Kamin auf eine Stange — weit außer Reichweite der Katzen. Von ihnen erwartete ich nicht viele Probleme, denn Tapferkeit ist nicht ihre Stärke. Sie warfen einen Blick auf Basils Raubvogelschnabel und fanden einhellig, sie hätten anderes zu tun. Danach ignorierten sie ihn völlig. Zu meiner Überraschung gewöhnte sich Basil ans häusliche Leben, als hätte er nie etwas anderes gekannt, und entpuppte sich bald als ein richtiger Charakter. Seine große Liebe war das Fernsehen. Er war davon völlig in Bann gezogen und sah sich verzückt den allerletzten Quatsch an, im Takt zur Handlung nickend. Er war völlig unkritisch — mit einer Ausnahme: Fußball. Das konnte er nicht ausstehen. Sobald Fußball auf dem Programm war, flatterte er herunter, trippelte entschlossen zum Apparat und hackte schrill kreischend und systematisch alle Spieler zu Tode. Da ich selbst Fußball kaum weniger langweilig finde als zuzuschauen, wie Farbe trocknet, mußte ich seinen Geschmack bewundern.

Basil konnte zwar nicht fliegen, aber ein wenig herumflattern, und er arrangierte sich bald mit seiner Behinderung. Er machte nie einen Abstecher, ohne im voraus seine Route bis in die kleinste Einzelheit festzulegen. Schon seinen Kopfbewegungen konnte ich ansehen, auf welchem Weg er wohin wollte. Dann war er startbereit: von der Stange zum Sofa, Nicken (alles war von energischem Nicken begleitet), vom Sofa zur Anrichte, von der Anrichte zum Tisch, vom Tisch zum Fenstersims — na, wie haben wir das gemacht? Vom Erfolg berauscht, überblickte er das Zimmer und begann dann sofort, die Rückreise zu planen: Fenstersims — Tisch — Anrichte — Sofa, dann — oh, verflucht! Er schaut zu seiner Stange hinauf, dann flehentlich zu mir, dann wieder zur Stange. Der will mir etwas sagen. Ich strecke meinen Arm aus, er hüpft darauf und von dort auf seine Stange. Schnelles dreifaches Nicken als Dank, dann macht er sich ans Putzen. Zehn Minuten später ist jede einzelne Feder in vollkommener Ordnung und er wieder für seine große Tour bereit. Das geht den ganzen Abend so, und wenn ich zufällig nicht dabei bin, sitzt er auf dem Sofa und kreischt, bis ich komme. Zuerst trug ich immer Handschuhe, wenn ich ihn anfaßte, bis ich merkte, daß das nicht nötig war. Er krallte sich nur so fest an meinen Arm, daß er nicht hinunterfiel, aber nie so stark, daß es wehtat.

Ein Problem war das Füttern. Raubvögel müssen Haare oder Federn in ihrem Futter haben, damit sie es verdauen können. Draußen bekommen sie das von den Mäusen, Hamstern und anderen Nagetieren und Vögeln, die sie jagen. Ein Wohnzimmer hingegen ist nicht gerade die natürliche Umgebung für einen Raubvogel, und so haperte es etwas mit der Beute. Von den Katzen hätte man umsonst erwartet, daß sie regelmäßig Turmfalken-Futter beschafften. Flossie war die einzige, die jagte, und sie rückte bestimmt nichts raus. Deshalb begann ich selbst kleine Tiere zu erschaffen — Mutter Natur möge verzeihen. Ein Stück Rindfleisch mit Hühnerfedern wurde zu einem Vogel, der Brehm hätte erblassen lassen. Mein Meisterwerk — mit Verlaub — war aber falsche Maus (oder Mousse). Das war ein liebevoll zu Mausform gedrücktes, mit Eselshaaren garniertes Stück Fleisch. Ein paar von Simons langen, struppigen Haaren wurden zu einem

27

Mausschwanz gedreht und setzten dem Ganzen die Krone auf.

Basil beäugte diese Gaben eine Weile verstimmt, nahm dann eine auf und inspizierte sie eingehend aus jedem Winkel. Dann starrte er mich lange und bedeutungsvoll an, was deutlich hieß: «Das ist keine Maus. Du weißt, daß es keine Maus ist, und ich weiß, daß es keine Maus ist.»

«O.K.», sagte ich, «dann ist's eben keine Maus. Aber Futter ist es noch immer. Und überhaupt ist es besser als eine Maus: Es hat keine Knochen.» Darum gehe es nicht, gab er mir zu verstehen, er wisse sehr wohl, daß es sich bei dieser Mißbildung um Futter handle, und er habe in der Tat die Absicht, es zu essen, wenn es dann soweit sei. Nur möge ich nicht denken, ich hätte ihn hereingelegt. Danach machte ich mir nicht mehr die Mühe, sein Futter zu Mäusen und ähnlichem aufzudonnern. Ich gab ihm einfach formlose, in Federn und Haare gewickelte Fleischklumpen, und da Basil seiner Ehre Genüge getan hatte, schlang er alles begeistert hinunter. Auf eine Art war's traurig. Da hatte ich bei mir ungeahnte Schöpferkräfte entdeckt, und nun wurden sie im Keim erstickt.

Mit Raubvögeln hatte ich bis dahin in meinem Leben kaum zu tun gehabt, und so wußte ich bedenklich wenig über sie. Ich las alles Vorhandene über Turmfalken, aber es bezog sich immer auf ihr Leben in der Wildnis und nützte mir herzlich wenig. Ich wollte wissen, wie man einen solchen Vogel zu Hause hält. Also pilgerte ich zwölf

Meilen zu einer Vogelwarte, zwecks Rat aus erster Hand. Den bekam ich auch und dazu eine Pappschachtel mit einer kranken Möwe. Gilbert — wie ich ihn nannte — litt an Fleischvergiftung, was Möwen oft widerfährt. Er war auf dem Weg zur Genesung, brauchte aber noch etwas Pflege, bevor man ihn loslassen konnte. Da das bald geschehen würde, durfte er kein Hausgast sein. Ich richtete ihm in der Scheune ein Lager ein und ließ ihn, außer beim Füttern und Saubermachen, strikt alleine. Das fiel mir auch nicht schwer, denn er war kein liebenswürdiger Vogel. Er dachte, ich sei an allen seinen Problemen schuld, und da er nicht viel anderes anfangen konnte, verbrachte er seine Zeit damit, auf Rache zu sinnen. Er legte sich auf die Lauer, und wenn ich sein Futter brachte, stürzte er sich auf meine Hand. Er hätte zwar alles vertilgt, aber in diesem Fall wählte er immer meine Finger. Er war zehn mühevolle Tage bei mir, und als er begann, mir ins Gesicht zu fliegen, dachte ich: Na schön, Bürschchen. Wenn du für solchen Unsinn fit genug bist, bist du auch fit genug zu gehen. Früh am nächsten Morgen gab ich ihm ein riesiges Frühstück, um ihn für den Tag zu stärken, öffnete die Scheunentür und trat zurück — gerade rechtzeitig. Er zischte an mir vorbei, fächerte mir noch einen Flügel ins Gesicht und schwang sich ohne einen Blick zurück, geschweige denn ein Dankeswort, über die Hecke und war verschwunden. Ich schaute ihm mit gemischten Gefühlen nach: erfreut über seine Genesung, erleichtert, daß meine Finger nicht mehr zerfleischt

29

würden, und besorgt über sein Wohlergehen. Und überraschenderweise fehlte er mir — irgendwie auf masochistische Art.

Inzwischen hatte sich Basil sehr gut eingelebt und dem Haushalt angepaßt. Dank Kompromissen beiderseits begann sich ein annehmbarer Lebensstil zu entwickeln: für ihn maximale Freiheit und Unabhängigkeit, für mich minimale Scherereien. Das einzige, was wir nicht genau ins Auge gefaßt hatten, war das Problem der Schlafenszeit. Ich fand, er solle bei Sonnenuntergang schlafen gehen, wie er das draußen tun würde. Er fand das nicht. Basil führte schließlich ein häusliches Leben und wollte zur häuslichen Zeit ins Bett, d. h. wenn der Kasten Sendeschluß hatte. Jeden Abend führten wir die gleiche Pantomime auf. «Komm, Basil, Zeit zum Schlafengehen.» Er ist entsetzt, vergißt seine Grenzen, startet von seiner Stange und fällt wie ein Sack zu Boden. Da ich nie eine traditionsreiche britische Eliteschule besucht habe, kann mich auch keine «Fair-Play» Moral davon abhalten, meinen Willen durchzusetzen, und so habe ich keine Bedenken, seine momentane Schwäche auszunützen und ihn zu packen. Er entschlüpft mir, marschiert zum Fenster und klettert den Vorhang hinauf. Von der Vorhangstange kreischt er mir Obszönitäten zu. Ich greife nach ihm, er läuft seitwärts wie eine Krabbe ans andere Stangenende. Mit diesem Hin und Her verbringen wir die nächsten fünf Minuten. Bis er genug hat und mir auf die Schulter hüpft: O.K., wir haben unseren kleinen Spaß gehabt, gehen wir. Völlig ausgepumpt trage ich ihn hinauf, öffne die Studiotür, er springt hinunter und hüpft in den offenen Käfig hinein. Wieder eine Schlafenszeit-Pantomime vorbei.

Ich machte mir natürlich nicht vor, daß Basils Benehmen und Temperament typisch für einen Turmfalken waren. Von all den Tieren, mit denen ich je zu tun hatte, habe ich gelernt, daß sie Individuen sind. Basil war eben noch individueller als andere — ein Sonderfall genau wie Puh, mein heißgeliebtes, tief betrauertes Frettchen. Wenn ich noch Beweise brauchte für Puhs Besonderheit, so erhielt ich sie zur Genüge ein paar Wochen nach seinem Ableben. Zwei Burschen kreuzten an meiner Tür auf, mit einer abgenützten Holzschachtel in der Hand. «Wir haben gehört, Ihr Frettchen sei gestorben, und da haben wir Ihnen ein anderes gebracht.» Ach herrje! Ich wollte kein Frettchen mehr, denn einen zweiten Puh konnte es sowieso nicht geben. Das neue würde man wohl wie ein richtiges Frettchen behandeln müssen, von Hühnern und Enten fernhalten und für den Rest seines Lebens in einen Käfig sperren. Ich hasse es, ein robustes, gesundes Wesen lebenslänglich einzukerkern. Andererseits konnte ich diese großzügige und aufmerksame Geste der Jungs nicht zurückweisen. «Das ist sehr nett von euch», sagte ich und nahm ihnen die Schachtel ab. «Vielen Dank.»

«Macht zwei Pfund», sagte der Ältere. «Einsfünfzig fürs Frettchen und fünfzig Pence für die Schachtel.»

Ihr geriebenen kleinen Kerle, dachte ich, während ich in meinem Geldbeutel wühlte. Ihr halst mir nicht nur einen Derwisch auf, sondern nehmt mir auch noch zwei Pfund dafür ab.

Ich polsterte ein umfunktioniertes Regal mit Heu, legte Futter und Wasser hinein, zog dicke Handschuhe an und nahm das Frettchen aus der Schachtel. Die Handschuhe erwiesen sich als rein kosmetisch. Es warf mir einen giftsprühenden Blick zu, grub dann seine Zähne in meinen Daumen und blieb so hängen. Blut sickerte durch den Handschuh. Ohne seinen Biß zu lokkern, begann das Biest, es aufzulecken. Ihr Götter, dachte ich, da habe ich ja einen Vampir. Ich packte es mit der freien Hand am Schwanz und zog daran, bis es losließ, dann schob ich es ohne viel Umschweife in sein neues Zuhause. Während ich meinen verwundeten Daumen pflegte, kochte ich vor Wut über die zwei Rotznasen, die mich so übertölpelt hatten, und über mich selbst, daß ich es zugelassen hatte. Am nächsten Tag war ich soweit abgekühlt, daß ich die Situation ruhig überdenken konnte. Ich war unfair dem Frettchen gegenüber. Es befand sich in einer fremden Umgebung und bei jemandem, den es nicht kannte und dem zu trauen es also keinen Grund hatte. Sein Benehmen war völlig normal — für ein normales Frettchen. Es war unrealistisch, den Neuling mit Puh zu vergleichen, der nach Frettchen-Maßstab alles andere als normal gewesen war. Mit Geduld, Liebe und Fürsorge könnte ich es vielleicht soweit bringen, mir zu vertrauen. Natürlich würde nie ein Puh aus ihm, aber das war nicht sein Fehler.

Reuegeplagt und von hochherzigen Entschlüs-

sen überflutet ging ich hinaus, um mit dem Neuankömmling Frieden zu schließen. Ein Blick auf
den leeren Käfig und das frischgenagte Loch
darin — und ich mußte mir sagen, daß mein
Neuankömmling zu einem Neuabkömmling geworden war. Mir schwante Schreckliches, und
ich rannte zu den Vögeln hinüber. Die zwei Brut-
hennen lagen tot im Stall, die Eier verstreut und
zerbrochen. Die anderen Hühner und Henrietta,
die Mischlings-Henne saßen wie festgefroren auf
einem Ast des Apfelbaums, vor Furcht gelähmt.
Ein gedämpftes Quaken führte mich zur
Scheune, wo sich die Enten in einer Ecke anein-
anderdrängten und Horrorgeschichten aus-
tauschten. Wo aber waren Gussie und Griselda,
meine tapferen Wach-Gänse? Und warum hatten
sie den Mörder nicht verjagt? Meine Güte, wenn
sie *mich* das Fürchten lehren konnten, mußten
sie doch auch mit einem Frettchen fertigwerden.
Schließlich fand ich sie in einer Ecke des Esel-
Unterstandes: geduckt vor Angst und über ihnen
schützend mein lieber, sanfter Simon. Ich rief sie,
und sie krochen hervor, so eingeschüchtert, wie
ich sie noch nie gesehen hatte. Das hielt natürlich nicht an. Ein Blick auf mich, und sie entschieden, daß alles meine Schuld war, reckten
den Hals und zischten wie eine ganze Schlangen-
grube. Dann griffen sie an. Ich war nicht darauf
gefaßt, verlor das Gleichgewicht und fiel auf die
Nase. Simon, Gott segne ihn, stellte sich zwischen mich und die Gänse, die, ihres Spaßes beraubt, frustriert schnatternd über die Koppel ab-
zogen. Ich packte Simon am Hals, zog mich hoch

und schnatterte selbst noch etwas vor mich hin. Die anderen drei Esel standen im Halbkreis und beäugten mich interessiert. Phil und Sophie schauten besorgt drein, Humphrey jedoch versuchte nicht zu verbergen, daß er die ganze Angelegenheit ungeheuer lustig fand: Hach, zum Schießen! Mach's noch mal! Ich fauchte ihn an und schämte mich sofort. Wo bleibt dein Humor, fragte ich mich. Suche ihn später, antwortete ich. Jetzt eben muß ich ein flüchtiges Frettchen finden, bevor es den Rest meines Tierbestandes auslöscht. Ich brauchte nicht lange zu suchen: Das Frettchen war zurück in seinem Käfig und leckte sich eifrig und selbstzufrieden das Blut vom Gesicht. Ich verstopfte das Loch und lehnte noch für alle Fälle einen Ziegelstein dagegen. Dann ging ich hinein und griff zum Telefon. Zwanzig Minuten später kam Max, der Mäusefänger, und ich sagte dem Frettchen frohen Herzens Lebewohl.

Deshalb machte ich mir keine Illusionen, daß zukünftige Turmfalken Basil auch nur eine Spur gleichen würden, und ich hatte recht. Ich kann all die Turmfalken, die ich gepflegt habe, gar nicht mehr zählen, und sie waren alle verschieden und keiner wie Basil. Das war auch gut so, denn die meisten sind in die Freiheit zurückgekehrt.

Zwei ständige Mieter bleiben Sid und Liz. Liz war schwer verletzt und mußte sich einen Flügel amputieren lassen. Sid hatte relativ leichte Verletzungen und war in ein paar Wochen wiederhergestellt. Nur gehen wollte er nicht. Ich gab

ihm ein kräftiges Frühstück, öffnete die Gehegetür und sagte: «Fort mit dir.»

Er warf mir einen Perlenblick zu, schmiegte
sich enger an Liz und sagte: «Wer? Ich? Bestimmt nicht.»

«Mach jetzt keine Witze. Ich kann dich nicht
hierbehalten. Dir fehlt nichts.»

«Ich rühre mich nicht von der Stelle. Wenn du
mich loswerden willst, mußt du mich hinauswerfen.»

Ich machte mir nicht vor, Sid wolle meinetwe-
gen bleiben. Es war seine Liebe zu Liz. Liz würde
ihn schrecklich vermissen, aber war das ein
Grund, einen völlig gesunden Vogel in Gefangenschaft zu halten? Es würden sowieso andere
verletzte Turmfalken kommen, um ihr Gesellschaft zu leisten. Und doch fühlte ich mich
hundsgemein und versuchte ihrem Blick auszuweichen, als ich ins Gehege hineinging und einen
höchst empörten Sid packte.

«Jetzt hör mit dem Unsinn auf», sagte ich.
«Draußen gehört dir die ganze weite Welt,
Bäume und Wälder und Hamster und Feld-
mäuse. Du kannst doch nicht den Rest deines
Lebens in Gefangenschaft verbringen wollen.
Daß du Liz so ergeben bist, ehrt dich, aber die
Welt ist voller Turmfalken-Damen.» Er sah
schockiert aus und gab mir deutlich zu verstehen,
daß Promiskuität für Menschen wohl recht sein
mag, was aber ihn betreffe, sei das gar nicht nach
seinem Geschmack. «Das werden wir sehen»,
sagte ich und nahm ihn übers Feld mit, wo ein
beliebtes Turmfalken-Jagdgebiet ist, und warf

35

ihn sachte in die Luft. Er beschrieb zwei Kreise und zog dann Richtung Wald davon.

Erleichtert, daß die Sache nicht allzu traumatisch abgelaufen war, ging ich zurück, um mit Liz Frieden zu schließen. Oben auf dem Gehege saß, wie verrückt kreischend, ein äußerst verärgerter Sid. «Wo bleibst du? Ich warte seit Ewigkeiten. Los, mach die Tür auf.» Das tat ich, und drinnen war er. Er eilte gleich zu Liz, die ihn mit offenen Flügeln — oder ehrlich mit offenem Flügel — empfing, und erzählte ihr in schrilldurchdringenden Tönen sein kurzes Abenteuer. Liz hörte gespannt und von Zeit zu Zeit teilnahmsvoll nickend zu.

Nach zwei, drei weiteren erfolglosen Anläufen zur Freilassung Sids gab ich auf. Er wußte es wohl selbst am besten. Hin und wieder lasse ich die Gehegetür offen für den Fall, daß er es sich anders überlegt hätte. Dann kommt er manchmal heraus und flattert oben aufs Gehege, wo er fünf Minuten lang einer ehrfürchtigen Liz etwas vorzwitschert, bevor er wieder hineinfliegt. Meistens aber sitzt er nur dort und schaut mich durch die offene Tür an, als wollte er sagen: «Ich will dir ja nichts vorschreiben, aber weißt du, daß du die Tür offengelassen hast?»

Punkto Temperament sind Sid und Liz Welten auseinander. Liz ist eine sanfte, liebenswürdige Dame, die das Leben nimmt, wie es ist, und ihre Behinderung stoisch trägt. Sid hingegen ist ein totaler Macho: stolziert kriegslustig auf seiner Stange hin und her und kreischt jedem Fremden, der tollkühn genug ist, auf Rufweite zu kommen,

Obszönitäten entgegen. Wenn ich ihnen das Futter bringe, wird er ganz wild vor Aufregung, hüpft auf und ab und nickt freudig. Ich füttere immer Liz zuerst, aber sie nimmt nie einen Bissen, bevor Sid nicht beide Mahlzeiten inspiziert und entschieden hat, welche er will. Manchmal entscheidet er, daß er beide will, und Liz, die nie etwas von der Frauenbewegung (Abteilung Turmfalken) gehört hat, sitzt ruhig daneben und läßt ihn gewähren. Zuerst brachte mich dieses abscheuliche Benehmen in Rage, bis ich merkte, daß Sid in einem Geheimversteck Futter aufhäufte und — wenn er sich unbeobachtet fühlte — Liz mit erlesenen Bissen fütterte.

Je mehr Vögel kamen, um so größer wurden auch die Fütterungsprobleme. Es ging ja noch an, Fleischstücke in Pelz und Federn zu verkleiden, solange ich nur Basil zu versorgen hatte. Auf breiterer Basis aber war es ziemlich unpraktisch. Abgesehen vom Zeitaufwand für das Federn und Behaaren eines jeden Bissens war auch das Angebot an entsprechendem Material beschränkt. Seit nämlich der erste Esel hier angekommen ist, besteht mit den freilebenden Vögeln ein stillschweigendes Abkommen, wonach die ausgekämmten Haare ihnen gehören. Im Frühling gibt es wohl kein Nest in der Gegend, das nicht mit Eselshaaren ausgelegt ist. Sie waren deshalb zutiefst empört, als ich die Haare für meine Raubvögel einzusammeln begann. «Dieb», zwitscherten sie. «Nesträuber! Babyquäler!» Ich fühlte mich gräßlich. Und ich ertappte mich dabei, daß ich an keinem Huhn vorbeigehen konnte, ohne es prüfend zu mustern und nach Federn zu suchen, die vielleicht lose herabhingen. Die Hühner begannen schon an Verfolgungswahn zu leiden, preßten sich gewissermaßen die Federn an den Busen und schrien «Vergewaltigung!», wenn ich in Sicht kam. Als ich hörte, eine örtliche Brutanstalt habe tiefgefrorene Eintags-Küken, schien das die Lösung aller meiner Probleme. Na ja, eines Problems. Da blieb nämlich immer noch das Problem, wie ich diese Küken an meine Gäste verfüttern sollte. Was für ein Ungeheuer war ich! Mit meinen eigenen flauschigen Küken stellte ich mich derart zimperlich an, während ich gleichzeitig ihre weniger glücklichen Geschwister an die Raubvögel verfütterte . . . Ich setzte mich hin und dachte objektiv darüber nach. Diese Brutanstalt-Küken waren so oder so tot, ob ich sie jetzt verfütterte oder nicht. Wenigstens wurden sie so zu einem wichtigen Glied in der Ernährungskette. Ich war nicht ganz überzeugt. Mein Kopf wußte, daß es vernünftig war, aber die ganze Angelegenheit machte mich krank. Noch heute kann ich diesen armen kleinen Küken nicht ins gefrorene Auge blicken.

«Ich nehme an, Sie sind Vegetarierin», sagt man zu mir und ist erstaunt, wenn ich nein sage. Ich verstehe das — ich selbst habe das Gefühl, ich sollte Vegetarierin sein. Aber da müßte ich immer noch Fisch und Fleisch an die Fleischfresser füttern. Was hätte es also für einen Sinn. Doch habe ich bemerkt, daß meine Eßgewohnheiten von den Tieren bestimmt werden. Huhn

38

ist out. Ich kann keinen Hühnerschenkel sehen, ohne ein Bild von meinen auf einem Bein humpelnden Hühnern heraufzubeschwören. Gebratene Ente erinnert mich sogleich an gebratenen Quaggy, und Lammkoteletten bedeuten Jason-Koteletten, worauf mir augenblicklich der Appetit vergeht. Und auch wenn ich nicht behaupten kann, Percy und ich hätten uns sehr geliebt, bringe ich es nicht über mich, Perlhuhn zu essen.

Ich weiß, daß die Wissenschaft sagt, Tiere hätten keine Gefühle, zumindest nicht in der Art der Menschen, und das mag sein. Doch bis zum Gegenbeweis behaupte ich, daß Tiere auf ihre Art Trauer, Freude, Wut, Angst, Liebe und noch andere sogenannt menschliche Gefühle haben können. Wobei wir Tiernarren oft tatsächlich übertreiben, um unsere Lieblinge ja nicht zu verletzen: Wir bekommen lieber Krämpfe, als daß wir die Katze vom Schoß stoßen, wir entschuldigen uns überschwenglich, wenn wir ihr zufällig auf die Pfote getreten sind, wir bedanken uns, wenn sie uns stolz eine Maus bringt — obwohl wir am liebsten schreien würden: «Fort mit diesem abstoßenden Ding!»

Als ich im Wohnwagen hauste, gab mir eine Freundin ein abgeschabtes, altes Ziegenfell, das sie fortwerfen wollte. Da ich nicht jemand bin, der aus Stolz ein Gratisangebot ablehnt, und obwohl ich diesen Gebrauch von Tierfellen für obszön halte — was aber die Ziege nicht wieder zum Leben erweckt hätte —, nahm ich das Geschenk an. Doch als die Ziege Barney zum Haushalt stieß, wurde mir das Fell zuwider. Es hätte ja

39

Barneys Mama sein können. Ich zitterte davor, daß er es sehen und fürs Leben ein Trauma bekommen könnte. Deshalb rollte ich es ein und steckte es in eine Plastiktüte, um es dann zum Abfall zu werfen. Zerschmettert sah ich fünf Minuten später, daß Barney die Tüte aufgerissen hatte und sich am Fell gütlich tat.

DRITTES KAPITEL

Als ich erwachte, war die Welt weiß: Schnee. Und mit dem Schnee kamen die Verwehungen auf dem Weg, die mich vom Rest der Welt abschnitten. Doch es war mein dritter Winter auf dem Land, und ich hatte ein paar Dinge gelernt. Die Tiefkühler in der Scheune waren vollgepackt mit Eßwaren, und zum ersten Mal war ich in meinem schönen, warmen Häuschen bequem eingenistet. «Soll es doch schneien», sagte ich egoistisch. «Wen kümmert's?» — Mich kümmerte es, um es genau zu sagen. Denn je gemütlicher ich es hatte, um so mehr machte ich mir Sorgen um die Geschöpfe, die in der gefrorenen Einöde ums Überleben kämpften. Mit den freilebenden Vögeln war alles in Ordnung: Ich hatte in allen Himmelsrichtungen einen Cafeteria-Dienst aufgemacht («Wir schließen nie»), wozu mir ein freundlicher Bäcker in der Nachbarschaft all sein unverkauftes Brot gab und ich Erdnüsse und Mais beisteuerte. Sorgen machte ich mir um die Säugetiere, die keinen Winterschlaf halten.

Eines Morgens bemerkte ich beim Eselfüttern Spuren kreuz und quer über die Koppel. Wie ich sie verfolgte, hatte ich das unheimliche Gefühl, beobachtet zu werden. Der Schnee dämpfte jedes Geräusch, und die intensive Stille machte alles noch unheimlicher. Ich blickte mich um und nahm eine Bewegung unter der Hecke wahr. Gänsehaut überlief mich. Ich schlich langsam näher. Dort, unter einem Busch, duckte sich eine graue Füchsin. Ausgemergelt und zitternd, wie sie war, versuchte sie nicht zu fliehen, als sie mich sah. Ich war entsetzt über ihr Aussehen: Sie schien seit Wochen nicht gefressen zu haben. Und je schwächer sie wurde, um so weniger konnte sie jagen. Ein Teufelskreis.

Ich raste zurück und riß Leber aus dem Tiefkühler der Tiere. Aber es würde eine Ewigkeit brauchen, bis sie aufgetaut war. Also öffnete ich zwei Büchsen Katzenfutter — was die Katzen sowieso nicht fressen — und rannte auf die Koppel zurück. Die Füchsin war noch dort. Ich ging so nahe wie möglich heran und kippte die zwei Büchsen auf den Boden. Ihre Nase zuckte, sie stand mit wackligen Beinen auf. Ein paar schnelle Happen, und das Futter war weg. Mit einem Seufzer — der Befriedigung, so hoffe ich — schlich sie unter die Hecke zurück und sank zu einem Haufen zusammen. Zurück ins Haus, wo ich wütend mit der Leber hantierte und sie zum Auftauen drängte: «Mach schon, mach schon.»

«Ja, mach schon», echoten die Katzen, die in einem hoffnungsvollen Halbkreis zu meinen Füßen saßen, überzeugt, daß die Leber für sie war.

«Fordert euer Glück nicht heraus. Ihr habt schon gefrühstückt.»

«Ja, das wissen wir, aber wir sind die einzigen, die Leber essen, also muß es für uns sein.»

«Das denkt ihr euch so», sagte ich.

Ich schnitt die Leber in handliche Stücke, denn die Füchsin sah nicht aus, als hätte sie die Kraft, mit etwas Größerem fertigzuwerden, und ging damit hinaus. Ich warf ihr die Stücke einzeln zu, und sie schlang sie hinunter. Die letzten zwei Stücke vergrub sie im Schnee — offenbar war sie satt. Ich fütterte sie am Abend wieder und war froh, daß sie das Futter nicht mehr so gierig hinunterschlang. Am nächsten Morgen war sie fort. Ich folgte ihren Spuren, und als ich etwa drei Meter vom Waldrand entfernt war, tauchte eine schattenhafte Gestalt hinter einem Baum auf und beobachtete mich. Sie sieht schon besser aus, dachte ich zweckoptimistisch. In Tat und Wahrheit sah sie fürchterlich aus, aber immerhin war sie auf den Beinen. «Frühstück aufs Zimmer!» Ich warf ihr das Fleisch zu. Wieder aß sie sich satt, aber dieses Mal vergrub sie das Fleisch nicht, sondern verschwand damit im Wald. Am abend wartete sie schon auf mich, als ich mit dem Futter kam, und auch am nächsten Morgen. Das ging drei Tage so — am vierten kam sie nicht. Ich ließ ihr das Futter am gewohnten Platz zurück, und als ich später nachschauen ging, war es fort. Ob sie es genommen hatte oder ein anderes Tier, ließ sich natürlich nicht sagen. Entweder war die Hilfe zu spät gekommen, oder sie war in ihrer Schwäche ein leichtes Ziel für das Gewehr eines Bauern geworden.

Jetzt, wo ich begonnen hatte, jeden Tag Futter auf die Koppel zu legen, mußte ich damit fortfahren, sonst hätte sich das Tier, das es holen kam, an einem Huhn oder einer Ente schadlos

43

gehalten. Also brachte ich jeden Abend kurz vor Sonnenuntergang Fleisch und Reste hinaus und legte mich neben der Koppel auf die Lauer. Die ersten vier Tage geschah nichts — außer man zähle Frostbeulen, Erfrierungen und eine kräftige Erkältung —, obwohl das Futter am nächsten Morgen immer fort war. Am fünften Tag dann machte ich einen Fuchs aus, der vorsichtig über das Feld nebenan schlich und alle paar Minuten anhielt, um in die Luft zu schnüffeln. Er näherte sich dem Fleisch nicht auf einer geraden Linie, sondern auf einer Art Zick-Zack-Kurs. Ein letzter Rundblick, dann packte er das Fleisch und verschwand in Richtung Wald. Zehn Minuten später war er zurück für eine zweite Portion, dann für eine dritte. Wie er sich eben mit dem letzten Stück davonmachte, tauchte ein Fuchs von der anderen Seite her auf und suchte sich vorsichtig einen Weg zur geleerten Futterablage. Enttäuscht schnüffelte er einen Augenblick am Boden herum und zog dann ebenfalls Richtung Wald ab. Danach streute ich das Fleisch auf der ganzen Koppel aus, und innerhalb von zehn Tagen hatte ich eine regelmäßige Kundschaft von fünf Kostgängern: einen riesigen, hellgelben Fuchsrüden, der genau wie ein Löwe aussah, einen kleineren, dunkelbraunen und zwei rotweiße Füchsinnen. Mein Liebling aber war der kleine, goldweiße, aufgeweckte Kerl, der immer zuerst kam und zuletzt ging und so die besten Happen erwischte.

Nach einer Weile wurden die Füchse mutiger, und ich mußte mich nicht mehr verstecken, wäh-

44

rend sie fraßen. Mit einem vorsichtigen Blick zeigten sie mir, daß sie wußten, daß ich da war. Dann gingen sie auf kürzestem Weg aufs Futter los, packten es und verschwanden damit. Aber keiner kam so nahe wie Klein-Schlau. Jeden Abend stellte ich das Futter näher zu meinem Beobachtungsposten, jeden Abend trabte er herbei, bis er so nahe war, daß ich ihn hätte berühren können. Was ich natürlich nicht tat. Aber sein Vertrauen tat mir gut. Ich hatte nur Angst, meine Nachbarn würden herausfinden, daß ich eine Suppenküche für bedürftige Füchse führte. Eigentlich, so sagte ich mir, sollten sie dankbar sein: Gutgenährte Füchse überfallen keine Hühnerställe, also tat ich ihnen eigentlich einen Gefallen. Fragt sich nur, ob sie das auch so gesehen hätten.

Für die Hausvögel war es der erste Winter, und ich machte mir ein wenig Sorgen, wie sie mit Schnee und Frost fertigwürden. Die Enten und Hühner nahmen es gelassen, doch Gussie und Griselda waren völlig aus dem Häuschen. Nichts macht ihnen mehr Spaß, als herumzunörgeln, und in jenem Winter hatten sie viel Anlaß dazu. Wenn ich hinausging, mußte ich mir jedes Mal einen ganzen Katalog von Klagen anhören, die monoton quäkend und streitsüchtig vorgetragen wurden: «Der Teich ist ganz hart und komisch geworden, wie sollen wir da schwimmen können? Und all das weiße Zeug, das uns an den Füßen wehtut und uns Frostbeulen macht. Und sitzen können wir auch nicht, weil wir uns sonst an den Nieren erkälten. Wir sind sehr unglücklich, und das ist ganz deine Schuld.» Na ja, das war nicht neu. Niemand kümmert sich um meine Frostbeulen und Nieren, dachte ich verdrossen, während ich den Pickel holte und das Eis auf dem Teich aufzubrechen begann — scharf beobachtet von zwei höchst kritischen Gänsen. Ich machte es falsch, ich war zu langsam, warum hatte ich auf dieser Seite angefangen, wenn ich doch ganz genau wußte, daß sie immer von der anderen Seite abstießen . . .? «Ach, haltet doch 's Maul!» Ich war schon ganz schön sauer. Das nächste, was ich merkte, war ein qualvoller Schmerz in meinem Hintern. Meine Beine machten sich selbständig, und ich sauste kopfvoran übers Eis. Zornschnaubend hielt ich meinen schmerzenden Po und schrie: «Wer war das?» Gussie und Griselda standen am Teichrand, amüsierten sich königlich über meine Possen und nickten beifällig. Ich blickte sehnsüchtig zum Pickel und ertappte mich zu meinem Schrecken bei einer gewissen Mordbereitschaft. Ich glaube nicht, daß ich ihnen wirklich an den Kragen gegangen wäre, aber einen Augenblick war die Versuchung groß. Na ja, etwas Gutes hat die Sache, dachte ich: Zum ersten Mal, seit der Schnee da ist, sehen Gussie und Griselda wirklich glücklich aus.

Ein paar Wochen später schlug das Schicksal zu. Griselda, die ihren Schnabel in alles stecken mußte, verfing sich mit dem Kopf im Heunetz der Esel. Sie versuchte verzweifelt, sich zu befreien, und verhedderte sich so nur noch mehr. Gussie kreischte hysterisch, ich rannte hin, aber an ihrem erschlafften Körper sah ich, daß es zu spät war. Gussie raste schreiend und wie besessen im Kreis herum. Als er mich sah, stellte er sich vor Griselda hin und drohte mir mit gestrecktem Hals und ausgebreiteten Flügeln. Und so blieb er den ganzen Tag und hielt seine traurige, einsame und äußerst lautstarke Totenwache. Erst am Abend brachte ich es fertig, ihn ins Gehege zu locken, Griselda aus dem Netz zu entwirren und ihr ein angemessenes Begräbnis zu geben.

In den nächsten Tagen machte mir Gussie das Herz schwer: Er und Griselda waren so sehr eins gewesen, daß er gleichsam einen Teil von sich selbst verloren hatte. Den ganzen Tag saß er an ihrem Sterbeort und wartete. Kam einmal eine Ente in die Nähe, schaute er hoffnungsvoll auf und versank dann wieder in seine Betäubung. Manchmal verließ er seinen Posten, watschelte gedrückt herum und rief sie ohne Unterlaß. Er wollte nicht mehr fressen und — noch beängstigender — mich nicht mehr angreifen. Das war ernst. Es lag nahe, ihm eine neue Partnerin zu beschaffen, nur war ich nicht so sicher, ob das die Lösung war. Manche Wasservögel paaren sich fürs Leben und gehen langsam ein, wenn ihr Partner stirbt. Aber einem so spritzigen Geschöpf wie Gussie durfte das einfach nicht passieren. Außerdem fehlten mir unsere täglichen Scharmützel. Das einzige, was ich für meine Fitneß tat, war im Garten herumgaloppieren, mit einem schnappenden Schnabel einige Zentimeter hinter meinem schnell entweichenden Hin-

47

tern. Und überhaupt war er fürs Witwertum viel zu jung.

Ich ging zu Gussie, um ihm diese Überlegungen mitzuteilen. Er schaute trübe auf, und ich forderte ihn beinahe schon heraus, mich anzugreifen, aber da lief nichts. Er seufzte tief und wandte sich ab. Mir brach es das Herz, ihn so zu sehen, aber ich dachte, im Augenblick sei eine Sympathiebekundung fehl am Platz: Man mußte ihn aus seinem Elend herausprügeln. Ich teilte ihm brüsk mit, es werde jetzt wieder aufwärts gehen mit ihm. Sein treues Angedenken an Griselda ehre ihn, aber das Leben müsse weitergehen. Deshalb werde eine Hochzeit arrangiert, und er möge sich bitte ein wenig zusammenreißen, seine vernachlässigten Federn durchgehen und sich auf die Begegnung mit seiner Braut vorbereiten.

Erst im Haus wurde mir bewußt, daß ich etwas voreilig war und Gussie leichthin Versprechungen machte, obwohl ich gar nicht wußte, ob ich ihm eine Partnerin finden konnte. Aufgrund vergangener Erfahrungen mußte ich auf eine Menge Versprechungen gefaßt sein und auf Geschichten über die Gans, die davongelaufen war, auf tiefes Bedauern, daß ich nicht letzte Woche gekommen war, als sie siebenunddreißig Gänse hatten, und auf fiktive Adressen von inexistenten Leuten, die bestimmt eine Gans zu verkaufen hatten. Das einzige, was dabei nicht herausschauen würde, war eine echte Gans aus Fleisch und Blut. Mit sehr wenigen Hoffnungen rief ich Mr. Newbury an und schilderte ihm meine Probleme.

«Möchten Sie eine kleine Gans oder eine ausgewachsene?» fragte er.

«Oh, eine ausgewachsene.» Eine kleine Gans wagte ich Gussie nicht vorzusetzen, und die Situation war auch zu verzweifelt, als daß wir hätten warten können, bis ein Kleines erwachsen war. Gussie wäre dann möglicherweise nicht mehr unter uns gewesen. In diesem Fall, sagte Mr. Newbury, sei mein Problem gelöst. Er habe genau das richtige — eine schöne Achtzehnmonatige ... «Das ist's», unterbrach ich aufgeregt, «bin schon unterwegs», und warf mich ins Auto. «Und dieses Mal», schwor ich mir, «lasse ich mich von diesem Klugscheißer von Eichelhäher todsicher nicht hereinlegen.»

Ich fuhr in den Hof ein, stieg aus, und bevor der Eichelhäher auch nur hätte papp sagen können, verkündete ich laut und deutlich, daß Mr. Newbury mich erwarte und deshalb bestimmt da sei. Es habe also keinen Wert, mir weiszumachen, er sei nicht da. In der schallenden Stille nach meiner Rede wurde mir bewußt, daß ich nicht alleine war. Mr. Newbury stand ans Tor gelehnt und schaute mir interessiert zu. «Falls Sie zu Ernie sprechen, vergeuden Sie Ihre Worte. Er ist hinter dem Haus und damit beschäftigt, die Klammern von der Wäscheleine zu ziehen.» Da hatte er mich doch wieder hereingelegt.

Mr. Newbury stellte mich Gussies Zukünftiger vor, und meine erste, recht hartherzige Reaktion war: Sie ist viel zu gut für ihn. Denn sie war wirklich betörend. Ich war an Gänse gewöhnt, die nichts anderes ausdrücken konnten als Mißver-

49

gnügen, Abscheu oder reine Bosheit, so daß mich Suzies süßes, wohlwollendes Gesicht völlig umwarf. Sie hatte weiße, gekräuselte Federn mit goldbraunen Spitzen, die ihren ganzen Körper und die Beine fast bis zum Boden umgaben wie ein Unterrock. «Sie ist eine Sebastopol», sagte Mr. Newbury. «Die haben alle gelockte Federn.»

«Was immer sie ist», sagte ich, «toll ist sie.» In diesem Augenblick tauchte eine ältliche Graugans aus der Scheune auf und watschelte steif auf uns zu. Ihr schlaffer Unterbauch schleifte fast dem Boden nach, während sie zu Suzie ging, von der sie mit leisem Wimmern und Kopfanschmiegen begrüßt wurde. Es stellte sich heraus, daß die geriatrische Gans Nachbarn gehört hatte, die sie töten wollten, weil sie keine Eier mehr legte. Mr. Newbury hatte Mitleid mit der liebenswürdigen alten Vogeldame und nahm sie auf, damit sie ihre alten Tage in entspannter Atmosphäre genießen konnte.

Ich war mächtig gerührt. «Also wirklich», sagte ich, «Sie sollten sich schämen. Ein hartgesottener Händler wie Sie — und Pensionäre aufnehmen! Sie sind ja ein alter Softie!»

Er war niedergeschmettert. «Ich weiß», sagte er, «deshalb werde ich nie reich.»

Auch einer, dachte ich. Er sagte, die alte Dame verdiene ihr Futter damit, daß sie verwaiste Babys bemuttere, und an Suzie hänge sie besonders, denn sie habe sie von ganz klein auf erzogen. Ich schaute ihn scharf an: Meinte er etwas damit? Sie würden einander schrecklich fehlen, fuhr er fort. Jetzt war ich sicher: Er meinte etwas. So beiläufig, wie ich konnte, murmelte ich etwas von: wie tragisch, sie trennen zu müssen, was wußte man, wie sie darauf reagieren würden, er möchte mir ja wahrscheinlich nicht beide geben, wäre ja zuviel verlangt . . .

Er strahlte. «Ich habe gehofft, Sie würden es anbieten. Sie würde bestimmt vor Sehnsucht vergehen, wenn man sie hier alleinließe. Ich hole eine Kiste.» Zwei Frauen für Gussie. So ein Glückspilz.

Auf dem ganzen Heimweg grübelte ich und machte mir große Sorgen — wie immer —, ob ich auch das Richtige getan hatte, und zählte mir alles auf, was schiefgehen konnte, plus noch einiges mehr. Die größte Sorge war, daß Gussie die reizende Suzie und Esmé nicht mögen und sie angreifen würde. Die zweitgrößte war, daß er sich in Suzie verlieben und die arme Esmé links liegenlassen würde. Die dritte . . . oh, nein, unaussprechlich.

Gussie schob immer noch treu und einsam Wache, als wir nach Hause kamen. Ich stellte die Kiste neben dem Teich auf den Boden, trat zurück und wartete ab. Ich brauchte nicht lange zu warten, denn die Enten und Hühner kamen sofort angeschwärmt, um zu sehen, was los war. Gussie seinerseits nahm sich nicht einmal die Mühe, aufzuschauen. Nach einer Weile zwängte sich Suzie aus der Kiste und schaute sich um. Dann kam Esmé. Die beiden standen einen Augenblick still, und dann erblickte Suzie Gussie. Mit einem entzückten Schrei galoppierte

sie zu ihm hinüber, Esmé wacklig hinter ihr her
und ich nicht weniger wacklig und ziemlich
ängstlich am Schluß. Ich hob einen Stecken auf
für den Fall, daß Feindseligkeiten ausbrechen
sollten. Suzie bewies meines Erachtens großen
Mut, denn sie ging geradewegs zu Gussie und begann ihm sanft glucksend ihr Leben zu erzählen.
Esmé stand daneben und warf von Zeit zu Zeit
einen Kommentar ein. Nach dem ersten hoffnungsvollen Blick schaute Gussie weg und setzte
seine Betrachtung des Horizonts fort. Suzie
brach deshalb ihren Monolog noch lange nicht
ab, sondern redete weiter, ohne Atem zu schöp-
fen und, soweit ich es beurteilen kann, ohne sich
zu wiederholen. Weiß der Himmel, wie lange das
noch so weitergegangen wäre, wenn nicht nach
etwa fünf Minuten Quaggy, der Stockenterich,
aufgekreuzt wäre. Er hatte jetzt seine Fixierung
auf mich überwunden und zeigte ein gesundes
Interesse an der gefiederten Damenwelt. Leider
war dadurch, daß er sich zu Beginn einem
menschlichen Vogel angehängt hatte, seine Perspektive auf die nicht-menschliche Sorte etwas
verzerrt worden: Er interessierte sich nur für
große Vögel — je größer, desto besser. Da er
selbst sehr klein ist — sogar für eine Stockente
—, ergaben sich bei der Paarung etliche Schwierigkeiten. Es war ihm beinahe unmöglich, seine
Auserwählte zu besteigen, und wenn es ihm gelang, fiel er meistens hinunter, bevor er bei ihr
irgendwelche Eindrücke hinterlassen konnte.
Manchmal merkte seine Dulcinea nicht einmal
etwas von seinen Bemühungen und watschelte

davon, während sich Quaggy wildentschlossen anklammerte wie ein Ertrinkender.

Jede mittelmäßige Ente hätte ihre Grenzen akzeptiert — nicht aber Quaggy. Im Gegenteil: Er war zu Größerem und Besserem entschlossen. Und was war größer als eine Gans? Ich hatte ihn hin und wieder ertappt, wie er Griselda abwägend beäugte und es sogar — wahrscheinlich, wenn sein Liebeswahn über seinen Selbsterhaltungstrieb siegte — ein-, zweimal mit ihr versuchte. Er kam zu gar nichts, dafür sorgte Gussie schon, aber abschrecken ließ er sich nicht so leicht. Und jetzt stand da Suzie, ein so lieblicher Anblick wie selten etwas und dazu noch groß. Er traute seinen Augen nicht. Glücklich quakend kam er angehüpft, flatterte ihr auf den Rücken und packte mit dem Schnabel ihren Hinterkopf. Suzie war völlig baff, hörte mitten im Satz auf und schaute sich brüsk um. Wer nahm sich da solche Freiheiten heraus? In der nächsten Sekunde war die Hölle los. Mit einem Wutschrei war Gussie auf den Füßen und stürzte sich auf Quaggy. Der konnte sich nicht mehr festhalten, fiel von Suzies Rücken und wurde beinahe von Esmé zu Tode getrampelt. Ich warf mich dazwischen, fuchtelte mit dem Stecken — ganz schön tapfer, wenn ich mir das jetzt so überlege —, während ich Quaggy zukreischte, er solle um sein Leben laufen, solange es noch möglich war. Doch Quaggy fand offenbar den Tod ehrenvoller und warf sich hysterisch quakend Gussie entgegen. Ich konnte ihn gerade noch rechtzeitig packen und wegbefördern, bevor ihm Gussie etwas

53

Ernsthaftes antat. Quaggy war wütend. «Ich hätte den Kerl erledigt. Schnell eins auf den Kiefer und eins auf den Kopf, und es wäre aus gewesen mit ihm.»

«Ja, ich weiß. Du hast Mumm, und ich bin stolz auf dich.» Ich setzte ihn in sicherer Distanz auf den Boden und ging nachschauen, was bei den Gänsen lief. Zu meiner Freude stolzierte Gussie in seiner Domäne herum, flankiert von Suzie und Esmé. Gut gemacht, Quaggy, dachte ich. Zumindest hast du Gussie aus dem Busch geklopft. Obwohl sich Quaggy unter Erfolg wahrscheinlich etwas anderes vorgestellt hatte.

VIERTES KAPITEL

An der Heimfront sah alles gut aus. Seit die Katzen willens waren, im Haus zu wohnen, und auf Teppichen und Polstern ihre schmutzigen Pfotenabdrücke hinterließen, begann alles so bequem und bewohnt (na ja, beschmiert) auszusehen, wie ich es gerne mag. Die Erinnerungen an das harte Leben im Wohnwagen verblaßten allmählich, und ich nahm Luxus wie Warmwasser, Licht beim Berühren eines Schalters und Zentralheizung als gegeben hin. Wie ich eines Abends von Katzen bedeckt am Feuer saß, wurde ich von einem merkwürdig klickenden Geräusch aus tiefster Zufriedenheit aufgeschreckt. Die Katzen hatten es auch gehört und waren mit zitternder Nase und zuckenden Schnauzhaaren plötzlich ganz aufmerksam. Mein Gott, dachte ich, Klopfkäfer. Ich schaltete auf die Wellenlänge der Katzen und peilte das Geräusch an — und konnte kaum an mein Glück glauben: eine Grille im Kamin, das Heimchen am Herd! Wenn das kein Klischee ist, dachte ich.

Daß am Haus alles perfekt war, kann ich nicht behaupten. Mit der Zeit hatte ich eine lange Liste von Dingen, «die ich anders machen würde, könnte ich noch einmal anfangen». Meine Freunde hatten zwar meinen Umzug aufs Land mißbilligt, aber sie waren sich einig darüber, daß ich schrecklich Glück hatte, ein Haus praktisch von Grund auf umbauen zu können. «Alles wird genau so, wie du es haben willst», schwärmten sie. «Steckdosen, wo du sie möchtest, und nicht, wo der Bauherr sie hinpflanzt. Anschlüsse für Lampen an vorbestimmten Stellen statt einfach irgendwo. Eine wunderbare Gelegenheit, es genau so zu machen, wie es dir paßt.» Ja, so lange man weiß, was einem paßt und was man brauchen wird. Mangels Phantasie konnte ich mir die öden Räume nicht als Zimmer vorstellen, in denen ich wohnen, kochen und schlafen würde. Eines wußte ich: Ich wollte eine Menge von Anschlüssen. Die bekam ich — alle an Stellen, an die ich nicht rankomme ohne athletische Verrenkungen oder ohne das halbe Zimmer auf den Kopf zu stellen. Und dann beleuchten die Lampen Teile des Zimmers, die niemand, der bei Sinnen ist, beleuchtet haben möchte, während wichtige Teile in Dämmer versinken. Zum Beispiel erstrahlen der Küchenschrank und das Abtropfbrett in heller Beleuchtung, der Herd und das Spülbecken sind in Schatten gehüllt. Und die Wandlampen im Schlafzimmer leuchten den Schrank an, während ich durch trüben Dunst kurzsichtig meine Buchseiten zu entziffern versuche. Doch die Plazierung des Badezimmerlichts verrät schon einen Grad an Unfähigkeit, der an Genialität grenzt. Ich weiß beim besten Willen nicht mehr, warum ich es haarscharf über der Badewanne wollte. Zum Glück fand auch der Elektriker, die Stelle sei unglücklich gewählt (obwohl es verflucht viel einfacher gewesen wäre, er hätte das gesagt, bevor er den Anschluß installierte), und er versetzte das Ding an einen sichereren Platz. Den Draht aber ließ er in der Wand stekken — als ewiges Mahnmal meiner bodenlosen Dummheit. Und wenn ich zufällig die richtige Stelle erwischte, gelang es mir irgendwie, die falsche Lampe zu wählen. Der schöne, fast antike Leuchter von einer Auktion war genau das Richtige für die Eingangshalle — das erste, was der Besucher erblicken würde, wenn er zur Tür hereinkam. Das Ganze gestaltete sich noch dramatischer, als ich gedacht hatte: Beim ersten Türöffnen kam die Lampe gleich mit und zersprang in tausend Scherben.

Auktionen sind zwar großartig, wenn man Dinge zu einem Bruchteil des Preises kaufen will, den sie im Laden kosten, aber sie haben einen großen Haken: keine Gebrauchsanweisung. Die Herd-Einheit, die ich kaufte, war ein absoluter Hit (aus dem Lager eines Händlers, der bankrott gemacht hatte) und der letzte Schrei punkto High Technology. Nur hatte ich keinen blassen Dunst, wie sie funktionierte. Ich war an den gewöhnlichen Herd — vier Knöpfe, vier Herdplatten — gewöhnt. Diese Instrumentenkonsole, die einer Concorde alle Ehre gemacht hätte, machte mich jedoch völlig hilflos. Jetzt, nach Jahren, sind mir einige der Anzeigescheiben und Knöpfe noch immer ein Rätsel. Mit dem Einbau-Backofen hingegen hatte ich etwas mehr Glück: Alle Anweisungen zum Montieren, Gebrauch und Reinigen waren dabei. Allerdings auf spanisch.

Doch das größte Problem war das Wasser, oder besser, die Wasserversorgung. (Als ich meiner Schwester gegenüber erwähnte, ich hätte Probleme mit dem Wasser, sagte sie allen Ernstes: «Es ist dein Alter, Liebes. Warum gehst du nicht zum Arzt?») Der Druck, der schon immer eher ein Rinnsal als einen Wasserfall zutage gefördert hatte, wurde allmählich so schwach, daß es fast eine Stunde brauchte, den Eimer für die Esel zu füllen. Der Druck war sogar für das Meßgerät des Beamten vom Wasserwerk zu schwach. Da aber das Wasser zu meiner Kate von einer benachbarten Farm hergeleitet wird, fiel ich sowieso nicht unter die Oberhoheit der Behörden, sondern galt als Privatversorger und mußte eine Privatfirma rufen. Die Privatfirma kam, drehte an ein paar Hahnen, studierte die Pläne des Wassersystems und diagnostizierte Korrosion des Rohrs, das die Farm mit meinem Haus verband. Da mußte das alte Rohr ersetzt werden — das macht 598 Pfund, vielen Dank. Ein rechter Tiefschlag. Das Haus zu kaufen, umzubauen und — wenn auch mit Second-Hand-Zeug — einzurichten, hatte fast jeden Penny von meinem Ersparten aufgebraucht. Fünfhundertachtundneunzig Pfund hatte ich so wenig wie fünfhundertachtundneunzigtausend. Es blieb mir nichts anderes übrig, als mit dem Rinnsal leben zu lernen und zu beten, daß es nicht eines Tages den Kampf mit dem verrosteten Rohr aufgeben würde.

Noch heute denke ich höchst ungern an die folgenden paar Wochen. Die Esel tranken schneller, als der Eimer voll war, und deshalb mußte ich den Hahn immer offenlassen. Das bedeutete, daß es sonst nirgends mehr Wasser gab. Wollte ich aufs WC oder ein Bad nehmen, mußte ich bei den Eseln lange im voraus abstellen, damit sich der Tank irgendwie füllen konnte. Die Esel waren beleidigt, kippten ihre Eimer um und spielten damit Fußball. Vielleicht war ich jetzt besonders wasserbewußt, aber mir schien, daß die Esel viel mehr tranken als sonst. Ich ertappte mich dabei, daß ich bei ihren Wassereimern herumlungerte und jeden Schluck beaufsichtigte, den sie nahmen. «Es ist doch nicht möglich, daß ihr schon wieder trinken wollt. Ihr habt doch eben erst getrunken.» Vier staunende Gesichter schauten mich an, während ihnen das Wasser vom Kinn tropfte. «Laßt es in den Eimer tropfen», kreischte ich, «nicht auf den Boden!» Besonders ärgerlich an der ganzen Angelegenheit war, daß nach dem Tauwetter Garten, Koppel, jeder Quadratzentimeter ums Haus herum völlig durchweicht war — Wasser überall, außer dort, wo ich es brauchte. Dann traf ich zufällig Mr. Schlick, der mit dem Abwassertank eines Nachbarn herumflirtete. Er winkte mit einer rosa Gummihand und sagte: «Machen die Abwässer Schwierigkeiten, bin ich da beizeiten.»

«Nicht die Abwässer, nur das Wasser», jammerte ich, dankbar für ein mitfühlendes Herz. «Das Wasser füllt kein Glas mehr voll, ich weiß nicht, was ich machen soll.» Gott steh mir bei, dachte ich, jetzt mache ich's auch schon!

«Haben Sie's schon mit dem Absperrhahn versucht?» fragte er. «Will sich das Wasser zieren, müssen Sie's damit probieren.» Der Absperrhahn! Daran hatte ich nicht gedacht.

Ich raste zum Haus zurück und fand den Absperrhahn unter dem Spülbecken. Ein zwanzigminütiger Kampf mit Hilfe eines Schlüssels, und der Hahn war offen. Ich atmete tief ein, drehte sehr vorsichtig an einem Wasserhahn: Aah! Wasser! Nicht gerade ein Schwall, aber weit mehr als das Getropfe, mit dem ich in den vergangenen Wochen gelebt hatte. Ich galoppierte ekstatisch hinaus und füllte alle Eimer bis zum Überfließen. «Trinkt! Kommet zuhauf und sauget es auf!» (Also wirklich, ich mußte den Umgang mit Mr. Schlick abbrechen.) Die Esel schauten mich kühl an: Nein danke, wir sind jetzt nicht durstig. Nachdem sich der erste Euphorie-Schub gelegt hatte, überblickte ich die Situation sorgfältig und klammerte mich an den einzigen positiven Aspekt der ganzen elenden Angelegenheit: Wie gut, daß ich kein Geld hatte. Wäre ich bei Kasse gewesen, hätte ich 598 Pfund hingeblättert für das Ersetzen eines Rohrs, das nicht ersetzt werden mußte. Selig sind die Armen! Ich hatte vieles zum Glücklichsein: Mit dem Umzug ins Haus und dem einen und anderen waren die Wintermonate verflogen, und es war Frühling — mein erster Frühling im Haus.

Bald danach kam ein Anruf von einem örtlichen Tierheim: Könnte ich «nur für ein paar Wochen» einen Esel aufnehmen, während sie ihm ein ständiges Zuhause suchten? Wo wart ihr, als ich euch brauchte, dachte ich bitter. Die Schwierigkeiten, bis ich für Humphrey einen Gefährten gefunden hatte! Jetzt, wo ich mehr als genug Esel hatte, boten mir fortwährend Leute welche an. «Sagen Sie etwas mehr», sagte ich vorsichtig. Ich hätte den Esel sowieso genommen, aber ich wollte nicht den Eindruck erwekken, man kriege mich sofort herum. Es stellte sich heraus, daß der Esel gar kein Notfall war, nur konnten ihn seine Eigentümer einfach nicht länger behalten und hatten den Tierschutzverein gebeten, ihm einen guten Platz zu finden. Also würde er wenigstens nicht — wie zu Beginn Simon — an Katzenjammer leiden. Wobei er genauso Pflege und Liebe brauchte, um über das Trauma hinwegzukommen, das er wegen der Umkrempelung seines Lebens bestimmt hatte. Ich sagte, ich würde ihn gerne nehmen, unter der Bedingung, daß es wirklich eine vorübergehende Lösung war, denn die Koppel sei für fünf Esel zu klein.

«Vielen Dank», sagte sie. «Wir bringen ihn morgen. Übrigens: Er heißt Schiffer.»

«Sie machen Witze. Ich werde doch nicht herumgehen und ‹Hallo, Schiffer› zu einem Esel sagen. So lange er hier ist, wird er Ritter heißen.» Was sich dann als weit passender herausstellte.

Ich ging hinaus und berief eine Esels-Versammlung ein: «Eure Zahl wird durch einen Neuen namens Ritter wachsen. Einem Gast begegnet man mit größter Höflichkeit und Achtung. Wahrscheinlich wird er sich elend fühlen, wenn er kommt, und es liegt an uns, daß er sich geliebt und erwünscht vorkommt. Verstanden?» Sie sahen mich an, als könnten sie nicht bis drei

zählen, und nickten brav. Mir machten sie zwar
nichts vor, aber versuchen konnte man's.

So waren wir alle vorbereitet, als Ritter kam —
in einem Pferdetransporter! Kein alter, billiger
Anhänger für ihn. Und dann Ritter selbst: Die
Rampe wurde heruntergelassen, und herausge-
trippelt kam, hochtrabend, mit glänzendem Fell,
ein Bild von Eselseleganz und -klasse. Meine
Bande starrte ihn erstaunt an. Ich glaube, sie erkannten diesen abgesprungenen Edelgaul nicht
einmal als Esel. Sogar Humphrey wußte für einmal nicht, was tun. Ritter hielt inne und schaute
sich um. Sein Blick schweifte über die Koppel,
die ich sogleich als dreckigen Hinterhof sah, und
er rümpfte seine aristokratische Nase. Dann
wandte er seine Aufmerksamkeit den vier ungehobelten Burschen zu, die ihn anglotzten. Mit
einer Verachtung, die mehrere hundert Jahre exquisiter Zucht heraufbeschwor, schürzte er die
Lippen. Mich sparte er für den Schluß — ein
schlauer Zug. Nachdem ich sein vernichtendes
Urteil über die Hausesel und die tiefe Verachtung für seine Umgebung mitangesehen hatte,
war ich völlig demoralisiert. Es wurde mir
schmerzhaft bewußt, daß mein Pullover bessere
Tage gesehen hatte, meine Jeans am Knie zerrissen waren und ich ausgelatschte Gummistiefel
trug.

Dank diesem psychologischen Vorteil genügte
ihm ein müder Blick auf mich, dann drehte er mir
mit gekonnter Frechheit den Rücken zu. Ich
schrumpfte auf etwa zehn Zentimeter zusammen. Dann fing ich Humphreys Blick auf. Da

62

blitzte etwas, was man ungefähr übersetzen konnte mit: «Mach dir nichts draus. Ich weiß, wie man mit hochnäsigen Parvenüs umgeht. Den haben wir bald zurechtgestutzt.» Ja, ich weiß, dachte ich, gerade das macht mir ja Sorgen. Der arme Ritter hatte schon genug mitgemacht: Er hatte sein Zuhause verloren und war an einem Ort gelandet, der für ihn aussehen mußte wie ein Matrosenquartier. Handgreiflichkeiten mit einer Gruppe von Rowdys konnte er nicht auch noch brauchen. Andererseits mußte er — wenn auch nur vorübergehend — zu einem Mitglied des Zirkels werden, und da war es besser, wenn seine Stellung so bald wie möglich festgelegt war. Und ich kannte Humphrey gut genug, um nicht für Ritters Gesundheit fürchten zu müssen. Humphrey ist nicht bösartig, nur ein Lausebengel. Die anderen Esel würden natürlich Humphrey alles nachmachen, aber dafür würde Simon ausgleichend wirken. Und dann konnte ich ja immer noch die Situation im Auge behalten. Trotzdem verkrampfte sich mein Magen, als ich die Koppeltür öffnete und Ritter hineinkomplimentierte.

Vollendet das Bild einer Herzogin, die sich unerwartet in einem Hongkonger Bordell wiederfindet, trippelte Ritter geziert an der Mafia vorbei und machte seinen ersten taktischen Fehler: Er drehte ihnen den Rücken zu. Humphrey versenkte sofort seine Zähne in Ritters schönen Hintern. Mit einem empörten Schrei schoß Ritter in die Luft und raste dann Richtung Wald. Entzückt vom Resultat seiner Bemühungen, setzte ihm Humphrey nach, gefolgt vom Rest der Cosa nostra, inklusive — was mich schockierte — Simon. Drei-, viermal galoppierten sie um die Koppel, und als ich eben dazwischentreten wollte — was ich hätte tun können, weiß ich allerdings nicht —, sagte Ritter wohl so etwas wie: «Ich scheide aus». Er blieb stehen, einfach so, ein Bild der Ergebenheit. Entsetzlich — ich konnte gar nicht glauben, daß er das elegante Geschöpf von vorhin war. Sein hochmütiger Kopf hing herunter, sein hochglanzpoliertes Fell war mit Schlamm vollgespritzt und sein seidiger Schwanz sah aus wie durch die Mangel gedreht. Allmählich glich er einem Esel! Ich hatte größte Lust, hinzugehen und ihn zu trösten, aber es war wohl ratsamer zu warten, bis ihm der Pate seinen Platz in der Hierarchie zugeteilt hatte.

Humphrey schlenderte hinüber und pflanzte sich vor Ritter auf. Er fixierte ihn ernsthaft und legte ihm dann die Grundrechte nach Humphrey aus. Im wesentlichen besagten diese, daß er, Humphrey, der Oberesel war. Nichts geschah ohne seine Zustimmung. Als Oberesel hatte er nicht nur Anrecht auf sein eigenes Futter, sondern auch auf das der anderen, falls es ihn gelüstete. Er durfte andere Esel in den Hintern beißen, aber unter keinen Umständen selbst gebissen werden. Jegliche Besucher auf der Koppel waren als seine Besucher anzusehen, insbesondere, wenn sie mit Leckereien kamen. Ritter durfte nur sprechen, wenn er angesprochen wurde, und — je nach Humphreys Laune — manchmal nicht einmal dann. Die dicke Nicht-

Eselin, die für Futter und Unterkunft sorgte, glaubte fälschlicherweise, sie sei der Boß, wobei es im Interesse der Esel war, sie in diesem harmlosen kleinen Irrtum zu belassen. In Tat und Wahrheit war sie Humphreys persönliche Magd, und irregeleitete Versuche, am Status quo etwas zu ändern, würden streng geahndet. Nahm Ritter diese absolut vernünftigen Vorschriften an, würde ihm eine Mitgliedschaft beim Mob zugestanden. Mit einem abschließenden Nicken wandte er sich ab und ging zu den drei anderen, die beim Tor standen und glotzten.

Ich ging zu Ritter und gab tröstende Töne von mir. Er hob den Kopf und schaute mich mit traurigem, verwundetem Blick an. «Macht doch nichts», sagte ich. «Beachte Humphrey nicht. Er blufft nur. Du gehörst jetzt zu uns, und wir haben dich alle gern.» Er sah nicht überzeugt aus, was ich ihm nicht verdenken konnte. Ich selbst war nicht ganz überzeugt. Das Problem war nicht Humphrey — er hatte seine Position klargestellt und war jetzt bereit, Ritter zu den genannten Bedingungen zu akzeptieren. Das Problem lag bei Ritter selbst. Alles hier war ihm fremd. Als Einzelesel war er nicht an andere gewöhnt und schon gar nicht an so rauhe Burschen wie diese. Er wußte nicht, wie mit anderen Eseln umgehen, wie mit ihnen auskommen, mit ihnen spielen. Er mußte sich eingewöhnen. Zum Glück nahm ihn Simon, der ein Herz für die Unterdrückten hatte, unter die Fittiche. Doch Simon selbst wurde von den anderen Eseln nicht besonders ernst genommen, und so bedeutete sein Schutz bei Konfron-

65

tationen nicht viel. Immerhin konnte Ritter auf einen Freund zählen, und das war wichtig. Seit langem fütterte ich Simon separat, weil er sonst keine Chancen gehabt hätte, ans Futter zu kommen. Das galt bald auch für Ritter: Er war unglaublich wählerisch und hätte im Kampf mit den anderen Vielfraßen nie bestanden. Also aßen Simon und Ritter zusammen, was ihre freundschaftlichen Bande festigte.

Seit Ritter sein elegantes Gehabe hinter sich hatte, brauchte er auch nicht mehr auf mich herabzuschauen, und wir bauten eine sehr nette Beziehung auf, die sich mit den Wochen (aus denen Monate und schließlich zwei Jahre wurden) vertiefte. Denn hinter all der Hochnäsigkeit war er ein lieber, eher scheuer kleiner Esel. Bald schon war er bei den ungestümen Spielen der anderen dabei und einer von ihnen, doch manchmal mußte er sich vergewissern, daß er doch irgendwo ein wichtiger Esel war und nicht einer aus der Masse. Er brauchte eine Einzelbeziehung zu einem Nicht-Esel, und da kam ich ins Spiel. Hin und wieder löste er sich von der Gruppe und lief mir auf der Koppel nach, wobei er mich am Ärmel zupfte. Dann schaute er mir ängstlich in die Augen und sagte: «Du magst mich doch leiden?»

«Natürlich mag ich dich, Ritter.» Ich streichelte seine seidige Nase. «Das weißt du doch.»

«Ja, aber liebst du mich, weil ich ich bin, und nicht einfach, weil ich ein Esel bin?»

«Ach, Ritter. Du bist Ritter, und du bist ein ganz besonderer Kerl, und deshalb liebe ich dich.» Beruhigt legte er mir die Schnauze an den Nacken, dann trabte er wieder zu den anderen. Was hätten wohl die Esel geantwortet, wenn ich sie gefragt hätte, ob sie mich um meinetwillen liebten und nicht nur, weil ich sie fütterte? Aber da machte man besser nicht die Probe aufs Exempel.

FÜNFTES KAPITEL

Als Aussteiger verpasse ich allerlei: Gratismuster, Bingokarten, «Aktionen» und all die kleinen Köstlichkeiten, die dem Stadtbewohner das Leben versüßen. Und natürlich werden Milch und Zeitungen nicht ausgeliefert, und ich bin immer noch auf der Suche nach einem Fensterputzer, der sich kühn ins Hinterland hinauswagt. Taxifahrer nehmen mich gerne mit, vorausgesetzt, daß ich ihnen bis ans Ende des Wegs entgegengehe. Auf keinen Fall würden sie ihre Reifen und Auspuffsysteme über den Schlaglöchern aufs Spiel setzen. Und da auf dem Weg Teile meines Auspuffs verstreut sind, kann ich es ihnen nicht verübeln. Andererseits lassen mich Jehovas Zeugen, Hausierer und Meinungsumfrager in Ruhe, und das wieder ist schön. Deshalb war ich einigermaßen erstaunt, als zwei Männer vor der Tür standen — der eine groß, grauhaarig und grobgesichtig, der andere fett, mit Melone und rot im Gesicht.

«Wir sind von der Steuerbehörde», sagte der Grobgesichtige, «dürfen wir hereinkommen?» Und ohne eine Antwort abzuwarten — die er sowieso nicht bekommen hätte, da ich zu erschüttert war, um auch nur den Mund zu öffnen —, drückte er sich an mir vorbei, gefolgt von seinem Kumpanen.

Wie die meisten gesetzestreuen, steuerzahlen-
den, biederen Bürger brauche ich nur das Wort
«Steuerbehörde» zu hören und werde zu einem
zitternden Wrack. Aber ich sah nicht ein, was sie
von mir wollten. Seit ich freischaffend war,
schlug sich ein Treuhänder mit den Gräßlichkei-
ten von Einkommenssteuern, Mehrwertsteuern,
Versicherungsabzügen und all den Plagen
herum, die die frei Arbeitenden heimsuchen.
Wobei das Wort «frei» reine Ironie ist. Man ar-
beitet vielmehr für die Steuer- und andere Behörden, denen einzig daran gelegen ist, daß man um
so weniger behalten kann, je mehr man verdient.
Den Treuhänder brauchte ich nicht, um mein Fi-
nanzimperium zu überwachen — eher im Gegenteil. Doch ob Hoch- oder Tieffinanz — ich hatte
keinen blauen Dunst von der Sache. Und kaum
kannte ich mich halbwegs mit Pfund, Shilling
und Pence aus, kam das Dezimalsystem, und ich
mußte von vorn anfangen.

Der große Fehler war, einen Treuhänder zu
wählen, mit dem ich befreundet war. In der Annahme, daß Freunde toleranter sind, legte er
meine Papiere immer zuunterst in seinen Haufen. Und in der Tat: Ich brachte es nichts übers
Herz, mich zu beklagen. Jetzt aber war die Situation so weit ausgeartet, daß mir Grobgesicht mit-
teilen mußte, ich stecke tief in der Tinte: Ich
hatte meine Steuerformulare nicht zurückge-
schickt. Ich hatte ihre Briefe nicht beantwortet.
Ich hatte die nachfolgende Buße nicht bezahlt
und mich nicht zu einem bestimmten Zeitpunkt
auf dem Finanzamt eingefunden.

«Moment! Moment!» kreischte ich mit so hoher Stimme, daß sie oben aus meinem Kopf zu kommen schien. «Ich weiß von nichts. Ich schicke alles sofort meinem Treuhänder, und er erledigt das.»

«Viel hat er aber in letzter Zeit nicht erledigt», schnauzte Grobgesicht.

«Ich rufe ihn an», stammelte ich. «Das ist bestimmt alles ein Irrtum. Sie werden sehen, er wird alles erklären, es ist nur ein schreckliches Mißverständnis.» Natürlich war der Treuhänder nicht da, als ich anrief, sondern auf dem Finanzamt in der Angelegenheit eines Nicht-Freundes. Seine Sekretärin sagte, er würde zurückrufen. «In einer halben Stunde sollte er zurück sein.»

«Wir warten», sagte Grobgesicht.

Dann kam die ungemütlichste Dreiviertelstunde meines Lebens. «Tee?» fragte ich. Sie grunzten unverbindlich. Wahrscheinlich hatten sie Angst, sich zu kompromittieren: «Versucht die Angeklagte die Integrität dieser wackeren Beamten der Steuerbehörde Ihrer Majestät in Zweifel zu ziehen, indem sie zu verstehen gibt, diese hätten der Bestechung in Form von Tee und Zuckerbrötchen nachgegeben?» Ich machte trotzdem Tee und war froh, die Zeit totschlagen zu können. Nachdem mein siebter oder achter Versuch zur Konversation fehlgeschlagen war, gab ich auf, dachte über das Leben im Gefängnis nach und machte mir Sorgen, wer sich um die Tiere kümmern würde, während ich meine Strafe absaß. Die entsetzliche Stille wurde von Zeit zu Zeit unterbrochen: wenn Melone seinen Tee schlürfte oder sich schneuzte. Melone gab mir Rätsel auf. Abgesehen von einem damenhaften «Pardon», wenn er rülpste, hatte er noch kein Wort gesprochen. Er saß auf dem Sofarand, lehnte die Untertasse an seinen überdimensionierten Bauch und hielt die Tasse mit geziert abgespreizten Fingern. Hin und wieder schaute er sich verstohlen im Zimmer um, wobei er es vermied, meinen Blick zu kreuzen. Nach dem Tee zog er ein riesiges, rotes Taschentuch hervor und tupfte sich fein die Kuchenreste von seinen gummiartigen Lippen. Inzwischen saß Grobgesicht bolzengerade auf seinem Sessel, fixierte einen Punkt etwa zehn Zentimeter über meinem Kopf und trommelte auf die Lehne. Noch fünf Minuten, dachte ich, und ich drehe durch.

Ich nahm einen letzten Anlauf zur Konversation. Die absolute Einfalt meiner Worte zeigt, wie verzweifelt ich war: «Wie schrecklich, mein Gott, man denke sich, Beamte, die bei mir vorbeikommen, weil ich nicht bezahlt habe. Als nächstes schicken sie den Gerichtsvollzieher, haha.»

Es gab eine lange, unheilsschwangere Pause, dann sagte Melone mit exquisiter Stimme: «Ich bin dr 'Richtsvollziehä.» Ich schaute ihn schaudernd an: ein Gerichtsvollzieher, in meinem Wohnzimmer, bei meinem Tee und meinem Kuchen! Es war undenkbar. Zu anständigen Leuten kommen nicht Gerichtsvollzieher in Ausübung ihres Amtes. In keinerlei Ausübung übrigens. Ich kochte vor Wut: Er hatte nicht einmal den Anstand gehabt zu sagen, wer er war. Saß einfach da und akzeptierte meine Gastfreundschaft unter Vorspiegelung falscher Tatsachen. Jetzt, wo er seine Stimme gefunden hatte, fuhr er fort: «Diese — ehem — Effekten», er schaute sich verächtlich um, «sind, so nehme ich an, bezahlt?»

«Natürlich sind sie bezahlt. Ich habe alles an Auktionen gekauft.»

«Na ja, ist ja klar, nicht?» sagte er eher beleidigend. «Und die — ehem — Effekten in den anderen Teilen des Domizils — sind die ähnlich beschaffen?»

«Sehr ähnlich», schnauzte ich. «Sie sind aus ähnlicher — ehem — Quelle.»

«Ich sehä», sagte er und warf Grobgesicht einen bedeutungsvollen Blick zu. «Na, was Gutes hat's: Das pfände mer nich. Da is nix, was den Wert hätte.» Herzlichen Dank, mir ist schon viel wohler. Dann durchfuhr es mich: Ich könnte das Haus verlieren! Wenn sie etwas zum Fraß vorgeworfen haben wollten und ich nichts anderes hatte, konnten sie das Haus beschlagnahmen, und ich stand auf der Straße mit fünf Katzen, fünf Eseln, drei Gänsen, einem Sortiment Raubvögeln und zahllosen Enten, Hühnern und Basil und Henrietta.

Ich saß vor Schreck erstarrt und versuchte das Telefon zum Läuten zu zwingen. Als es endlich läutete, schoß ich wie eine Rakete in die Höhe. Der Treuhänder dachte bestimmt, ich sei im letzten Stadium des Wahnsinns, denn ich quiekte hysterisch von Steuerbehörden, Gerichtsvollziehern, Schuldner-Gefängnis, Armenbegräbnis

72

und seiner Schuld am Ganzen. «Na, na», sagte er besänftigend, «überlassen Sie mir das alles.»

«Ich *habe* Ihnen alles überlassen, deshalb stecke ich jetzt in diesen Schwierigkeiten.»

«Geben Sie mir einen an den Apparat, wir werden das gleich haben.» Ich weiß nicht, was er sagte, aber es schien hinzuhauen. Grobgesicht setzte einen Hauch entspanntere Züge auf, und Melone sah aus wie einer, dem ein guter Spaß entgangen ist, wobei er wahrscheinlich auch erleichtert war, daß man ihn nicht belasten würde mit meinen wertlosen — ehem — Effekten.

Hinaus! An die frische Luft! war mein einziger Gedanke, als sie abgezogen waren. Ich schaute mich um: Da waren das Haus, die Wälder, Felder und Hügel, die Tiere und Pflanzen. Mein Gott, das alles hätte ich verlieren können. Ich mochte gar nicht daran denken. Die Esel, die fühlen wenn ich in der Nähe bin, begannen sofort wie die Verrückten zu brüllen. Ich füllte einen Eimer mit Brot und ging auf die Koppel. Unterwegs kam ich an Gussie vorbei, der mit seinen zwei Frauen durchs Wasser zog. Hinter ihnen ein unbeugsam optimistischer Quaggy. Das Zusammenleben der Gänse funktionierte hervorragend, und Gussie war wieder ganz der Alte: aufsässig, wichtigtuerisch, aggressiv. Das einzige Problem für Gussie war Esmé. Er hatte seinen Liebchen von Anfang an klargemacht, daß jeder Versuch, mit dem Feind (nämlich mir) zu fraternisieren, streng bestraft würde. Suzie hatte das demütig akzeptiert, doch Esmé fand, sie könne tun und lassen, was sie wolle, und von einem

Grünschnabel lasse sie sich nichts vorschreiben. Sie trotzte ihm nie offen, sondern ignorierte ihn einfach, was Gussie schlicht rasend machte.

Ich hatte diese temperamentvolle alte Dame äußerst liebgewonnen. Was ihr an Jugend und gutem Aussehen fehlte, machte sie mit Charakter mehr als wett. Sobald sie mich sah, kam sie angetrabt, rieb ihren knotigen Kopf an meinen Beinen und sagte: «Honk.» Was so viel hieß wie: «Brot bitte.» Ich gab ihr ein Stück, das sie glücklich zerkaute, während Gussie wie verrückt auf und ab hüpfte und kreischte: «Komm SOFORT hierher.» Esmé rührte sich nicht, aß ihr Brot fertig und sagte «Honk, honk», was ich auslegte als: «Noch ein Stück, bitte. Nicht zum Essen, nur zum Herumtragen.» Sie hat eine tiefverwurzelte Angst davor, nicht zu wissen, woher das nächste Essen kommen soll, und sie fühlt sich nur dann ganz sicher, wenn sie «für alle Fälle» ein Stück Brot im Schnabel hat. Und sie geht nie ohne Lebensmittelvorrat ins Bett. Wahrscheinlich braucht sie das als Absicherung gegen einen eventuellen Hungeranfall. Gussie war so frustriert, daß es rauchte, und er machte eine Bewegung auf uns zu. Wenn er jetzt nicht auf den Tisch schlug und Esmé zeigte, wer das Sagen hatte, konnte ihm die Situation völlig entgleiten. Er würde das Gesicht verlieren, die anderen Vögel würden ihn verachten, und seine Stellung als unumschränkter Herrscher würde ernsthaft bedroht. Wenn er es jetzt aber auf eine Auseinandersetzung ankommen ließ, blieb Suzie vor Quaggys Liebeseifer ungeschützt. Das war offenbar auch Quaggy aufgegangen, denn er beobachtete Gussie hoffnungsvoll und war bereit, die Gelegenheit beim Schopf zu packen. Gussie zögerte und zog das alles in Betracht. Dann hatte er's: Er startete zum Angriff, entschlossen, diesem Unsinn ein für allemal ein Ende zu bereiten. Quaggy konnte später drankommen. Flammenden Blickes gab er Esmé einen haarsträubenden Einblick in das, was eine senile Gans erwartet, die vermessen genug ist, ihrem Herrn und Meister den Gehorsam zu verweigern. Esmé schaute nicht einmal auf. Sie hatte nicht vor, von der Stelle zu weichen, ehe sie ihren Notvorrat hatte. Ich gab ihr eilig ein Stück Brot, bevor Gussie auf die Idee kommen konnte, daß alles eigentlich meine Schuld war. Er musterte mich bereits mit einem Blick, der nichts Gutes verhieß, und mich überkam Bewunderung für Esmés Mut. Zu meiner Erleichterung begann sie gemächlich auf den Teich zuzugehen, gefolgt von einem laut schimpfenden Gussie. Ich war froh, daß diese Tirade nicht mir galt, aber an Esmé floß sie einfach hinunter. Solange sie ihren Brot-Schnuller im Schnabel hatte, konnte ihr niemand etwas anhaben.

Unterdessen riß den Eseln der Geduldsfaden, und sie fielen mit unlieblicher Stimme in Gussies böse Serenade ein, dann die Enten und Hühner, die empört waren, daß ich so parteiisch bin. Ich warf ihnen etwas Brot hin und fragte mich wieder einmal, wie der Mythos von der ländlichen Stille hatte entstehen können. Und ich fragte mich auch, wie jeden Abend, wo der Tag hin war.

Die Stunden eilen vorbei, und ehe ich mich versehe, ist es Abend, und ich habe nichts erreicht. Morgen wird alles anders, schwöre ich mir. Morgen lasse ich mich nicht ablenken. Morgen erledige ich tausend Sachen. Ich weiß nicht, wem ich da etwas vorzumachen versuche. Denn morgen wird es sein wie heute und gestern und vorgestern. Aber immerhin zeige ich guten Willen.

Schließlich lande ich bei den Eseln, die tun, als seien sie im letzten Stadium von Hunger und Vernachlässigung. Grämlich inspizieren sie den Eimer mit Brot — ah, du hast uns doch etwas übriggelassen. Ich reibe vier Nasen und ein zottiges Hinterteil (Simon ist auf diesen Teil fixiert) und erkläre, daß wir eine Krise hatten. «Wann nicht?» sagen sie. Darauf gibt's keine Antwort, und als Beweis kommt Castor traurig glucksend angerannt. Man braucht sie nicht zu fragen, was los ist — daß sie alleine kommt, sagt schon alles. Sie und Pollux, die andere Bantamhenne, sind unzertrennlich: «Wo du gehst, gehe auch ich.» Ich nehme sie auf. Sie klettert mir auf die Schulter, hält mir den Schnabel ans Ohr und erzählt mir ihre Probleme. Kurz zusammengefaßt: Pollux ist weg. «Keine Angst», sage ich, fühle mich aber gar nicht so sicher, «wir werden sie finden.» Sie könnte natürlich am Nisten sein, aber dann wäre Castor bei ihr. Letztes Jahr hatten sie ein gemeinsames Nest gemacht, gemeinsam gebrütet und die Babys gemeinsam aufgezogen. Hatte ein Fuchs die Gelegenheit ergriffen, während ich mit Grobgesicht und Melone herumsaß, und sich mit Pollux aus dem Staub gemacht?

Castor und ich suchten im Garten, auf der Koppel, in den Gräben, im Schuppen, in der Scheune und im Eselsunterstand. Dann fingen wir wieder von vorne an. «Pollux, Pollux!», brüllte ich. «Gluck, gluck», echote Castor trübe. Bei der zweiten Runde auf der Koppel bemerkte ich einen Mann, der ans Tor gelehnt stand und mich mit einigem Interesse beobachtete. «Lieber Gott, nicht noch mehr Besucher, ich würde es nicht aushalten.» Ich ging zum Tor und warf ihm einen fragenden Blick zu. Er schaute mir in die Augen. «Rufen Sie da so merkwürdige Ausdrücke?»

Ich war baff. «Wovon reden Sie? Ich suche ein Huhn.» Dann dämmerte mir etwas, und ich fügte hinzu: «Es heißt Pollux.»

Das gab ihm kurz zu denken, dann warf er Castor einen Blick zu und sagte: «A ja. Und dieses heißt wahrscheinlich Hallux.» Wir schrien beide vor Lachen auf und schüttelten uns eine ganze Weile. Genau das brauchte ich, um die Erinnerung an Grobgesicht und Melone zu löschen.

Als wir wieder zu Atem kamen, sagte er: «Kommen Sie, ich helfe Ihnen suchen. Ich heiße Alf Turner.» Und tatsächlich fand er sie dann im Schuppen. Sie zitterte vor Angst und mühte sich mit einem gebrochenen Flügel ab. «Armes Ding.» Er wiegte sie in riesigen Händen. «Da bist du wirklich in der Klemme. Kein Wunder mit einem solchen Namen. Pollux! Da fragt man sich!» Und er legte wieder los. Ich wagte ihn nicht anzuschauen, sonst hätte es mich auch wieder erwischt. Dann riß er sich zusammen und schiente Pollux' Flügel fachgerecht mit Stecken und einem Verband aus meinem Medizinkasten. «Da», sagte er, «bald bist du wieder gesund und munter.»

Castor hatte ängstlich zugeschaut, gab jetzt einen entzückten Gluckser von sich und trottete uns in die Küche nach. Sie lief unruhig hin und her, während ich Pollux zwecks Pflege in einer Kiste installierte, dann warf sie mir einen fragenden Blick zu und hüpfte auch hinein. «Na schön», sagte ich. «Für dieses Mal.»

Während ich dem guten Samariter Tee machte, dachte ich über das rasende Tempo meiner gesellschaftlichen Aktivitäten nach: drei Besucher an einem Tag! Wie lange würde ich das noch durchhalten können? Alf sagte, er wohne im Nachbardorf und sei Schweinezüchter. Ein netter Freundeskreis, dachte ich: Abwasserspezialisten, Schweinezüchter. Und wie Mr. Schlick den Abwässern ergeben war, so war Alf in seine Schweine verliebt. In der nächsten halben Stunde schwirrte mir der Kopf mit Begriffen wie Brucellosis, Schweinsfieber, Ersypel, junge Sauen, Abferkeln, Schweinetrank, Frischlinge. «Einen Frischling», rief er plötzlich, «das brauchen Sie.» Ich schaute ihn entsetzt an: Nichts dergleichen wollte ich. «Sie verstehen das nicht», sagte er. «Ein Ferkel säubert Ihnen den Dschungel da draußen von Wurzeln und Unkraut und Wildwuchs, und das noch besser als ein Pflug. Wenn es damit fertig ist, geben Sie es mir einfach zurück.» O nein, dachte ich, damit fängst du mich nicht. Ich wußte schon, was geschehen würde: Ich würde mein Gärtnerschweinchen ins Herz schließen und es nicht mehr hergeben wollen. Und auf einmal würde ich für einen Zweitonner Pflegemutter spielen. Und damit nicht genug: Bald würde ich mir um das Gefühlsleben meines Schützlings Sorgen machen, es grausam finden, daß er alleine war, und ihm eine Frau suchen. Und da würde ich dann bald knietief in winzigen rosa Ferkeln waten, wobei ich es nicht ertragen würde, daß sie in Koteletten, Speckschwarten oder erstklassigen Schinken verwandelt würden. O Gott, nein.

«Dann kommen Sie wenigstens vorbei und schauen Sie sie an», sagte Alf. «Sie werden es sich bald anders überlegen.»

«Ja, davor habe ich ja Angst, und deshalb bin ich fest entschlossen, einen großen Bogen um sie zu machen.» In Gedanken konnte ich einem Ferkelchen noch widerstehen — eines aus Fleisch und Blut war dann wieder eine andere Sache. Ein Blick, und ich wäre verloren. Alf sah, daß ich entschlossen war und gab auf. «Und doch machen Sie einen großen Fehler.» Nicht einen halb so großen Fehler, als wenn ich mich überreden ließe, dachte ich. Als er gegangen war, ertappte ich mich bei sehnsüchtigen Gedanken an ein Ferkelchen. Dann riß ich mich zusammen: Für einmal hatte ich das Richtige getan, ja, und war sogar ziemlich mit mir zufrieden, daß ich so standhaft geblieben war. War's möglich, daß ich doch etwas lernte?

SECHSTES KAPITEL

«Los, Miezen», sagte ich und fegte die Katzen vom Schoß. «Zeit für Basils Nachtessen.» Basil nickte mir von der Vorhangstange beifällig zu. Ich ging in die Küche, und wie ich mit seinem Futter zurückkam, sah ich erstaunt, daß er auf seiner eigenen Stange saß. Als Gewohnheitstier fraß er nur dort. Aber wie war er hinaufgekommen? Gewöhnlich wartete er, bis ich ihm hinaufhalf. In den nächsten Tagen merkte ich, daß er bei seinen Ausflügen im Zimmer immer abenteuerlustiger wurde und sie nicht in vier, sondern in zwei Etappen hinter sich brachte. Und er flog ohne Schwierigkeiten auf seine Stange hinauf. Ohne Zweifel: Seine Flügel wurden stärker. Vielleicht war der Tierarzt doch zu pessimistisch gewesen, und Basil konnte eines Tages wieder freigelassen werden. «Oh, Basil», schwärmte ich, «wär's nicht wunderbar, wenn du in die Freiheit zurückkehren könntest?» Er schaute einen Augenblick auf, abstoßende Fellstücke wie einen Schnurrbart um den Schnabel drapiert, dann wandte er sich wieder seinem Essen zu. Doch plötzlich verließ mich der Mut: Wie konnte ich — auch wenn sein Flügel geheilt war — ein so sanftes, weiches Kuschelbaby von einem Vogel in die Freiheit entlassen? Er war nichts als ein überdimensionierter Wellensittich im Turmfalkengewand. Draußen würde er keine fünf Minuten überstehen. Es war meine Schuld — ich hätte ihn nicht so zahm werden lassen sollen. Gut, ich hatte nicht wissen können, daß er der medizinischen Wissenschaft ein Schnippchen schlagen würde, aber meine Unschuld nützte ihm wenig, wenn er sich am falschen Ende eines Gewehrlaufs wiederfand. Andererseits konnte ich nicht einen gesunden Vogel in Gefangenschaft halten. Es gab nur eines: Er mußte entmenschlicht werden.

Ich machte mich ans Werk und baute ihm ein großes Gehege ziemlich weit weg vom Haus, damit er möglichst wenig mit Menschen in Berührung kam. Sein Flügel sollte stärker, seine Bindung an Menschen um so schwächer werden, so daß seine alten Angriffsinstinkte beizeiten wieder erwachen würden. Ziemlich hoffnungsloses Unterfangen, das wußte ich, aber ausprobieren konnte man's. Ich legte etwas Futter in Basils neues Heim und holte ihn. Er hüpfte mir auf die Schulter, und ich dachte: Das tun wir das letzte Mal. Aber ich brachte es nicht übers Herz, ihn einfach ins Gehege zu schieben und die Tür zu schließen. «Nur noch eine letzte Runde im Garten, Basil», sagte ich und unterbrach mich dann. Ich durfte seinen Namen nicht mehr brauchen. Er war nicht Basil, er war ein verwundeter Wildvogel, den man bald in die Freiheit entlassen konnte. Nur ließ sich das Ganze schwieriger an, als ich gedacht hatte. Nach der Abschiedsrunde im Garten und auf der Koppel brachte ich ihn ins Gehege, setzte ihn auf die Stange und ging ohne ein Wort hinaus. Danach ließ ich ihn allein. Nur zweimal pro Tag schob ich ihm sein Futter durchs Drahtgitter und ging schnell weg, um nicht versucht zu sein, ihn anzuschauen oder mit ihm zu sprechen. Er fand sich mit der Situation viel schneller ab als ich. Nach ein paar trübseligen Tagen fing er sich auf und begann sich für die Welt außerhalb seines Drahtgefängnisses zu interessieren. Der große Durchbruch kam, als er nicht mehr heranstürzte, wenn ich das Futter brachte, sondern argwöhnisch beobachtete, wie ich es durchs Gitter warf, und es erst nahm, wenn ich gegangen war. Nach ein paar Wochen flog er schon im Gehege herum, und sein Flügel wurde immer stärker. Bald kannst du gehen, dachte ich.

Es war Hochsommer geworden, und an den heißen, sonnigen Tagen hing der schwere Geruch von Geißblatt, frischgemähtem Heu und hin und wieder vom Schweinestall des Nachbarhofs in der Luft. Die Vögel waren am Nisten, Schmetterlinge und Bienen flogen ihren Geschäften nach, und wieder einmal steckte ich bis zu den Ohren in Küken. Clara, die schwachsinnige Bantamhenne, legte ihre Eier noch immer beharrlich auf das Scheunendach, und so hatte sie nicht viele Chancen, eine Familie großzuziehen. Einmal hatte ich sie auf einen Haufen verlassener Enteneier gesetzt, und sie hatte ein Entchenpaar ausgebrütet. Doch dann wurde sie jedesmal hysterisch, wenn die Entchen in den Teich gingen, und so verzichtete ich auf die Wiederholung des Experiments. Dann gab mir Alec ein paar Fasaneneier, und ich dachte, das sei genau das Richtige für Clara. Schließlich brauchen auch Fasanenzüchter Bantamhennen zum Brüten. Wie auch schon, machte ich ein Nest in der Scheune und setzte Clara darauf. Ich weiß nicht, wer von uns beiden entzückter war, als die Kleinen ausschlüpften. Leider dauerte das Glück nicht lange. Ich hatte nämlich nicht daran gedacht, daß Fasanenküken in wenigen Tagen von ihrer Mutter unabhängig sind. Claras verzweifeltem Rufen und Flehen zum Trotz gingen sie ihre eigenen Wege. Es brach mir das Herz, wie sie ihnen nachtrottete und sie bat, zurückzukommen, damit sie vor schrecklichen Gefahren beschützt werden konnten. Den Küken war das schnuppe.

Ich schämte mich sehr, daß ich ihr — unabsichtlich zwar — so viele Ängste bereitet hatte, und als es wieder Zeit war, setzte ich sie auf Bantam-Eier. Sie brütete alle zwölf aus, und nie hat es eine stolzere Mutter gegeben. Nur war der Ruf des Scheunendachs noch immer laut in ihr, und sie konnte nicht verstehen, warum die Babys ihr nicht dorthin folgten. Die Küken ihrerseits konnten nicht verstehen, warum sich ihre Mutter für einen Storch hielt. In der ersten Woche mußte ich schützend bei den Kleinen stehen, während Mama auf dem Scheunendach war und nach ihnen rief. Schließlich kapierte Clara, daß sie am Boden bleiben mußte, solange die Kinder klein waren. Kaum aber waren sie gewachsen, saß sie schon wieder auf dem Dach, von ihren Zwölfen umgeben, glücklich glucksend. Auch Suzie war vom Baby-Spleen erfaßt. Sie saß auf drei Eiern, wildentschlossen bewacht vom stolzen Vater.

Kurz darauf zog — zu meinem und vermutlich auch ihrem Erstaunen — Esmé nach und produzierte ein merkwürdig geformtes Ei. Sie betrachtete zweifelnd die Frucht ihres Leibes, dachte eine Weile nach und faßte dann einen Entschluß. Sachte stieß und rollte sie das Ei zu Suzie hinüber und stopfte es vorsichtig unter sie. Ich konnte es ihr nicht verübeln. Wer mit gesunden Sinnen will im Alter noch die Scherereien mit einem Kind?

Wie mit jeder Jahreszeit kam auch mit dem Sommer ein besonderes Problem. Doch dieses hatte ich nicht vorausgesehen. Nach beinahe zwei Jahren im Wohnwagen und nach acht Jahren in einer kleinen, leicht sauberzuhaltenden Wohnung war ich völlig unvorbereitet auf die Menge von Arbeit, die in einem Haus anfällt. Mein Haushalt ist eine Gut-Glück-Sache, und was ich heute tue, muß morgen gleich noch einmal gemacht werden. Was soll's also. Für Leute wie meine Schwester hege ich die größte Bewunderung. Man kann bei ihr zu jeder Tages- und Nachtzeit hereinplatzen, und ihr Haus ist makellos: kein Stäubchen, kein Kissen falsch plaziert. Bei mir hingegen sollte man sich zwei Monate vorher anmelden. Natürlich hat sie weder fünf Katzen mit je vier schmutzigen Pfoten noch Vögel, die Unaussprechliches auf die Möbel machen, rede ich mich heraus. Aber das ist's nicht. Sie ist einfach organisiert und ich nicht. In jenem langen, heißen Sommer ärgerte es mich immer mehr, daß ich stundenlang mit dem Haushalt rang, während ich doch soviel lieber draußen gewesen wäre. Dann hatte ich etwas, was ich nicht anders als eine Inspiration bezeichnen kann. Warum wertvolles Tageslicht an den Haushalt verschwenden, wenn man das alles ebensogut nachts erledigen kann? Ja, nachts würde es wahrscheinlich schneller gehen, weil ich nicht zwischendurch immer wieder sehnsüchtig am Fenster stehen würde. Ich beschloß, eine Nacht pro Woche nicht ins Bett zu gehen, sondern soviel Hausarbeit wie nur möglich zu erledigen. Am Schlechtwettertag, der auch in den besten Sommern vorkommt, konnte ich zusätzlich den Haushalt einigermaßen unter Kontrolle halten. Montag sollte meine schlaflose Nacht sein. Verrückt? In vernünftigeren Augenblicken dachte ich das auch, aber es stellte sich als einer meiner zündendsten Einfälle heraus und eröffnete mir eine ganz neue Welt. In Mondnächten beobachtete ich die Eulen auf der Jagd und die Füchse bei ihren Streifzügen, und im Morgengrauen erschienen Muntjakhirsche am Waldrand und aus dem Nichts Fasanen, die auf der Koppel Futter suchten. Und zwei Rebhuhn-Paare mit ihren Kleinen. Diesen Nachtwachen verdanke ich die intensivsten Augenblicke meines Lebens. Der Haushalt? Na ja, da waren immer noch die Stunden vor Morgengrauen und die mondlosen Nächte. Der einzige Haken war, daß die Esel mit ihrem sicheren Instinkt für alles Ungewöhnliche mich bei diesen nächtlichen Runden immer ertappten. Wenn ich zu dieser ungewohnten Stunde auf den Beinen war, so konnte es nur aus einem Grund sein: um ihnen Futter zu bringen.

Sie vollführten sogleich ein Spektakel und schrien mir zu, daß sie mich erwarteten. Das war natürlich das Zeichen für die Enten und Gänse, bis sich alles Wild in der Umgebung davonmachte. Am Schluß hatte ich immer einen Eimer Eselfutter zur Hand, das ich ihnen vorwarf, bevor sie Lärm machen konnten. Es klappte nicht immer, aber wenigstens hatte ich eine Chance.

Charlie und Pudding waren von der Idee begeistert und begleiteten mich immer auf diesen nächtlichen Spaziergängen. Das tat zuerst auch Flossie, aber dann begann sie immer weiter zurückzubleiben. Schließlich kam sie gar nicht erst mit. Irgendwie hatte sie auch Hemmungen, ins Haus zu kommen, und schaute immer zuerst lange durch die Katzentür, bevor sie die Küche betrat. Ich fand bald heraus, warum. Aus irgendeinem, nur ihm bekannten Grund hatte Charlie sie plötzlich auf der Pike und machte ihr das Leben sauer. Er ließ sie nicht ins Haus, wenn er drinnen war, sah er sie im Garten, war er wie ein Pfeil hinter ihr her, und bald gab es dicke Luft, Katzenflüche und Gekeife. Hätte sich Flossie ermannt und nicht gleich einschüchtern lassen, hätte sich das Ganze wohl gelegt, aber sie war eben nicht so. Sie rannte einfach vor Charlie davon, was ihm natürlich Öl ins Feuer gab. Ich war entsetzt. Eine Grundregel hier besagt, daß alle — Esel, Gänse, Enten, Katzen und wer auch immer — miteinander auskommen müssen, sonst wird das Leben unerträglich. Ich dachte schaudernd an die Zeiten, als Percy, das Perlhuhn, bei uns gewesen war. Sein krankhafter Haß auf jegliches

86

andere Lebewesen, sei es pelzig, gefiedert oder menschlich, hatte uns alle an den Rand eines Nervenzusammenbruchs gebracht. Ich konnte das nicht noch einmal mitmachen. Gut, Charlie haßte nicht alle, aber das war vielleicht erst der Anfang. Schon hatten die anderen Katzen das Signal von Charlie aufgefangen und begannen, Flossie gemeinsam zu plagen, und ich mußte sie in der Scheune füttern, weil sie sie nicht ins Haus ließen. Bald verschwand sie immer häufiger, zuerst ein, zwei Tage, dann eine Woche oder noch länger. Tagelang suchte ich sie verzweifelt, was natürlich nicht viel Wert hatte. Warum sollte sie nach Hause kommen, wenn man sie doch wieder davonjagen würde?

Nachdem Flossie zwei Wochen weggewesen war, kam ein Anruf von Melina, Graham Christies Frau. Sie hatte gehört, daß mir eine Katze fehlte. War es zufällig ein dickes Weibchen? Wenn ja, so wohnte sie jetzt bei ihnen. Ich raste hinüber und fand Flossie glücklich eingenistet im bequemsten Sessel und von Melinas Kindern liebevoll umgeben. Melina sagte, sie habe Flossie in der Scheune gefunden und gedacht, es sei eine streunende Katze, «obwohl sie, muß ich sagen, dafür ein bißchen zu dick war». Auf jeden Fall hatten sie sich in sie verliebt, und jetzt gehörte sie schon zur Familie. Flossie lag entspannt und glücklich da und genoß die unübliche Aufmerksamkeit. Die Kinder schauten mich erwartungsvoll an. Das war doch die Lösung, oder? Ich erklärte Melina die Situation und sagte, sie würde Flossie und mir einen großen Dienst erweisen,

87

wenn sie sie behielte. Erleichterung und freudige Gesichter in der Runde.

Auf dem Nachhauseweg beschwor ich bewußt diese Gesichter herauf, um meinen Schuldgefühlen entgegenzuwirken. Ich erinnerte mich, mit welchem Gefühl ich die kleine Annonce gelesen hatte, in der Phil und Sophie «gratis an ein gutes Heim» abzugeben waren. Was für Leute geben ihre Esel einfach weg, hatte ich mich gefragt. Na, und was für Leute geben einfach ihre Katzen weg? Aber das ist etwas anderes, sagte ich mir. Flossie hat ein liebevolles Zuhause gefunden, bei Leuten, die du kennst und wo sie glücklich und umsorgt sein wird. Sie hat dieses Zuhause, das sie offenbar dem Elend in ihrem alten Heim vorzieht, selbst gewählt. Sei glücklich für sie. Ich war glücklich für sie — ich war einfach traurig für mich selbst. Im ersten Jahr schaute Flossie ein paarmal vorbei. Sie blieb nie lange, etwa eine Stunde, in der sie alle ihre alten Schleichwege und Lieblingsplätze besuchte, dann trabte sie fröhlich über die Felder wieder davon. An der ganzen Angelegenheit aber war am merkwürdigsten, daß die Christies selbst Horden von Katzen haben, manche davon sind recht schön, aber es sind strikt Hofkatzen. Nur Flossie darf ins Haus, wo sie nach Noten verhätschelt wird.

SIEBTES KAPITEL

Ich erwachte mit einem Gefühl bevorstehenden
Unheils und versuchte mich krampfhaft zu erinnern, warum mein Unterbewußtsein so ins Bib-
bern geraten war. Dann fiel es mir ein, und das
Herz wurde mir schwer. Es war Hufschneide-
Tag. Jetzt, wo ich Eselbesitzer in relativ großem
Stil geworden war, mußte ich sie zum Hufschnei-
den nicht mehr zu Julia hinunterbringen, sondern der Schmied kam zu mir. Worüber Julia, so
glaube ich, nicht gerade traurig war. Ich hasse
den Hufschneide-Tag. Alle Esel müssen eingefangen und an den Zaun gebunden werden, bevor Mr. Regan, der Schmied, kommt. Beim ersten geht's noch, weil der noch nicht weiß, was
los ist, und ich ihn leicht erwischen kann. Aber
die anderen vier stehen dann nicht einfach
herum und warten, bis sie an der Reihe sind.
Schon beim Anblick des Halfters spritzen sie
auseinander. Phil, Sophie und Ritter sind ziemlich leicht einzufangen — eine Möhre oder ein
Apfel tun's meistens. Humphrey hingegen macht
aus Prinzip nichts auf die einfache Art. Er ist
durchaus bereit, sich einfangen, anbinden und
pediküren zu lassen — aber nur zu seinen Bedingungen. Diese umfassen unter anderem eine
halbstündige Jagd auf der Koppel, wobei er mich
etwa fünfzehn Meter am Boden nachschleift,

mindestens zweimal über den Haufen rennt und — mit ein bißchen Glück — auf mir herumtrampelt. Dann hat er seiner Ehre Genüge getan, steckt fröhlich den Kopf ins Halfter und hält still, während ich ihn anbinde. Er spart jetzt Energie für Teil zwei der Mär von den störrischen Eseln. Ich sehe es in seinen Augen blitzen, und mein Herz blutet für Tim Regan — oder pflegte zu bluten. Bis ich nämlich merkte, daß er sich seiner schmächtigen Statur zum Trotz von größenwahnsinnigen Eseln nicht ins Bockshorn jagen läßt. Er akzeptiert auch keinen Unsinn von seinen viel eleganteren, höhergezüchteten Kunden, also akzeptiert er erst recht keinen von einem dahergelaufenen Esel.

Ich erinnere mich lebhaft an Tims ersten Besuch. Humphrey warf einen Blick auf ihn: Ah, jemand, mit dem man seinen Spaß haben konnte. Ein kleiner Bursche wie der? Den erledigte er mit dem linken Huf. Kaum kam Tim in seine Nähe, warf Humphrey den Kopf hoch, versetzte Tim dabei einen mächtigen Schlag auf die Nase und zog das Seil vom Zaun weg — Knoten waren noch nie meine Stärke. Dann galoppierte er los, und Tim, der sich ans Seil klammerte, wurde zwei-, dreimal über die Koppel mitgeschleppt. Seine Füße berührten kaum den Boden, aber er hielt sich eisern fest. Der Wilde Westen war nichts dagegen. Nach einigen Stunden — wie mir schien, und weiß Gott, wie es Tim vorkam — blieb Humphrey plötzlich stehen, schien zu kapitulieren und ließ sich anbinden. Bis Tim seinen Kopf losließ und er ihm einen empfindlichen

Tritt ins Schienbein versetzen konnte. Tim gab
den Tritt prompt zurück. Ich war entgeistert:
Humphrey würde ihn umbringen oder bestenfalls als Fußball benützen. Einen Augenblick
war Humphrey so verblüfft, daß er einfach da-
stand und keinen Muskel bewegte. Er ist tot,
dachte ich. Ein Herzanfall, vom Schock. Die
Botschaft hat seine Beine nur noch nicht erreicht
— erst dann wird er umfallen. Dann wandte
Humphrey sehr langsam den Kopf und schaute
Tim gerade in die Augen. Tim starrte zurück. Ich
hielt den Atem an. So starrten sie sich eine kurze
Weile an, dann senkte Humphrey den Blick. Er
gestand seine Niederlage ein! Ich hätte nie gedacht, daß ich das noch erleben würde. Seither
hat Tim keine Probleme mit Humphrey — oder
zumindest nicht viele. Humphrey versucht es
noch von Zeit zu Zeit — eher, um in Übung zu
bleiben —, aber ein Wort von Tim, und er weiß,
was es geschlagen hat.

Es war wieder der übliche Hufschneide-Mor-
gen. Ich machte es mir immer zur ersten Aufgabe, die Esel einzufangen, solange ich noch relativ frisch und munter war. Das Ganze würde
meine gesamte Energie aufbrauchen, so daß ich
sie nicht an andere Angelegenheiten verschwenden wollte, wie an das Füttern von Vögeln, Katzen — und ganz zu schweigen von mir selbst. Natürlich sahen die anderen Tiere das nicht so, hatten sie doch ziemlich andere Prioritäten als ich.
Pech gehabt, sagte ich zu ihnen, ein bißchen Ver-
zicht hat noch keinem geschadet. Nach einer
Stunde waren vier Esel hübsch aufgereiht an den

Zaun gebunden. Ich holte tief Atem: Zeit für den
großen Schlag. Denn unglaublich, aber wahr:
Unser lieber, sanfter Simon ließ sich immer am
schwersten einfangen. Oft lief er noch frei
herum, wenn Tim kam, so daß Tim seine
Cowboy-Nummer geben, ja sogar manchmal
Unterstützung holen mußte.

Ich verstand Simon sehr gut. Er war früher
schlecht behandelt worden, und das hatte seelische Narben hinterlassen, die nie ganz verheil-
ten. Beim Anblick eines Seils oder eines Stockes
kam ihm alles wieder hoch, und er geriet in Panik. Ich litt mit ihm und fragte mich — wie jedesmal, wenn wir durch das Prozedere gingen —,
wie jemand einen Esel schlagen konnte, besonders einen so sanften wie Simon. Es war traurig,
daß nach all den gemeinsamen Jahren und dem
Vertrauen, das zwischen uns herrschte, ein Seil in
meiner Hand ihm solche Angst einjagen konnte.
Und es tat mir besonders weh, daß ich jetzt der
Grund seiner Angst war. Deshalb gab ich mir
meistens nicht besonders Mühe, ihn einzufangen. Ich mochte einfach nicht für die Angst in
seinen Augen verantwortlich sein. Besser, die Sache einem Fremden zu überlassen, als das zer-
brechliche Verhältnis zu gefährden, das wir mit
soviel Mühe aufgebaut hatten.

Tim kam, warf einen Blick auf die vier ange-
bundenen Esel, zog eine Augenbraue in die
Höhe und fragte: «Simon?»

«Simon», sagte ich.

Er seufzte tief und wandte sich an seinen Ge-
hilfen: «Los, Donny — Rodeozeit.» Er stellte

Donny und mich an strategischen Punkten auf und begann die Verfolgungsjagd. Der Plan war, Simon in den Unterstand zu treiben, wo ihm dann Donny und ich den Rückzug abschneiden würden. Natürlich kannte Simon diesen Plan so gut wie wir, und nichts auf der Welt hätte ihn in die Nähe des Unterstands gebracht. Nach der zweiten Runde über die Koppel war ich k.o. Kettenraucherjahre forderten ihren Tribut, und ich schnaufte wie ein Walroß. Simon hingegen war frisch wie der junge Tag und offensichtlich bereit, noch lange weiterzumachen. Hätte Humphrey nicht plötzlich einen Schritt rückwärts gemacht und mit seinem Seil Simon den Weg abgeschnitten. Simon rannte hinein, blieb stehen, und Tim und ich warfen die Hände in die Luft und schrien: «Gewonnen!» Dann fielen wir über Simon her und hatten ihm das Halfter angezogen, bevor er das Gleichgewicht wiederfinden konnte. Tim band ihn fest und konnte endlich zur Sache kommen. Ich ließ ihn arbeiten und ging hinein, um Tee aufzusetzen. Mir war die Angelegenheit immer schrecklich peinlich, und ich befürchtete, Tim würde eines Tages finden, er habe nicht sein Handwerk in langen, anstrengenden Jahren gelernt, um flüchtigen Eseln nachzujagen. Kein Problem, sagte er. Er genieße die Sitzungen mit den Eseln hundertprozentig, ja, freue sich schon vorher darauf. Sie seien eine Herausforderung. Na ja, so konnte man's auch sehen.

Es war die Jahreszeit, in der massenhaft Brieftauben auf Wettflügen kamen. Fast immer waren es erschöpfte Jungtiere auf ihrem ersten Flug.

Manche waren sehr klein, und ich fragte mich, ob sie der Aufgabe schon gewachsen waren. Ich rief immer die betreffende Gesellschaft an und nannte die Seriennummer des Vogels, aber meistens war es dem Besitzer zu dumm, sich zu melden, und ich behielt den Vogel, bis er wieder bei Kräften war. Ich weiß nicht, ob's stimmt, aber jemand hat mir mal gesagt, daß Brieftauben, die nicht rechtzeitig zurückkehrten, von ihren Besitzern getötet würden. Es habe keinen Wert, für Vögel zu sorgen, die es sowieso nicht schaffen würden. Also holten sie Vögel, die für die Pfanne bestimmt waren, gar nicht erst ab, sondern vergaßen sie lieber. Manche Tauben waren so erschöpft, daß man sie am Wegrand zusammenlesen konnte. Andere kamen aus eigener Kraft und unterbrachen ihre Reise, um sich ein paar Tage auf dem Scheunendach zu erholen. Am meisten Glück hatte zweifellos eine, die trunken auf dem Mittelstreifen der M 1 herumtorkelte. Inbrünstig betend, daß mich die Polizei nicht erwische, fuhr ich heran und las sie auf. Merkwürdigerweise fand ich ein paar Tage später einen Igel, der ebenfalls auf dem Mittelstreifen herumirrte. Heutzutage sieht man so selten einen Igel, der noch herumwandert und nicht schon von einem gedankenlosen Autolenker plattgefahren ist, daß ich es nicht übers Herz brachte, ihn seinem unvermeidlichen Schicksal zu überlassen. Ich holte ihn, steckte ihn in eine Schachtel und nahm ihn mit nach Hause. Es fiel mir zwar ein, daß ich vielleicht eine Igelfamilie ihres Ernährers beraubte, fand aber, daß ein abwesendes Familienoberhaupt besser war als ein totes. Brian, wie ich ihn nannte, richtete sich im Garten hervorragend ein, fand eine Frau und produzierte eine Nachkommenschaft von entzückenden kleinen Klobürsten.

Mittlerweile sonnte sich Gussie in der ungewohnten Rolle des Vaters. Suzie hatte nur zwei Eier ausgebrütet, und so glücklich ich für die stolzen Eltern war, so betrübt sah ich, daß sie ein genauer Abklatsch von Gussie waren, bis hin zu seinen üblen Launen und seiner griesgrämigen Natur. Obwohl kaum größer als eine Grapefruit, beherrschten sie das Schnappen und Drohen mit horizontalem Hals perfekt. Esmé spielte Kinderfrau und Tante für alle und teilte mit Suzie Freuden und Leiden der Mutterschaft.

Es kamen so viele verletzte und erschöpfte Vögel, daß ich wirklich kaum mehr wußte, wohin mit ihnen. Ich baute ein Gehege nach dem anderen. Dann beschloß ich, daß des Zauderns genug war und Basil freigelassen werden mußte. Keine Ausreden mehr (zu kalt, zu warm, er sieht heute ein bißchen bleich aus, die Wettervorhersage meldet Regen usw. usw.). Tu's JETZT! Ich fütterte ihn früh am Morgen und brachte ihn aufs Feld hinaus, wo ihn Alec gefunden hatte. Er hüpfte auf einen Zaunpfahl und schaute sich nach allen Seiten um, wahrscheinlich, um sich zu orientieren. Wie ich wegzugehen begann, schaute er mir nach, versuchte aber nicht, mir zu folgen. Das Entmenschlichungs-Programm trug offenbar seine Früchte. Was ich jetzt brauchte, war ein Entfalkungs-Programm: Er würde mir schrecklich fehlen. Ich versteckte mich hinter der Hecke und schaute zu, wie er mit den Flügeln schlug und dann — zu meiner Freude — plötzlich abhob und über dem Feld herumzufliegen begann. Er drehte zwei Runden und landete wieder auf dem Zaunpfahl. Ein paar Minuten Pause, dann flog er wieder los. Ich ging ins Haus zurück und beobachtete durchs Küchenfenster, wie er sich über das Feld emporschwang und hin und her schoß, offenbar entzückt von seiner Freiheit. Zur gewohnten Fütterungszeit brachte ich ihm etwas Fleisch hinaus. Er saß auf dem Zaunpfahl und wartete auf mich. Das Fleisch verschlang er gierig. Es gab mir zu denken, daß er es nicht fertiggebracht hatte, sein eigenes Nachtessen zu fangen, aber das war ja erst der Anfang.

Während der nächsten Woche wartete Basil morgens und abends auf dem Zaunpfahl auf mich. Manchmal hatte er Hunger, manchmal nicht, also fing er sich doch etwas Nahrung. Dann war er einmal nicht da, dann ein zweites und drittes Mal, bis er schließlich nicht mehr kam. Aber von Zeit zu Zeit sah ich ihn noch, wie er über dem Feld kreiste und das Leben in vollen Zügen genoß. Als er eine Gefährtin mitbrachte, freute ich mich sehr für ihn.

Ich hängte ein «Zimmer frei» an Basils Gehege und harrte der Dinge, die da kommen sollten. Sie kamen bald, wenn auch etwas überraschend. Jim Barnie, mein Freund vom Tierschutzverein, rief an und sagte, er komme von Wales herauf und bringe einen rekonvaleszenten Bussard mit. Ob mir das recht sei? Einen Bus-

96

sard? Ich wußte nicht viel über Bussarde, und das wenige, was ich wußte — oder zu wissen meinte —, gefiel mir nicht besonders. Das waren doch grausame, aggressive Vögel mit riesigem Schnabel und häßlichen Zügen. Ich glaube, ich verwechselte sie mit Geiern, denn Busby glich in keiner Weise dem Bild, das ich mir von den Bussarden gemacht hatte. Nur schon, daß er einer der schönsten Vögel war, die ich je gesehen hatte: wundervoll gezeichnet und mit einem Hauch von Grandezza um seinen exquisit geformten Kopf. Und zu meiner größten Überraschung war er keineswegs aggressiv, sondern beinahe schmerzhaft scheu, ja, er wollte fast unsichtbar werden, wenn ein Fremder an sein Gehege kam. «Du bist doch nur ein alter Softie», sagte ich zu ihm. Er blickte scheu zurück: «Ich weiß, aber das bleibt unter uns.» Jim sagte, Busby sei vergiftet worden und habe zuerst einen starren Hals gehabt und den Kopf nach hinten verdreht. Jetzt war er über den Berg, aber wegen des Schocks hatte er seine Schwanzfedern verloren und konnte nicht fliegen. Bis sie nachgewachsen waren, mußte man ihn behalten, dann konnte er nach Wales zurück und freigelassen werden. Hier ist keine Bussard-Gegend, und er hätte kaum Überlebenschancen gehabt.

Zwei Wochen später stieß der Bussard Leighton zu Busby. Unglaublich, dachte ich. Man verlebt den größten Teil seines Lebens, ohne je einen Bussard getroffen zu haben, und auf einmal strömen sie in Scharen herbei. Ich setzte ihn zu Busby hinein und war froh, daß sie sich gleich verstanden. Gott sei Dank sind Vögel nicht Menschen, bei denen Kleidung, Ausbildung oder Akzent gleich eine Rolle spielen. Ist doch viel vernünftiger, alle von der gleichen Art immer zu akzeptieren. Leightons Flügel war schwer beschädigt, und er mußte wohl für immer hierbleiben. Wie würde er reagieren, wenn sein Zellengenosse wegging? Doch ich dachte: Kommt Zeit, kommt Rat.

Es war ein Herbsttag, und ich fütterte eben die Bussarde, als so was wie ein schlechtgepackter Fallschirm den Weg heraufgeschlendert kam. Das Ding entpuppte sich als eine Frau, die eine merkwürdige Mischung von Kleidern trug: einen langen Folklore-Rock, darüber einen kürzeren aus Wolle, eine Strickjacke, einen Poncho und das Ganze gekrönt von einem abgewetzten Strohhut. Na ja, jedem das Seine, dachte ich. Statt Richtung Wald zu gehen, kam sie aber direkt zu mir. Das war unwahrscheinlich, obwohl mein Namengedächtnis noch katastrophaler ist als mein Gedächtnis für Gesichter. Doch jemand — na ja — derart Auffälligen konnte ich kaum vergessen haben. Vor dem Bussard-Gehege hielt sie abrupt an — sehr zum Schrecken der Bewohner. Ich konnte es ihnen nachfühlen: Für so nervöse Vögel mußte sie der nackte Horror sein. Ohne auch nur ein Hallo zu sagen, bellte sie: «Abstoßend! Die Käfighaltung von Wildvögeln ist eine Sünde wider die Natur. Wir haben unsere Fesseln nicht abgeworfen, um zuzuschauen, wie unsere schwächeren Schwestern zur Gefangenschaft gezwungen werden.»

O Gott, dachte ich, bloß das nicht. Mit solchen Frauen habe ich wenig gemeinsam. Es ist die Art, die jemand umschrieben hat mit: kein BH und dazu eine Menge im Leeren hängende Ansichten. Ich sagte: «Nicht Schwestern, sondern Brüder, um genau zu sein. Es sind Jungens.»

«Spalten Sie keine Haare», gab Frau Hängebusen zurück. «Der Kampf geht weiter. Wir ruhen nicht eher, bis auf der ganzen Welt die Ketten gerissen sind. Öffnen Sie die Türen und lassen Sie diese tapferen Geister fliegen!»

Ich beherrschte mich mühsam, um nicht die Türen zu öffnen und sie zu den tapferen Geistern hineinzuschmeißen. Aber das hätten Busby und Leighton nicht verdient. Ich zählte bis zehn und sagte dann langsam und deutlich: «Diese Vögel sind hier, weil sie krank und verletzt sind. Wenn man sie freiläßt, sterben sie an ihren Verletzungen oder weil sie sich nicht selbst versorgen können oder wegen irgendeines Verrückten mit einem Gewehr. Sobald sie gesund sind, werden sie freigelassen.» Mir tönte das nach einer vernünftigen Erklärung, und sie hätte sich jetzt eigentlich beruhigen und mich um Entschuldigung bitten können. Nur sind ja Fanatiker deshalb Fanatiker, weil sie nicht vernünftig sind. Und so schrie sie: «Lieber tot, als ein Leben lang in Knechtschaft!»

«Ach, hören Sie doch auf. Wenn Sie den Tod der Gefangenschaft vorziehen, bitte. Aber woher nehmen Sie das Recht, über Leben oder Tod anderer, hilfloser Geschöpfe zu entscheiden?» Sie lief purpurrot an, und ich dachte, es passiere ihr noch was. «Weil sie hilflos sind und nicht sprechen können, brauchen sie eine Stimme», donnerte sie. «Und diese Stimme bin ich!»

Es war wirklich eine Zeitverschwendung, mit ihr zu streiten. Ich befürchtete tatsächlich, sie würde eines Nachts zurückkommen und meine «tapferen Geister» hinauslassen. Ich bin sehr für die Anliegen der Tierschützer: gegen Legebatterien, intensive Kälbermast, grausame Schweineställe, gegen das Stopfen von Gänsen und all die Grausamkeiten, die wir sogenannt höher entwickelten Wesen den Tieren zufügen, nur, um die Nahrungsmittelproduktion anzukurbeln. Aber mit ihren Methoden bin ich nicht einverstanden: Man kann nicht Leute überzeugen wollen, indem man sie vor den Kopf stößt. Ich sage nicht, daß die Stimme der Vernunft gleich Anklang finden würde — schließlich kann man nicht erwarten, daß Bauern und Züchter freudig Maßnahmen zustimmen, die sie Geld kosten würden —, aber mindestens wäre sie nicht kontraproduktiv. Leider stoßen die Extremisten auch Leute vor den Kopf, die mit ihren Zielen einverstanden sind und ihnen helfen könnten, wären ihre Methoden vernünftiger. Zum Beispiel kann man eben nur Tiere in die Freiheit loslassen, die darauf vorbereitet sind. Ebenso wie man die Bauern darauf vorbereiten müßte, humanere Zuchtmethoden zu praktizieren.

Da las ich bei einer Hühnerfarm einen Anschlag, auf dem ausrangierte Batteriehühner zum Verkauf angeboten wurden. Nach etwa zwei Jahren haben diese Hühner die Höhe ihrer Produktionsfähigkeit überschritten und werden durch jüngere ersetzt. Was für eine wunderbare Gelegenheit, dachte ich naiv, diese Vögel aus der Sklaverei zu erlösen und ihnen noch ein paar Jahre in freier, natürlicher Umgebung zu schenken. Ich kaufte sechs und brachte sie ganz aufgeregt nach Hause. Wie würden sie sich freuen, wenn sie merkten, daß es ihnen frei stand, herumzuwandern, nach Würmern zu graben, im Staub zu baden, ihre Eier zu verstecken, ja auf ihnen zu sitzen, wenn ihnen danach zumute war. Aber nicht sofort — zuerst mußten sie sich akklimatisieren. Ich brachte sie in einen Hühnerstall mit einem langen Auslauf und wartete auf ihre Reaktion. Reagieren taten sie, aber nicht, wie ich es mir gedacht hatte. Sie waren vom vielen Platz um sie herum zu Tode erschreckt. Sie krochen in die entlegenste Ecke des Hühnerstalls und saßen dort den ganzen Tag aneinandergedrückt und zitternd vor Angst. Legte ich ihnen das Futter vor die Nase, fraßen sie es, verstreute ich's im Auslauf, blieb es unberührt.

Am vierten Tag stellte ich das Futter gleich vor die Stalltür und wartete ab. Nach etwa einer halben Stunde erschien ein vorsichtiger Schnabel, pickte einmal versuchsweise ins Futter und schoß zurück. Ein paar Minuten später erschien er wieder, pickte noch einmal und verschwand erneut. Nach ein paar weiteren Minuten erschienen zwei Schnäbel, dann ein dritter. Bald stopften sich sechs Schnäbel voll. Am nächsten Tag stellte ich das Futter etwas weiter weg und sah mit Freude, daß sich alle sechs Hühner heraus-

101

wagten. Aber sie benahmen sich sehr unhühnerhaft; sie drängten und scharrten nicht nach den besten Bissen, sondern standen in stramm geschlossener Reihe und fraßen alles, was ihnen unter die Nase kam. Ich fand bald heraus, warum sie so eng beieinander standen: Ihre Beine trugen sie nicht. Mager und abgewetzt stolperten sie hilflos herum, und ich fragte mich, ob ich ihnen wirklich einen Gefallen getan hatte. Ich sprach zwar unbekümmert und salbungsvoll von «Freiheit», aber es war nur ein Wort, das für diese armen Hühner nichts bedeutete. Ich beschloß, ihnen drei Wochen zu geben, und wäre es dann noch nicht besser, würde ich sie schmerzlos töten lassen.

Die nächsten zwei Wochen beobachtete ich sie scharf und sah befriedigt, daß sie zunahmen und ihre Federn wuchsen. Bald kamen sie sofort heraus, wenn sie den Futtereimer klappern hörten. Sie waren noch etwas wacklig auf den Beinen, konnten aber ohne Hilfe stehen. Mit der Zeit waren sie immer länger im Gehege, bis sie den ganzen Tag draußen verbrachten und nur noch zum Schlafen hineingingen. Und sie begannen auf der Stange zu sitzen. Zuerst fielen sie immer wieder hinunter, doch bald waren ihre Füße ebenso wie ihr Selbstvertrauen gestärkt, und sie kriegten den Dreh heraus.

Nach etwa sechs Wochen betrachtete ich sie schon mit stolzgeschwellter Brust: Sie waren dick, munter, glänzend und — zumindest fand ich das — wunderschön. Zeit, sie zu integrieren. Ich öffnete die Gehegetür und überließ ihnen das Feld. Am ersten Tag wollten sie's noch nicht versuchen. Am zweiten streckten sie versuchsweise die Nase heraus. Erst am dritten Tag gaben sie sich einen Ruck und kamen ganz heraus. Ich schaute durchs Fenster zu, als sie ihre ersten Schritte versuchten: mit Pausen, hastigen Blikken in die Runde und langen Beratungen. Darauf trippelten sie zu einem offenbar vorausbestimmten Ort, wo sie sich gemütlich niederließen, um die Landschaft zu genießen. Zwei Minuten später wurde ihr friedlicher Aufenthalt unterbrochen von etwas, was zunächst nach einem tanzenden Derwisch aussah, sich dann aber als Josh, der junge Bantam-Hahn, entpuppte. Entzückt von dieser Vergrößerung seines Harems und ohne auch nur ein «Gestatten Sie», machte er sich daran, sie auf seine unnachahmliche Art willkommen zu heißen. Da Sex bis dahin sein wüstes Gesicht noch nicht gezeigt hatte, waren die Neuen völlig überrumpelt, während er sich enthusiastisch durch sie hindurcharbeitete — eine nach der anderen. Sie nahmen einen entrückt-nachdenklichen Ausdruck an: «Ich weiß nicht, was das war, aber es könnte mir gefallen.» Nach diesen Initiationsriten wurden sie zu Vollmitgliedern der Hühnergemeinde und begannen auch Eier zu legen: schöne, große, mit orangefarbenem Dotter — ein Götterschmaus. Sie lebten noch lange und glücklich, und ich war froh, daß es so gut geklappt hatte. Aber ich wußte jetzt, daß es mit guten Absichten allein nicht getan ist und ungewohnte Freiheit Tiere ebenso erschrekken kann wie ungewohnte Gefangenschaft.

ACHTES KAPITEL

«Der Teufel hole ihn», murmelte ich, während ich wie verrückt Schränke aufräumte, Besteck polierte, Fenster putzte und versuchte, all die Hausarbeiten nachzuholen, zu denen es irgendwie nie kam. «Warum kann er nicht an den Besuchstagen kommen wie alle?» Dreimal im Jahr, an Weihnachten, im Herbst und im Frühling, reserviere ich ein paar Tage fürs Gesellschaftsleben. Damit meine ich Einladungen an Leute, für die man einen Frühlingsputz veranstalten muß. Ich bringe das Haus auf strahlenden Vordermann, schleuse das Gesellschaftsleben durch und muß mich dann bis zur nächsten Session nicht mit Kleinigkeiten wie Spinnweben oder Pfotenabdrücken auf dem Polster abgeben. Doch Nigel, mein nobler Busenfreund aus London, mußte natürlich aus der Reihe tanzen und zwischen den zugelassenen Besuchszeiten kommen. Also Großreinemachen eigens für ihn. Ich arbeitete mich in eine Raserei hinein: putzte, wusch, schrubbte und polierte. Wenn er auch nur einen Staubfleck fand (und gab es einen, fand er ihn todsicher), würde er sofort einen Anfall bekommen und mit ersterbender Stimme etwas von seiner Allergie, seinen Bronchien und seiner schwachen Konstitution flöten. Da meine eigene Konstitution eher schwach wurde, wenn es

darum ging, mit seinen Faxen fertigzuwerden,
überließ ich nichts dem Zufall. Zum Zeitpunkt,
da er kommen sollte, blitzte und glänzte alles.
Ich hingegen sah aus, als käme ich aus der Mangel. Doch um mich ging es ja nicht.

Ich war in Panik, daß ich irgendwo Unordnung machen oder eine Aschenspur hinterlassen
könnte, und so nahm ich mich selbst, meine Katzen, meine Zigaretten und dann auch noch meinen Wodka hinaus, um auf die Ankunft zu warten. Der Wagen fuhr vor, Nigel stieg aus und
lehnte sich einige Augenblicke schmachtend an
die Motorhaube, damit sich die volle Wirkung
seiner Erscheinung entfalten konnte. Er hatte die
Jagdmütze und den Tweedumhang zugunsten
eines verarmten Landadel-Looks aufgegeben:
grüne Gummistiefel, Manchester-Kniehosen
und Reitjacke. Das Londoner Spezialgeschäft
sahnt bei seinen Besuchen ganz schön ab, dachte
ich — ob sie mir wohl eine Provision zahlen würden? Er stelzte vorsichtig durch den Schlamm,
und ich bat ihn ins Wohnzimmer. Alles sah tipp-
topp aus, und ich trat zurück und wartete auf
seine Reaktion. Sie fiel unerwartet aus: Er gab
einen sorgfältig modulierten Schrei von sich und
sank dann mit einer elegant-choreographierten
Bewegung gegen die Wand, wobei er sich mit einem reinseidenen, teuer parfümierten Taschentuch zufächelte. Entsetzt folgte ich seinem Blick:
Da lag, schön mitten auf dem Fußboden, eine
kleine, durchaus tote Spitzmaus. Eine der Katzen hatte mit genauem Timing ein Willkommens-
geschenk besorgt. (Später dachte ich darüber

105

nach und kam zum Schluß, daß die Katzen viel eher die ungewohnte Sauberkeit nicht ertrugen und die Maus hingelegt hatten, um einen Hauch Gemütlichkeit herbeizuzaubern.) Ich führte Nigel zum Sessel und belebte ihn mit einem heilenden Trank aus der Brandyflasche. Nach der zweiten oder dritten Dosis kehrte die Farbe in seine Wangen zurück, und seine Augen öffneten sich flatternd. Er schaute mich fest an und sagte dann mit mühsam beherrschter Stimme: «Meine liebe Sylvia, ich weiß, daß du Tiere liebst. Wir alle lieben Tiere. Einige von uns haben sogar Haustiere. Aber doch nicht Nagetiere, Liebes. Und bestimmt nicht *tote* Nagetiere.»

Wer hereinplatzt, muß die Situation nehmen, wie sie ist. Manchmal habe ich Glück und mache potentielle Besucher aus, während sie den Weg heraufkommen. Das gibt mir ein paar Minuten, Sachen in Schränke zu werfen, Kissen mit der sauberen Seite nach oben zu wenden und das Spielzeug der Katzen unters Sofa zu schieben. Bin ich wieder einmal aus dem Häuschen, weil mich Besucher überfallen haben, brauche ich nur an den Tag des Hundes zurückzudenken, und ich bin getröstet. Denn so schlimm kann es nicht wieder werden: Es hatte geklopft, ich öffnete und fand mich einer Frau gegenüber, die mir irgendwie bekannt vorkam, einem Mann, einem kleinen Kind, einem Baby im Wagen, mehreren Säcken mit Babyrequisiten und einem großen, schwarzen Hund unbestimmter Abstammung. Ich muß leicht betäubt dreingeschaut haben, denn die Frau sagte: «Erinnerst du dich nicht an mich? Ich bin Marion Lawford, das heißt, du kennst mich eher als Marion Chambers, das war, bevor ich Len geheiratet habe, das ist Len, Len Lawford, mein Mann, und das ist Mickey und das Baby heißt Ellen, und letzthin sind wir da zufällig Sally begegnet, du erinnerst dich doch an Sally, damals hieß sie Sally Hopkins, jetzt heißt sie Sally Clarke, seit sie mit Robin Clarke verheiratet ist, du erinnerst dich doch an Robin . . .» Mir drehte sich der Kopf, und in den Namen, die sie um sich warf wie Konfetti, suchte ich verzweifelt nach einem Anhaltspunkt, um diese sehr geschwätzige Dame identifizieren zu können. Inzwischen leierte die Stimme weiter: «. . . hat uns deine Adresse gegeben, und wir haben gedacht, was für ein schöner Tag, warum nicht zu Sylvia hinausfahren, also da sind wir, wenn du mir nur kurz mit den Babysachen helfen könntest . . .» Ich gab es auf und trieb sie ins Wohnzimmer.

«Miezekätzchen», schrie Mickey und wollte Charlie am Schwanz packen. Charlie, sonst sehr gesellig, schoß zur Tür hinaus, die anderen Katzen hinterher. Enttäuscht kickte Mickey in der Luft herum und gab dabei dem Hund einen Tritt, der wütend zu bellen anfing, womit er das Baby weckte, das nun seine dreihundert Dezibel zum bereits unerträglichen Lärmpegel hinzufügte.

«Ich mache Tee.» Noch viel lieber hätte ich mich zusammen mit den Katzen aus dem Staub gemacht. Der Hund folgte mir in die Küche und war mir dort ständig im Weg. Wie ich den Eisschrank öffnete, gab er mir einen gezielten Stoß mit seinem steinharten Kopf und schnappte sich

107

das erste, was er erwischte: die Koteletts für mein Abendessen. Benommen schaute ich zu, wie er damit ins Wohnzimmer ging und die Koteletts auf dem Teppich zu fressen begann. Ich wartete darauf, daß Marion etwas tat oder sagte. Schließlich: «Na, das mag er aber, nicht? Da hat Hundchen aber Glück gehabt.» Ich biß mir auf die Zunge: Hunde und Kinder von Besuchern müssen akzeptiert werden wie sie sind — wie auch die Besucher selbst. Aber ich fand doch, sie hätten irgendwie versuchen sollen, den Hund in Schach zu halten.

Ich brachte das Tablett hinein und setzte es auf dem Tisch ab. «Wärst du so lieb, das Essen fürs Baby aufzuwärmen?» Marion gab mir eine Flasche. Zähneknirschend ging ich in die Küche und setzte einen Topf mit Wasser auf. Plötzlich ein riesiger Krach aus dem Wohnzimmer. Ich stürzte hin und schloß die Augen. Es ist nur ein Traum, sagte ich mir, machst du die Augen auf, ist nichts. Ich öffnete sie vorsichtig. Kein Traum. Tee- und Milchkanne, Zucker, Tassen, Teller, Kuchen, alles war am Boden verstreut in einer klebrigen Flüssigkeit. Der Hund leckte am Kuchen, und Mickey nagte an den Kotelettknochen. Die Stille war so geladen, daß ich sie fast knistern hörte. Dann sagte Marion abwehrend: «Es ist zufällig passiert. Der Hund hat den Tisch umgeworfen.» Ich entblößte meine Zähne zu etwas, was einem Lächeln am nächsten kam, und zischte: «Macht nichts. Das haben wir bald behoben.» Ich machte mich mit Schaufel, Besen und Mop in den Trümmern an die Arbeit, während mich Marion und Gatte anscheinend unbeteiligt beobachteten. «Ist das Essen fürs Baby fertig?» fragte sie fröhlich. Gott, das hatte ich vergessen. Ich hetzte in die Küche, wo mir Rauchschwaden entgegenschlugen: Das Wasser war verdampft, der Topf zu einem geschwärzten, verkrümmten Ding geworden. Ich packte ihn gedankenlos und schleuderte ihn dann mit einem Schmerzensschrei durch die Küche. Er landete auf den wenigen noch heilen Krügen, die ich aus der Katastrophe gerettet hatte, und schlug sie zu Scherben. In den nächsten fünf Minuten lief die rußgeschwärzte Luft rötlich an, während ich mich durch mein gesamtes Repertoire an Flüchen hindurcharbeitete. Ich war überrascht, wie viele ich kannte, und nach dem Gesicht von Marion und Len zu urteilen, waren sie es auch.

Der Besuch zog sich in die Länge und ebenso Marions Rede: non-stop. Großer Gott, gingen die denn nie? Mir hämmerten schon die Schläfen von der Anstrengung, Mickey zuzulächeln, während er meine Pflanzen aus den Töpfen riß und mit Hilfe der Teetassen aus der Blumenerde Sandkuchen machte. «Was für ein Lausejunge», kicherte Marion schelmisch und dann zu mir: «Er ist so geschickt mit den Händen, wirklich kreativ, wir wollen ihn deshalb nicht entmutigen.» *Entmutigen?* Vermöbeln hätte man ihn sollen! Noch immer durch zusammengepreßte Zähne lächelnd schaute ich zu, wie ihr Hund den Teppich vor dem Kamin zerrupfte und sich dann, als die Wolle in seinem Magen mit Koteletts und Kuchen kollidierte, auf das Sofa er-

109

brach. «Besser hinaus als hinein», zwitscherte Marion. Das glaube ich auch, dachte ich mörderisch. Nach einer Ewigkeit tauschten Marion und Len endlich Blicke aus, und dann sprach sie die schönsten Worte, die ich den ganzen Tag gehört hatte: «Ich glaube, wir sollten gehen. Wir haben einen langen Weg vor uns, und die Kinder werden ein bißchen reizbar, wenn sie ihre Schlafenszeit nicht einhalten, na ja, nach all der Aufregung werden sie ja doch nicht schlafen . . .» Ich ließ sie weiterplappern. Nach dem magischen Wort «gehen» interessierte mich nichts mehr.

Sie zwängten sich in den Wagen, während ich ihnen ohne Umschweife Mäntel, Teddybären, Windeln (gebrauchte und ungebrauchte), Handtücher, Flaschen und weiß Gott was alles hinterherschmiß. Ich wollte nichts anderes, als endlich ihre Rücklichter sehen. Len ließ den Wagen an, und ich begann den Countdown: zehn, neun, acht . . . «Mein Ball», schrie Mickey. «Ich habe meinen Ball vergessen!»

«Ich hole ihn», kreischte ich in Panik, daß sie alle aussteigen könnten, um ihn zu suchen. Ich raste hinein, packte den Ball und wollte schon wieder hinausrasen, als ich den Hund sah, der auf dem Sofa selig schlief. Meine Güte, dachte ich, ohne Mickeys verfluchten Ball wären sie ohne ihn abgefahren. Ich schleppte ihn hinaus und rief: «Ihr habt noch etwas vergessen — euren Hund!» Sie glotzten mich mit offenem Mund an. Dann sagte Len zum ersten Mal etwas: «Unseren Hund? Wir dachten, er gehöre dir. Er saß auf der Schwelle, als wir kamen.» Gott, laß

110

mich diesen Tag überstehen, betete ich, und ich werde nie mehr um etwas bitten. Die Lawfords fuhren ab, unter Versprechen, wiederzukommen (versucht's nur, dachte ich düster), und ich blieb mit einem äußerst selbstgefällig dreinschauenden Hund zurück. Tat er das wohl systematisch: sich Fremden anschließen und sich so Zugang zu Tee-Partys verschaffen? Auf seinem Halsband waren weder Name noch Adresse, aber er war offensichtlich gut genährt und gut gehalten. Wie auch nicht? Der machte sich ein schlaues Leben auf Kosten von Trotteln wie mir. Ich ließ ihn los, und er trabte über die Felder davon wie einer, der noch Wichtiges vorhat. Wahrscheinlich ein Nachtessen zu Hause.

Ich dachte bitter an mein eigenes kotelettloses Nachtmahl. Erst später, als ich am Feuer Frieden und Ruhe in vollen Zügen genoß, kam mir in den Sinn, daß ich immer noch nicht wußte, wer zum Teufel Marion war.

In den Schulferien klopfen fortwährend Kinder an die Tür und wollen ein Glas Wasser, ein Stück Schnur, einen Sack für ihre Marmeln oder einfach nur ein bißchen plaudern. Bald merkte ich, daß dies nur Ausreden waren und sie eigentlich die Tiere sehen wollten. Ich fand das in Ordnung: Sie sollten nur die Tiere kennen- und liebenlernen, dann würden sie später auch besser mit ihnen umgehen. Wie das so oft geschieht bei guten Absichten: Der Schuß geht zuweilen nach hinten los. Einmal ließen die Kinder das Koppeltor offen, und die Esel liefen hinaus. Ich bat ein paar Kinder um Hilfe. Sie jagten entzückt den Eseln nach und schrien: «Holla, Cowboy», wobei sie mit Seilen und Stöcken fuchtelten. Natürlich liefen die Esel panisch in alle Richtungen auseinander. So landeten sie statt auf einem Bauernhof auf vier verschiedenen und machten vier verschiedene Bauern wütend. Na, die Kinder hatten es gut gemeint, und was ihnen an Eselsjagd-Kenntnis fehlte, machten sie mit Eifer wett. Ich dankte ihnen für ihre «Hilfe» und gab jedem fünfzig Pence. Zwanzig Minuten später schaute ich zu einem Fenster im oberen Stock hinaus und sah, wie sie das Koppeltor aufhielten und die Esel höflich auf Graham Christies Feld hinauskomplimentierten. Ich galoppierte wütend die Treppe hinunter und stürzte hinaus, wo ich fast mit den Burschen zusammenstieß, die mich mit engelhaften Gesichtern informierten: «Ihre Esel sind wieder draußen. Wollen Sie, daß wir Ihnen beim Einfangen helfen?» Ich würgte den Schrei hinunter, der hinauswollte, verschränkte die Hände für alle Fälle hinter dem Rücken und sagte eiskalt: «Was für eine gute Idee. Da ihr es wart, die sie so freundlich hinausgelassen habt, erscheint es mir nur gerecht, daß ihr das Privileg haben sollt, sie wieder einzufangen.» Leider kann ich es mir einfach nicht leisten, mich mit diesen Kindern anzulegen. Wer im Glashaus sitzt, sollte nicht mit Steinen werfen, und wer abgeschieden für sich lebt, sollte sich keine Feinde schaffen — falls er nicht eines Morgens aufwachen und eine niedergebrannte Scheune, geschlachtete Vögel und eine leere Koppel vorfinden will.

Es gab eine etwa siebenköpfige Bande von Elf-
bis Zwölfjährigen, die praktisch jeden Tag der
Osterferien bei der Koppel herumhingen, Lärm
und Unsinn machten und die Esel erschreckten.
Als ich sie durchaus höflich zum Gehen auffor-
derte, bedeutete man mir, abzuhauen. Es war
zwecklos, die Sache zu forcieren. Ich konnte sie
nicht loswerden, wenn sie nicht selbst gehen
wollten, und Drohungen mit der Polizei hätten
zwar das Problem unmittelbar gelöst, aber auf
lange Sicht Rache heraufbeschworen. Ich sagte:
«O.K., bleibt, wenn ihr wollt, aber schreit bitte
nicht, weil das die Esel aufregt.» Sie schienen
überrascht. Ich erklärte, daß die Esel zum Teil
aus unglücklichen Verhältnissen kamen, wo man
sie geschlagen und ausgehungert hatte, und daß
es sehr wenig brauchte, um sie zu erschrecken.
Verständnis leuchtete in ihren Gesichtern auf,
und ich hatte den Eindruck, daß manche von ihnen alles über unglückliche Verhältnisse wußten.
Sie stellten mir Fragen über die Esel: woher ich
sie hatte, was sie fraßen, ob ich sie ritte. Nach
einer halben Stunde zogen sie freundschaftlich
ab, wobei sie versprachen, darauf zu achten, daß
«keiner einem Esel nichts tut, wenn wir wen dabei erwischen, kriegt der sein Fett weg». Sehr
schön, dachte ich, was man nicht im Bizeps hat,
hat man im Köpfchen. Am nächsten Tag waren
die Jungen wieder da und klopften an die Tür:
«Dürfen wir den Eseln Chips geben? Wir ham
sie extra gekauft.» Ich sagte ja, das würde sie
freuen. Die Jungs strahlten. Einer Regung fol-
gend sagte ich, ich hätte nächste Woche Geburts-

tag und ob sie Lust hätten, zu einem kleinen Plausch zu kommen. Sie nahmen begeistert an, «und wir bringen Ihnen ein Geschenk mit». «Nein, bitte nicht.» Ich stellte mir vor, wie sie bei Woolworth herumwanderten und sich die Taschen vollstopften. «Die Angeklagte hat sich als Hehlerin gebärdet, Euer Ehren. Ihr Haus war wie Aladins Höhle, bis oben vollgestopft mit Plunder und Krimskrams, das diese armen, unschuldigen Burschen für sie stehlen mußten.» Nein danke.

Sie kamen am vereinbarten Tag, im Vollwichs und strahlend vom ungewohnten Kontakt mit Seife und Wasser. Der Bandenführer drückte mir eine kleine Kartonschachtel in die Hand: «Wir wissen, daß Sie Tiere und so mögen, deshalb haben wir Ihnen das mitgebracht.» O Gott — ich horchte auf das Krabbeln in der Schachtel: Tarantel? Klapperschlange? Klopfkäfer? Voll böser Vorahnungen öffnete ich sie und war entsetzt, zwei Bläßhuhn-Babys zu finden. Solche Winzlinge konnte ich unmöglich am Leben erhalten — sie waren höchstens zwei Tage alt. Ich versuchte, meine Stimme in der üblichen Tonlage zu halten, und fragte: «Wo habt ihr diese Vögel gefunden?» Sie tauschten verstohlene Blicke aus, dann sagte einer: «Auf dem Waldweg, Miß. Sie sind wahrscheinlich aus dem Nest gefallen.» Mit Bedacht sagt ich: «Ich glaube nicht, daß sie aus dem Nest gefallen sind, denn das Nest muß am Wasser sein, und beim Waldweg ist nirgends Wasser. Ich glaube eher, daß irgendwelche dummen Kinder sie aus dem Nest genommen und auf dem Weg gelassen haben. Zum Glück habt ihr sie gefunden, denn sonst wären sie gestorben. Aber wenn wir sie nicht schnell zu ihrer Mutter zurückbringen, sterben sie doch. Ihr alle kennt den Wald besser als ich — vielleicht könnt ihr mir den Ort zeigen, wo das Nest am ehesten sein könnte?»

Das schlucken sie nie, dachte ich. Sie schauten einander an, dann auf ihre Füße, dann auf die Wand, aber auf mich nie. Die Stille zog sich in die Länge, und ich war überzeugt, daß keiner von uns je wieder sprechen würde. Dann piepste eine Stimme: «Ich glaube, ich hab' mal welche beim Hof vom alten Paddick gesehen.» Sogleich stimmte ein Chor ein: «Richtig, hab' sie auch gesehen.»

«Klar, ne Menge.»

«Könntet ihr mir wohl zeigen, wo?» fragte ich.

«O ja, kein Problem.» Ich packte die Kleinen in die Schachtel zurück, und wir zogen los. Nach etwa einer halben Stunde blieben die Jungen stehen, in einem Teil des Waldes, in dem ich noch nie gewesen war. Über eine Meile floß der Fluß dem Wald entlang, bis er sich wieder davonwand. Es gab Wildenten, Bläßhühner, Moorhühner, alle stolz mit ihren Babys unterwegs. «Ich frage mich, wo das Nest sein könnte», sagte ich nebenbei.

Die Jungen tauschten Blicke aus. «Könnt' gleich dort sein», sagte einer und deutete auf ein Schilfbüschel.

«Ihr wartet hier», sagte ich, legte mich flach auf den Boden und robbte so nahe zum Schilf,

115

wie ich konnte, ohne die Bewohner zu erschrekken. Ich konnte den Kopf der Bläßhuhn-Mutter erkennen, packte die Babys aus und begann sie sachte auf ihre Mama zuzuschieben. Doch sie mußte mich gehört haben, denn sie schoß in die Höhe und gab mir mit viel Flügelschlagen und Getrampel auf dem Wasser zu verstehen, daß ich nicht willkommen war. Ich sah im Nest fünf Kleine und steckte die zwei Waisen schnell hinzu in der Hoffnung, daß Mama nicht zählen konnte.

Auf dem Rückweg vermieden die Jungen das Thema «Bläßhuhn-Babys» sorgfältig, und ich ließ es auch bleiben. Wenn sie es jetzt noch nicht verstanden hatten, würden sie es nie kapieren. Zunächst war die Festtagsfreude leicht getrübt, aber nicht lange. Die nächsten Monate kamen die Jungen weiterhin die Esel und mich — in dieser Reihenfolge — besuchen, und wir bauten eine recht angenehme Beziehung auf. Wäre das ein Märchen, wären die Burschen edle Menschen geworden, tierliebend und unbescholten in der Lebensführung. Soviel ich weiß, könnte das für einige zutreffen. Tatsache ist, daß einer von ihnen später mit einer rührseligen Story aufkreuzte, sich damit in mein Haus hineinmogelte und mir jeden Penny stahl. Und die Moral von der Geschicht? Gibt es überhaupt eine?

NEUNTES KAPITEL

Ungläubig riß ich ein Kalenderblatt ab: Es
konnte doch nicht schon Dezember sein? Wo
war das Jahr hingekommen? Gut, ich war ins
Haus umgezogen, Vögel und andere Tiere waren
gekommen und gegangen, und ich hatte nicht beachtet, wie die Zeit verging. Doch auch so konnte
ich kaum glauben, daß beinahe Weihnachten
war. Und ich hatte noch nicht einmal eine Weih-
nachtskarte gekauft, geschweige denn die tausend Sachen getan, die zur Festzeit gehören. Mir
drehte sich der Kopf, und ich setzte mich hin, um
eine Liste zu machen. Ich mache leidenschaftlich
gerne Listen. Jedes Zimmer im Haus ist übersät
davon: Listen mit Zu-Erledigendem, Nicht-zu-
Vergessendem, Dringendem, weniger Dringendem. Ich habe sogar eine Liste von den Listen.
Ich mag an ihnen, daß sie einem helfen, den Zeitpunkt hinauszuschieben, an dem man anfangen
sollte, etwas zu *tun*. Ich holte ein Blatt Papier,
schrieb «Weihnachten» obendrauf, dann setzte
ich mich hin und starrte es fünf Minuten lang an
— wo anfangen?

Das Telefon läutete, und ich griff freudig nach
dem Hörer — für einmal gerettet. «Hier spricht
Jim Barnie», sagte die Stimme. «Was würden Sie
zu einem frühen Weihnachtsgeschenk sagen?»
«Was für ein Weihnachtsgeschenk?» fragte ich

117

vorsichtig. «Ein Dachs.» Ein *Dachs?* War er verrückt geworden? Unbehagliche Stille, ich versuchte, meine Stimme wiederzufinden. Dann informierte er mich über Einzelheiten: Berties gegenwärtige Besitzerin hatte ihn als Baby gefunden und ihn als Haustier großgezogen. Jetzt zog sie in einen Ort nahe der Stadt, wo man weder Dachse noch sonstige Haustiere halten konnte, und sie hatte Jim gebeten, ihm einen guten Platz zu finden. (Immer ist es ein *guter* Platz — nie möchte jemand einen schlechten Platz, oder?) Also, er hatte sofort an mich gedacht. Bertie war überhaupt kein Problem: tagsüber schlief er und wurde erst nachts aktiv. Er brauchte ein großes Gehege und ein separates Schlafquartier, und wenn's mir recht sei, würde er am Mittwoch kommen. Ich schaute auf den Kalender: Sonntag. «Ja gut, ist in Ordnung», sagte ich und legte auf.

Betäubt ging ich zu meiner Liste zurück, strich «Weihnachten» durch und schrieb statt dessen «Dachs» hin. Darunter notierte ich: Gehege, Schlafquartier, Heu, Näpfe, Futter — Futter! Was um Himmels willen fraßen Dachse? Ich blätterte schnell mein Tierbuch durch: Dachse hatten offenbar einen ziemlich biederen Geschmack und fraßen alles, was ihnen über den Weg kam, inklusive — wie ich mit Besorgnis feststellte — verschiedene kleine Lebewesen. Doch wäre er ja im Gehege und die Hühner vor ihm sicher. Warum hatte ich dann immer noch ein unbehagliches Gefühl? *Weil* er im Gehege wäre, darum. Ich konnte mich einfach nicht mit dem

118

Gedanken anfreunden, ein gesundes Tier für den Rest seines Lebens eingesperrt zu halten. Gut, Bertie hatte nie etwas anderes gekannt, aber ich glaube nicht, daß man etwas, was man nie gekannt hat, auch nie vermißt. Alle Wildtiere haben doch bestimmt den Drang, frei zu sein. Ach, sei vernünftig, sagte ich mir selbst, er ist nicht ausgerüstet für die Freiheit, er weiß nicht, wie er für sich selbst sorgen muß, er würde draußen keine fünf Minuten überleben. Alles Argumente, die ich Frau Hängebusen gegenüber gebraucht hatte. Ja, aber da hatte ich von kranken, verletzten Tieren gesprochen und nicht von einem kerngesunden Dachs. Na ja, es hatte keinen Sinn, Argumente hin und her zu schieben — als erstes mußte ich seine Unterkunft vorbereiten. Zum Glück war es nicht die Saison für Waisen, und ich hatte ein freies Gehege. Ich legte eine Teekiste mit Heu aus und stellte sie ans andere Gehegeende, damit der Dachs tagsüber so wenig wie möglich gestört wurde. Mit meinen Bemühungen zufrieden ging ich ins Haus zurück und machte eine weitere Liste: Einkäufe für Bertie: Honig, Rosinen, Melasse, Nüsse usw. Das usw. betraf alles, was mir in die Hände geriet und aussah, als könnte es für einen Dachs akzeptabel sein. Und wenn ich schon ausging, konnte ich gleich Weihnachtskarten kaufen.

Als Jim und Bertie kamen, war alles vorbereitet und ich in großer Aufregung. Jim inspizierte die Dachsgemächer und erklärte sie für zufriedenstellend. Dann kam der Augenblick, auf den ich gewartet hatte: die Begrüßung. Diese gestal-

119

tete sich etwas einseitig, da einer der Teilnehmer das ganze Zeremoniell durchschlief. Hin und wieder seufzte er sanft, zuckte mit der Schnauze und fiel dann in tieferen Schlaf zurück. Er war wirklich bezaubernd — sogar im Schlaf. Wir brachten ihn ins Gehege und legten ihn in sein Schlafquartier. Kurz vor der Abenddämmerung bereitete ich — nach Jims Anweisungen — eine Schale mit Brot und Milch, gab großzügig Zukker, Honig und Rosinen hinein und brachte sie Bertie. Er war eben am Aufwachen, gähnte, streckte und kratzte sich mit all der Selbstzufriedenheit von Leuten, die den Schlaf des Gerechten geschlafen haben. Seine Schnauze zuckte, als ihm der Geruch des Abendbrots in die Nase stieg, und er trottete heran, vor Vorfreude zitternd. Sobald ich die Schüssel hingestellt hatte, steckte er die Schnauze hinein, schlürfte viermal, und leer war sie. «Noch einen Gang?» fragte ich. «Noch eine Menge», brummte er.

Nach dem Abendessen saß ich auf der Kiste und kraulte ihn unter dem Kinn, und er rieb den Kopf an meinen Beinen. «Du bist wirklich ein süßer Kerl», sagte ich. Er schaute auf und sagte: «Du selbst bist auch nicht schlecht.» Ich spielte etwa zwei Stunden mit ihm und ging dann mit ehrlich gemeinten Bitten um Entschuldigung ins Haus zurück. Es war mir gräßlich, ihn allein zu lassen — besonders während seiner ersten Nacht hier. Ich könnte eine weitere Nacht opfern, überlegte ich: Montagnacht für den Haushalt und, sagen wir: Donnerstagnacht für Bertie: Aber nein, wenn ich eine Nacht bei ihm blieb, würde er sich

120

in den anderen Nächten um so einsamer fühlen.
Und überhaupt hatte es wohl Grenzen, was ich
meinem System zumuten konnte. Sorry, Bertie,
sagte ich, du wirst mit ein paar Stunden all-
abendlicher Gesellschaft Vorlieb nehmen müssen. Und doch wollte ich die Eintönigkeit seines
Lebens ein bißchen auflockern. Dann fiel es mir
plötzlich ein: Ich könnte jeden Abend mit ihm
spazierengehen. Am nächsten Tag kaufte ich
Halsband und Leine, zog sie ihm nach dem
Abendessen an und öffnete die Tür des Geheges.
Er schaute erwartungsvoll zu mir herauf.
«Komm, Bertie, wir gehen spazieren.» Beim
Zauberwort «spazieren» tauchten plötzlich
Charlie und Pudding aus dem Schatten auf. Pudding warf Bertie einen Blick zu, fand dann, Spaziergänge spät abends seien vielleicht doch nicht
das Wahre, und verschwand wieder. Charlie er-
wog die Sache und kam zum Schluß, daß man
ein großes, lebendes Stück Lakritze gut in Kauf
nehmen konnte für die Wonnen eines ungeplan-
ten Ausflugs, und er trottete fröhlich mit uns.

Mit einer Taschenlampe bewaffnet, bahnte ich
mir vorsichtig einen Weg durch den Garten, flankiert von Bertie und Charlie. Wohin? Fünf Esel
konnten Bertie bei seinem ersten Nachtspazier-
gang etwas zuviel sein. Wir einigten uns auf eine
gemächliche Wanderung den Weg entlang und
durch die Felder zurück. Bei besonders verlok-
kenden Gerüchen hielt Bertie an und schnüffelte
aufgeregt, bevor er seinen Verdauungsspazier-
gang wieder aufnahm. Nach einer Stunde waren
wir zurück und vergnügten uns noch eine weitere

Stunde. Von da an gingen wir jeden Abend spazieren. Sobald Bertie seinen Napf leergeleckt hatte, kam er eifrig angehüpft und wartete, bis ich ihm das Halsband überzog. Dann drückte er sich an der Tür herum, bis ich öffnete — o.k., gehen wir.

Zwischendurch versuchte ich, mit dem Vorweihnachtskram fertigzuwerden, wobei ich gar nicht wagte, den Kalender anzuschauen, und wenn ich es tat, traute ich meinen Augen nicht. Bei einer Einkaufsrunde in letzter Minute lief ich Mr. Schlick in die Arme und lud ihn zu einem festlichen Trunk ein. Er angelte ein schlickfarbenes Notizbuch hervor und konsultierte es: «Wie wär's mit nächstem Samstag? Sechs Uhr, wenn das passen mag?» Ich sagte, Samstag sei o.k., und rannte fort, bevor ich mich dabei ertappte, daß ich ihm in Verspaaren antwortete. Er kam pünktlich und hatte, soviel ich sehen konnte, genau die gleichen Kleider an wie zur Arbeit — mit einer Ausnahme: Seine Hände steckten jetzt in kanariengelben Gummihandschuhen. Ich werde nichts sagen, gelobte ich, das Wort «Handschuhe» wird nicht über meine Lippen kommen.

Ich schenkte ein, reichte ihm Chips und Erdnüsse und begann ein lockeres Geplauder, ohne auch nur einmal etwas von gelben Handschuhen zu sagen. Wir erörterten das nahende Fest: «Ich sehe keinen Grund für Kekse in der Weihnachtsstund.» Das Wetter: «Ist der Mond an Weihnacht voll, gibt es Schnee wie toll.» Das war literarisch durchaus ansprechend, wiewohl nicht ganz glaubwürdig. Seine Arbeit: «Abwässer sind mein Leben, drum hat's keine Frau gegeben.» Das verwirrte mich ein bißchen. Meinte er, daß er von seiner Arbeit so ausgefüllt war, oder hatten die Abwässer potentielle Bräute abgeschreckt? Wahrscheinlich beides. Ich begleitete ihn zur Tür, sagte auf Wiedersehen und schöne Weihnachten und platzte dann heraus: «Keine rosa Handschuhe heute?» Er schien beleidigt. «Das sind meine Arbeitshandschuhe. Ich mach mich immer fein, wenn jemand lädt mich ein.» Geschieht dir recht, sagte ich zu mir.

An Heiligabend fiel mir etwas ein, was ich einmal gelesen hatte: daß Schlag Mitternacht alle Esel auf der Welt niederknien im Gedenken an jenen anderen Esel in Bethlehem. Ich beschloß, nachzusehen, ob meine Esel die Legende kannten. Kurz vor Mitternacht schlich ich auf Zehenspitzen zur Koppel hinaus. Keine Spur von Eseln im Unterstand. Wie sich meine Augen ans Dunkel gewöhnt hatten, machte ich fünf eselsförmige Schatten aus, die auf vier Beinen aufgepflanzt ihr Heu mampften. Wahrscheinlich wissen sie nicht, daß Heiligabend ist, dachte ich ein wenig traurig: Eine schöne Illusion war dahin. Man sollte Legenden nicht auf die Probe stellen. Könnte man sie beweisen, wären sie ja keine Legenden.

Da ich schon einmal draußen war, konnte ich auch gleich auf einen Schwatz zu Bertie. Ich leuchtete mit der Taschenlampe in sein Gehege. Nichts regte sich. Kein Bertie, wie sich nach genauer Suche herausstellte. Wie hatte er entwischen können? Die Tür war fest zu und im

123

Drahtgeflecht kein Loch. Ich suchte ihn die ganze Nacht, was natürlich hoffnungslos war. Aber ich hätte sowieso nicht schlafen können. Mich störte nicht, daß er sich davongemacht hatte, sondern ich machte mir Sorgen, ob er in der rauhen Welt draußen überleben konnte. Wie suchte er sich sein Futter? Wie wurde er mit den Füchsen fertig? Und wenn ihn ein Bauer sah und erschoß? Es gab noch mehr Dachse im Wald, aber die würden für Bertie kaum die Willkommensflagge hissen, sondern ihn vielmehr angreifen. Kurz vor Sonnenaufgang ging ich zu einem Bad und einer Tasse Tee hinein, dann machte ich mich an die tägliche Arbeit: das Federvieh hinauslassen, die Tiere tränken und füttern. «Allen schöne Weihnachten», sagte ich trübselig, und zu den Vögeln: «Seid froh, daß ihr keine Truthähne seid.» Wie ich an Berties Gehege vorbeikam, warf ich einen letzten Blick hinein: Und da war er, eingerollt und tief schlafend in seiner Kiste! Mir hüpfte das Herz. Es würde doch eine frohe Weihnacht werden.

Danach kontrollierte ich jede Nacht sein Gehege: Es war immer leer, und immer war er wie Aschenputtel bei Tagesanbruch wieder zurück. Mir schwante, daß er diese Eskapaden wahrscheinlich unternahm, seit er bei mir war, und ich es nur zufällig herausgefunden hatte. Aber noch immer wußte ich nicht, wie er hinausgelangte. Ich wartete einen Vollmond ab und wünschte Bertie nach unserem Abendspaziergang (weiß Gott, warum ich mich damit noch abmühte — ganz offensichtlich verschaffte sich Bertie selbst genug Abwechslung und Bewegung) wie immer eine gute Nacht. Doch dann ging ich nicht hinein, sondern schlich um sein Gehege herum und bereitete mich auf eine einsame und äußerst kalte Nachtwache vor. Die dann gar nicht so lang wurde. Nach fünf Minuten hörte ich ein Kratzen und sah, wie Bertie ein Stück losen Drahtgeflechts hob, sich darunter durchquetschte und es zu meinem allergrößten Erstaunen wieder zurückbog. Kein Wunder, daß ich nichts gemerkt hatte: Er verwischte seine Spuren! Ich schaute zu, wie er eifrig über die Felder davontrabte und im Wald verschwand.

Am nächsten Morgen war ich vor Sonnenaufgang draußen und wartete auf ihn, als er von seiner durchzechten Nacht zurückkehrte. Er war ein wenig überrascht, mich zu sehen, aber von Scham oder Schuldgefühlen keine Spur. Im Gegenteil: Er wirkte unerträglich selbstzufrieden. Er schnüffelte an meiner Hand und schmiegte den Kopf an meine Beine, aber ich ließ mich von dem Geschmuse nicht einfangen. «Und wo hast du bis jetzt gesteckt, wenn man fragen darf? Man könnte ja denken, du hättest kein Zuhause. Das ist ein anständiges Haus, damit du's weißt, und was die Nachbarn sagen werden, daran mag ich gar nicht denken.» Er schaute mich an wie einer, der seine Geheimnisse zu hüten weiß, schlenderte zu seinem Schlafquartier, streckte sich gewaltig und schlief sogleich ein. Nach einigen Überlegungen und diskreten Nachfragen bei meinen Nachbarn, ob ihr Federvieh dezimiert worden sei (war nicht der Fall), beschloß ich, seinen Fluchtweg nicht zu blockieren. Er tat nichts Böses und hatte offenbar einen Lebensstil gefunden, der ihm paßte. Warum sollte ich mich da einmischen?

Das ging etwa zwei Monate so, bis er dann hin und wieder auch tagsüber nicht zurückkam, sondern erst zum Abendessen. Wir machten noch unsere Abendspaziergänge, aber mir schien, daß es Bertie nur tat, um mich bei Laune zu halten. Bald kam er in immer größeren Abständen zurück und brauchte sein Gehege eher als Restaurant. Im Frühling kam er überhaupt nicht mehr, obwohl ich ihn oft am Waldrand hoffnungsvoll warten sah. Es ist wieder einmal soweit, seufzte ich und richtete ihm einen Mahlzeitendienst ein, was ihm sehr paßte. Nicht daß er das brauchte — er sorgte offensichtlich sehr gut für sich selbst. Aber ich wollte nicht jeden Kontakt mit ihm verlieren.

ZEHNTES KAPITEL

Hier bringt jede Jahreszeit ihre besonderen Freuden, doch den Frühling habe ich am liebsten. Alles ist frisch und neu und voller Versprechen wie eine Wiedergeburt. Dieser Frühling war besonders denkwürdig, weil er eines der entzückendsten und liebenswürdigsten Geschöpfe in mein Leben brachte. Es begann, wie viele glückliche Episoden in meinem neuen Leben, mit einem Anruf von Jim Barnie: «Würden Sie ein Waldkauz-Baby aufnehmen?»

Würde ich? Ich suchte nach einer passenden Antwort und sagte: «Mit Begeisterung.» Nachher saß ich ganz betäubt da. Ich weiß nicht — liegt es an ihrem Kuchenmännchen-Aussehen, ihren unglaublichen, alles sehenden Augen oder ihrem unheimlich-eindringlichen Ruf in der Stille der Nacht, aber für mich sind Eulen die faszinierendsten und anziehendsten aller Vögel.

Der Tag der Eule kam, und Jim überreichte mir eine Pappschachtel mit zwei unförmigen, lose zusammengefügten Klumpen, die mit gräulich-weißem Flaum bedeckt waren und bei jeder Bewegung einen kleinen Schneesturm entfesselten. Mitten im oberen Klumpen waren zwei riesige Augen, die meinen Blick fest, ohne zu blinzeln und ohne eine Spur von Angst erwiderten. Jim sagte, der Kauz sei aus dem Nest gefallen und habe sich beide Flügel ziemlich schwer verletzt, so daß er kaum mehr als flattern lernen würde. Ich konnte ihn also ins Haus nehmen, denn er würde sich nie draußen behaupten müssen. Wie sich dann herausstellte, hielt es Wol sowieso von Anfang an für selbstverständlich, daß nicht er zum Haushalt gehörte, sondern der Haushalt ihm. Er gab mir auch zu verstehen, daß ich alles vergessen konnte, was ich über Eulen zu wissen glaubte, denn er war keine gewöhnliche Eule. Er war ein Charakter und für ein tennisballgroßes Knäuel erstaunlich unverfroren.

Ich dachte mir, seine Schachtel gebe ihm eine gewisse Sicherheit, und ließ ihn am ersten Tag drinnen. Eine Weile war alles ruhig, dann: «Scharr, scharr.» Ein paar Minuten Ruhe, dann das Scharren eindringlicher. Ich schaute verblüfft zu, wie die Schachtel scheinbar von sich aus auf dem Boden herumzuspazieren begann. Sie hielt abrupt an, und nach weiterem wütendem Scharren erschien ein flauschiger Kopf und bald darauf der Rest von Wol. Verärgert zwitschernd über die Roheit von Leuten, die Eulenbabys in Kartonschachteln alleinlassen, während sie sich selbst ein schönes Leben machen, nahm er das Wohnzimmer in Angriff. Ich hielt den Atem an, als er selbstbewußt zu Charlie, der auf dem Teppich schlief, hinüberhüpfte und ihm mit schiefgehaltenem Kopf die Ohren vollzwitscherte. Charlie nahm diesen Einbruch in seine Privatsphäre mit der üblichen Gutmütigkeit hin, öffnete ein Auge, musterte Wol gelassen und schlief wieder ein. «Was? Keine Waschung?»

128

fragte ich, denn Charlie pflegte jeden Neuankömmling halb kaputtzulecken. Er öffnete das andere Auge. «Was? Mit all dem losen Flausch. Ich will doch keinen Federklumpen im Magen. Und überhaupt — hast du dir den Schnabel angeschaut? Nee, danke.» Inzwischen war Wol schon total frustriert. Diese pelzige Nicht-Eule war ihm im Weg und rührte sich nicht. Da gab's nur eins: Wie ein Fakir, der über Glasscherben geht, wählte er äußerst vorsichtig seinen Weg über Charlie hinweg — auf der einen Seite hinauf, auf der andern hinunter. Er hätte natürlich um Charlie herumgehen können, aber bald wußte ich, daß bei ihm so etwas einfach nicht drinlag. Bei dieser teuflischen Frechheit zuckte Charlie nicht einmal mit einem Schnauzhaar — was ihm ewig zugute zu halten ist.

Wol setzte seinen Weg fort — sehr zu Puddings Besorgnis. Denn das nächste Hindernis war der Sessel, in dem Pudding saß. Schreckensstarr schaute er zu, wie der Flauschball immer näher kam. Wol hielt an, fixierte Pudding, ohne zu blinzeln, und begann am Sesselbein hinaufzuklettern. Mit einem Schrei warf sich Pudding vom Sessel und raste durch die Katzentür aus dem Zimmer. Was Wol überhaupt nicht aus der Fassung brachte, denn er richtete sich im vorgewärmten Sessel bequem ein, blies seine Daunen auf und zwitscherte glücklich. Nach fünf Minuten war er bereit, seine Tour fortzusetzen. Als er zum Sofa kam, wo ich saß, bog er scharf nach rechts ab, hüpfte mein Bein hinauf und landete in meinem Schoß. Energisch mit den Flügeln schlagend, wobei er mich mit grauem Flausch überzog, ließ er sich nieder und blickte mich schräg und fragend an. Ich streichelte ihn am Kopf, den er immer mehr verdrehte, bis er schließlich seinen Schwanz anschaute. Das heißt, wenn er die Augen offengehabt hätte. Denn er war sozusagen in Trance. Ich hörte mit dem Streicheln auf, da öffnete er ein Auge und schaute mich mit einem Blick an, der eindeutig sagte: «Mach weiter. Es ist super.»

In diesem Haus ist es ein ungeschriebenes Gesetz, daß jeder in seinem Sessel sitzenbleiben darf. Ich weiß nicht, wer das eingeführt hat. Ich bestimmt nicht, denn meistens sitze *ich* auf dem Fußboden. Auf jeden Fall machte Wol dem ein Ende. Wenn er einen Sessel wollte, so bekam er ihn auch, ob eine Katze darauf saß oder nicht. Bei Min und Pudding genügte ein langer bedeutungsvoller Blick, um sie aus der Fassung zu bringen. Charlie jedoch war aus härterem Holz geschnitzt: Kein glotzäugiger Feder-Staubwedel würde ihm seinen Sessel streitig machen. Ein paarmal hatte Wol Charlie die volle Behandlung (starrer Blick, Flügelflattern, ärgerliches Gezwitscher) umsonst zuteil werden lassen, und jetzt fand er, daß direktere Maßnahmen am Platz waren. Als wäre Charlie Luft, steigt er das Sesselbein hinauf und läßt sich behaglich neben ihm nieder. Charlie gedenkt überhaupt nicht, seinen Sessel mit einem aufdringlichen Parvenü zu teilen, aber gleich nachzugeben wäre ein Minuspunkt für seine Würde. Er streckt sich träge und setzt eine gekonnt unbeteiligte Miene auf — er wollte ja sowieso gehen —, dann gleitet er elegant zu Boden.

Merkwürdig, die einzige Ausnahme, die Wol in dieser Dein-Sessel-ist-mein-Sessel-Angelegenheit machte, war Rufus. Rufus war im Alter etwas schrullig geworden, und weil er nicht mehr um seine Wünsche kämpfen konnte, machte er auf Märtyrer und den alten Trick, die anderen mit Schuldgefühlen zu belasten. War's Respekt vor Rufus' fortgeschrittenen Jahren oder eine Abneigung gegen das «Ich dachte, im Alter hätte ich wohl das Recht auf ein bißchen Ruhe», auf jeden Fall versuchte Wol nie, Rufus aus seinem Sessel zu vertreiben. Da war Rufus natürlich gekränkt: Nicht nur, daß ich hier nicht zähle, ich bin auch unsichtbar, Luft für euch.

Eulen sind bekanntlich Nachttiere, aber Wol sah nicht ein, warum er nachts aufbleiben sollte, wenn es niemanden zum Spielen gab. Und tagsüber mochte er nicht schlafen und allen Spaß versäumen. Also stellte er seinen Fahrplan auf den Kopf und begann die gleichen Stunden einzuhalten wie die anderen. Allerdings ist er nachts am meisten aufgekratzt. Tagsüber sitzt er meistens auf seiner Stange am Fenster und betrachtet wohlwollenden Auges die Welt. Manchmal macht er ein Nickerchen, aber immer mit einem offenen Auge, falls er etwas verpassen sollte. Um acht Uhr wird er allmählich munter. Nachdem er jede Feder einzeln für den Abend feingemacht hat, hüpft er auf meine Schulter und zwitschert mir ins Ohr, was er heute alles erlebt hat. Das geht etwa drei Minuten so, bis er mein Haar erblickt und — offensichtlich entsetzt über den Zustand meines Gefieders — es mit dem Schnabel gründlich durchgeht. Nach fünf Minuten tritt er zurück und betrachtet sein Werk mit kritischem Blick. Ich schaue in den Spiegel: Mein Kopf sieht aus wie eine Kratzbürste. Wol aber scheint mit dem Ergebnis seiner Bemühungen zufrieden und nickt beifällig. Er hüpft auf die Sofalehne und schaut sich nach seiner Maus um. Eigentlich gehört die Maus den Katzen, aber Wol hat auch die beschlagnahmt. Ich kaufte den Katzen eine neue Maus, die sie sogleich ablehnten, weil sie nicht so schön zerbeult war wie die alte. Ohne viel Hoffnung versuchte ich sie bei Wol gegen die gestohlene auszutauschen. Mit der unrechtmäßigen Trophäe in der Kralle, nahm er die neue Maus geziert in den Schnabel und ließ sie mit der größten Verachtung fallen.

Am liebsten sitzt Wol auf der Rückenlehne des Sofas, besonders wenn ich auch auf dem Sofa sitze. Mit einer geklauten Maus zu spielen ist lustig, aber noch lustiger ist es, wenn man sie jemandem auf den Kopf fallen lassen und ihm dann ins Ohr zirpen kann, bis er sie zurückgibt, sie ihm wieder auf den Kopf fallen läßt und so weiter und so fort. Nach fünf Minuten hämmert mir der Kopf, und ich konfisziere die Maus. Wol reagiert genau wie ein Baby, dem man den Schnuller genommen hat: Er schreit, hüpft wütend auf und ab, sagt häßliche Wörter zu mir. Ich ignoriere dieses Benehmen. Auch er muß lernen, daß es nicht immer nach seinem Kopf gehen kann. Der Wutanfall nützt ihm nichts, also än-

132

dert Wol seine Taktik: Er stellt den Ton ab (ah, schön), stolziert beleidigt ans andere Sofaende, dreht mir den Rücken zu und studiert die Wand. Wol schmollt. Ich beachte es nicht. Ich weiß, und er weiß, daß er es nicht lange durchhalten kann. Zwei, drei Minuten vergehen, dann spüre ich plötzlich ein Zwicken an der Kopfhaut: Wol will Beachtung und reißt mir einzeln Haare aus. Ich lege mir die Hand auf den Kopf, und er umschließt meinen Finger mit der Kralle. Ganz sachte hebt er ihn auf, hält ihn wie einen Hot Dog im Schnabel und beginnt ihn sanft anzuknabbern. Weil ich schon gesehen habe, wie dieser Schnabel ein Stück Rind in Sekunden zu Hackfleisch verarbeitet, bin ich ihm für seine Zurückhaltung dankbar.

Wie alle hat auch Wol seine Launen. Manchmal will er Gesellschaft, und manchmal will er alleingelassen werden. Schön und gut. Nur: Wenn es Wol nach Gesellschaft gelüstet, muß es alle anderen auch. Leider hat er seine Geselligkeits-Höhepunkte abends, wenn ich langsam am Zurückstecken bin. Entspannung nach einem harten Arbeitstag stelle ich mir mit einem nicht allzu anspruchsvollen Buch vor. Wol selbst ist kein großer Leser und versteht nicht, was ich an Büchern finde. Er hüpft mir auf den Schoß, um zu sehen, was ich da seiner Gesellschaft vorziehe. Ah, das ist's: Er packt eine Seite mit dem Schnabel und macht Konfetti daraus. Nach ein paar unheilschwangeren Interviews mit der Bibliothekarin, während deren ihre Augenbrauen immer höher und ihre Mundwinkel immer tiefer rutschten und ich zu erklären versuchte, daß eine analphabetische Eule das Buch lädiert hatte, gab ich meine Leserkarte auf. Und ich gab auch das Nickerchen am Feuer auf. Gerade wenn ich einnicke, zieht mich jemand an der Hose, dann krabbelt es an meinem Bein, und Wol sitzt mir im Schoß. Ein kleiner Hüpfer auf meine Brust, und sein Gesicht ist drei Zentimeter vor dem meinen. Ich öffne schnell die Augen, um seinem nächsten Zug zuvorzukommen: sachtes Knabbern an meinen Augenlidern, um zu sehen, ob ich da bin.

Wie Basil ist auch Wol ein Fernseh-Fan, wenn auch auf etwas unorthodoxe Art. Er sitzt auf dem Apparat und hängt sich hinunter, so daß ihm alle Bilder verkehrt erscheinen. Vielleicht sehen sie so besser aus. Auf jeden Fall fällt es mir schwer, mich zu konzentrieren, wenn die obere Hälfte des Bildes von einer verkehrten Eule verdeckt ist. Neue Bilder und Töne interessieren ihn sofort. Als er das erste Mal das Surren des Heizungsventilators hörte, mußte er das Ding sofort untersuchen. Der warme Luftstrom stoppte ihn kurz, aber nach einiger Überlegung bahnte er schneidig seinen Weg weiter. Noch eine Pause, wieder zwei Zentimeter vor. Die warme Luft begann ihm durch die Federn zu blasen: o Wonne! Er hüpfte auf die Heizung hinauf und ging langsam rückwärts, bis sein Hinterteil über dem Gebläse war. Er wiegte sich sachte mit wonnig geschlossenen Augen, während ihm die warme Luft durch die Schwanzfedern fuhr. Von da an war die Heizung sein Lieblingsort — bis zum Tag, da er wie gewohnt über dem Gebläse hing und ihm däm-

merte, daß etwas fehlte: die warme Luft. Völlig
aus dem Häuschen drehte er sich um und steckte
den Kopf ins Gebläse, um zu sehen, was da den
Gang der Dinge aufhielt. Da war offenbar nichts
im Weg. Was nun? Er warf mir einen fragenden
Blick zu. Mir tat er leid, und ich schaltete die
Heizung ein. Aahh, Seligkeit!

Zwecks Fortbewegung wackelt Wol schief wie
ein Seemann mit Hühneraugen. Sieht er aber etwas Interessantes am Boden, eine Spinne zum
Beispiel, hüpft er zierlich auf den Zehenspitzen
hin. Nach vielem Nicken, um seine Beute zu lo-
kalisieren, hält er den Kopf schräg und durchbohrt sie mit stechendem Blick. Meistens ist die
Spinne dann schon weg, doch Wol fixiert noch
immer den Punkt, wo sie gewesen ist. Wol hat
merkwürdigerweise überhaupt keinen Tötungs-
instinkt, was für einen Raubvogel wirklich ungewöhnlich ist. Zum Glück braucht er sich nie
selbst zu versorgen. Er mag Käfer, bringt es aber
nicht übers Herz, sie zu töten oder lebend zu essen. Er hüpft nur hysterisch kreischend auf und
ab, bis ich komme und den Käfer für ihn töte.
Dann verschlingt er ihn sofort. Ich selbst bin
nicht ganz unzimperlich, und so gehört das nicht
gerade zu meinen Lieblingsaufgaben. Einmal
brachte ich ihm einen Regenwurm, weil ich
dachte, das wäre ein Leckerbissen für ihn. Er begutachtete mein Geschenk mit Widerwillen und
trat ein paar Schritte zurück. Natürlich, er hat
noch nie einen Regenwurm gesehen, dachte ich,
und so weiß er nicht, daß das etwas Gutes ist. Ich
nahm den Wurm vorsichtig mit einer Pinzette auf

(nie könnte ich einen Wurm berühren!) und hielt ihn Wol vor den Schnabel. Er nahm ihn äußerst geziert, und wie sich der Wurm zu winden begann, ließ er ihn entsetzt fallen. Er schaute den Krümmungen des Wurms eine Weile zu, nahm ihn dann wieder auf und knabberte ihn ein wenig an, bevor er ihn erneut fallen ließ. Mir reichte es, und dem Wurm wahrscheinlich auch. Gerade als ich ihn wegbringen wollte, gab es eine Bewegung, und der Wurm war fort. Offenbar hatte Thomas, meine Hauskröte, dieser Pantomime von seinem Blumentopf aus zugeschaut, und, angeekelt von diesem Getue wegen eines Wurms, der ganzen mühseligen Angelegenheit ein Ende bereitet. Das geschah so schnell, daß es Wol nicht in den Kopf ging. Er legte sein Gesicht in erstaunte Falten und schaute vom Boden zu mir auf und wieder auf den Boden: «Aber da war doch ein Wurm. Ich weiß doch, daß da einer war.»

Eulen sind Fleischfresser. Für Wol gibt's Huhn, Rind, Kaninchen, Herz und, wenn er Glück hat, hin und wieder eine von den Katzen gefangene Maus. Was nicht oft vorkommt, da die Katzen als Jäger nicht gerade Spitze sind. Doch hat Wol einen riesigen Fan-Club, und seine Bewunderer bringen ihm von Zeit zu Zeit Geschenke in der Form von toten Mäusen, Hamstern und manchmal sogar Ratten. Wol ißt fürs Leben gern Mäuse, sie sind für ihn eine seltene Delikatesse. Die schluckt er nicht wie gewohnt unzerkleinert hinunter, sondern läßt sich gewissermaßen jeden Bissen auf der Zunge zergehen.

Es ist wirklich widerlich. Am zweitliebsten hat Wol immer das, was ich esse. Sobald ich mich hinsetze, kommt er angetanzt, klettert mir via Bein auf die Schulter und überwacht jeden Bissen, den ich in den Mund nehme. Gefällt ihm einer, schnappt er ihn von der Gabel weg. Was seinen Erwartungen nicht entspricht, läßt er mir hinten in den Pulli fallen.

Im Gegensatz zu Basil hat Wol nichts dagegen, ins Bett zu gehen, aber es muß auf seine Art geschehen. «Komm, Wol, Schlafenszeit», sage ich, und er wackelt zur Tür, die zur Treppe führt, und wartet, bis ich öffne. Obwohl er sehr gerne auf meiner Schulter — oder noch lieber auf meinem Kopf — durchs Haus reist, betrachtet er es als unwürdig, ins Bett getragen zu werden. Er besteht darauf, selbst hinaufzugehen — wahrscheinlich, weil er so mehr Zeit hat, herumzualbern und die Schlafenszeit hinauszuschieben. Drei Hüpfer die Stufen hinauf, dann eine Pause, um zu sehen, ob ich nachkomme. Ich gebe ermutigende Laute von mir, worauf er wieder ganz hinunterhüpft, an mir vorbei. Das macht ihn konfus, und er hüpft wieder hinauf, drei Stufen vor mir her, bis oben. Dort wartet er und unterstreicht jeden meiner Schritte mit begeistertem Nicken. Sobald ich oben bin, quietscht er entzückt und hopst wieder hinunter. Dreimal muß dieses Ritual wiederholt werden, dann ist er reif fürs Bett. Oder fast. Zuerst muß er im Studio die Jalousien hinaufklettern und seine Tarzannummer durchziehen, wobei er sich an der Schnur hinunterschwingt. Dann ein Kontrollgang in den

Papierkorb, um sicher zu sein, daß nichts Wertvolles fortgeworfen wurde. Jedes Stück Papier wird herausgenommen, genau untersucht und minuziös zerfetzt. Dann schaut er sich um, ob er noch anderen zeitraubenden Aktivitäten frönen kann. Doch da fängt er meinen Blick auf, bemerkt ein stählernes Blitzen und ahnt, daß er die Sache zu weit treibt. Mit einem resignierten Seufzer läßt er sich gnädigst aufnehmen und zu Bett bringen.

Kaum war Wol ein paar Wochen bei mir, konnte ich mir das Leben ohne ihn nicht mehr vorstellen. «Ach, Wol», sagte ich. «Wir werden einen vergnüglichen Sommer haben. Wir werden den ganzen Tag im Garten sein, und du hilfst mir bei der Arbeit und lernst alle anderen Tiere kennen. Wird das nicht ein Riesenspaß?» Er blickte mich mit seinen riesigen Augen an: «Du bist ganz schön überdreht, was?»

ELFTES KAPITEL

Leider brachte jener Frühling nicht nur Wol, sondern auch eine Tragödie. Ich hatte bemerkt, daß sich Rufus immer mehr zurückzog und sich für die Vorgänge um ihn herum immer weniger interessierte. Offenbar wollte er die ihm verbleibende Zeit in Ruhe und Frieden durchleben. Er aß zwar noch gut, magerte aber sehr ab, und ich ließ den Tierarzt kommen, weil ich dachte, es sei am gnädigsten, Rufus einzuschläfern. Mr. Partridge untersuchte ihn eingehend und sagte, er leide an keiner besonderen Krankheit, sondern alle seine Symptome gehörten zum Alterungsprozeß — etwas, was uns allen eines Tages widerfahren würde, «falls wir Glück haben». Er versicherte mir, daß Rufus keine Schmerzen hatte, und auch wenn sich sein Leben eindeutig dem Ende zuneigte, gebe es keinen Grund, ihm nicht in vertrauter Umgebung seine Zeit und der Natur ihren Lauf zu lassen. Sollte ich irgendwann vermuten, daß Rufus Schmerzen hatte, würde er sofort kommen und dem Leiden ein sanftes Ende bereiten.

Während der nächsten zwei Wochen blieb Rufus unverändert. Er schlief den ganzen Tag in seinem Sessel, ging nur für seine Geschäfte (die er nie ins Kistchen machte) hinaus und kam gleich wieder zurück. Und dann schreckte er eines Morgens plötzlich auf und ging zur Küchentür. Er benützte nicht die Katzentür, sondern miaute, bis ich die große Tür öffnete. Ich schaute zu, wie er langsam durch den Garten ging und seine alten Lieblingsplätze aufsuchte: den Komposthaufen, den Apfelbaum, sogar den Wohnwagen. Dann kam er an die Küchentür zurück und legte sich draußen vor die Schwelle. Ich ließ die Tür offen, um ihn im Auge zu behalten, aber er machte keine Anstalten, hereinzukommen. Nach einer Weile begann es zu regnen, und ich hob ihn auf und trug ihn zu seinem Sessel, aber er gab keine Ruhe, bis ich ihn wieder hinausgelassen hatte. Ich holte eine große Pappschachtel und stellte sie draußen auf, und er kroch hinein, so daß nur sein Kopf in den sanften Frühlingsregen hinausragte. Ich blieb bei ihm und schaute zu, wie er ruhig in seinen letzten Schlaf versank, dann begrub ich ihn unter dem Apfelbaum. Meine Tränen waren für mich selbst: Rufus hatte ein langes, glückliches Leben gehabt, und als seine Zeit kam zu sterben, hatte er es mit Würde getan und so, wie er wollte. Und doch hinterließ er eine schreckliche Lücke: Er war so lange bei mir gewesen, daß ich mir das Leben ohne ihn nicht vorstellen konnte.

Doch die Natur duldet keine Leere, und wo eine Lücke entsteht, schickt sie etwas zum Füllen. Als Monty ein paar Tage später anrief und fragte, ob ich einen Hund wolle, war ich deshalb überzeugt, daß es Schicksal war. Mein Glaube wurde leicht wankend, als er sagte, es handle sich um einen englischen Schäferhund — *so* groß war

140

die Lücke nicht —, doch festigte er sich bald wieder. Schließlich ging es um eine emotionale Lücke, und Rufus hatte eine riesige hinterlassen. Trotzdem hielt ich es für ratsam, ein paar Sicherheitsvorkehrungen zu treffen — das Schicksal spielt ja manchmal seine Streiche. Ich sagte, ich würde den Hund für zwei Wochen auf Bewährung nehmen. Sollte es dann noch nicht klappen, müsse der Hund zu seinen gegenwärtigen Besitzern zurück. Mir gefiel es überhaupt nicht, den Hund so herumzuschieben, aber ich hatte es schon zweimal mit einem Hund versucht, und da waren alle Katzen ausgezogen. Monty sagte, Bubbles *(Bubbles?)* gehöre der Tochter einer Bekannten, die ein Baby erwartete und deshalb fand, ihre Londoner Wohnung sei zu klein für sie alle. Mir stieg die Wut hoch auf Leute, die so dumm sind, große Hunde in Stadtwohnungen halten zu wollen. Daß sie den Hund meist als Welpen kaufen und dann erstaunt sind, wie groß er wird, macht die Sache noch schlimmer, denn es zeigt, daß sie einen Hund genauso gedankenlos einkaufen wie einen Laib Brot. Na ja.

Am vereinbarten Tag hielt ein Wagen mit vier Erwachsenen, zwei Kindern, mehreren großen Säcken mit Hundezubehör und einer englischen Schäferhündin und entleerte sich vor meiner Tür. Leider war Bubbles fast hautnah geschoren und hatte einen kupierten Schwanz. «Komm, Bubbles, deine neue Mutti kennenlernen», sagte Bubbles' alte Mutti und führte sie zu mir. Bubbles warf sich nach hinten, fletschte die Zähne und knurrte mich an. Na, das fängt ja gut an, dachte ich und war froh, daß ich auf einer Sicherheitsklausel bestanden hatte. Obwohl ich da an eine Hund-Katzen-Konfrontation gedacht hatte und nicht im Traum daran, daß Bubbles mich nicht mögen könnte. Wahrscheinlich brauchen wir alle von Zeit zu Zeit einen Dämpfer für unser Ego. Eunice, Bubbles' Besitzerin, versicherte mir, dieser Auftritt sei nicht persönlich gemeint, denn Bubbles knurre Fremde immer an. Deshalb sei sie ein so guter Wachhund. Die Familie stimmte im Chor ein, was mich keineswegs beruhigte: Sie gaben sich zuviel Mühe. Wir gingen hinein und wurden beinahe überrannt von drei Pelzkugeln, die ganz dringend etwas anderes vorhatten. Wol gewährte Bubbles einen flüchtigen Blick, befand, daß sie nicht eßbar war, und setzte seine Nabelschau fort. Plötzlich kreischte Eunice auf: «Die lebt ja!» und zeigte auf Wol. «Ich dachte, sie sei ausgestopft.» Ich sagte, ich hätte nicht die Gewohnheit, Familienmitglieder auszustopfen. Während des Tees informierten mich Eunice und Bill über Bubbles' Bedürfnisse, und meine anfängliche Wut legte sich ein wenig, denn sie hatten sie offensichtlich sehr gern. Aber hätten sie vor dem Kauf des Hundes etwas nachgedacht, wären sie jetzt nicht in diese herzzerbrechende Situation hineingeraten.

Sie packten ihr Klappbett aus, ihre Decke, ihre Badezusätze, ihr Bad, ihre Näpfe, Bürsten und Kämme, Flohpulver, Wurmpillen, Büchsen mit Hundefutter und zu meinem Erstaunen ihren Stammbaum. Ich studierte ihre makellose Abstammung und war nicht mehr überrascht, daß sie mich angeknurrt hatte: Ich war ganz gewiß nicht von ihrer Klasse. Das Füttern sei überhaupt kein Problem, versicherten sie mir, sie fresse alles, sogar Reste. Während wir sprachen, beobachtete Bubbles ihre Besitzer mit Argusaugen. Machte einer eine Bewegung, war sie ihm sofort auf den Fersen. Mir dämmerte, daß sie das Ganze schon oft durchgemacht hatte, und sie tat mir furchtbar leid. Da waren die Leute, die sie von klein auf liebte, denen sie vertraute und bis ans Ende der Welt gefolgt wäre. Und jetzt ließen die sie kaltblütig bei jemandem zurück, den sie nicht kannte und — aus ihrer Reaktion zu schließen — nicht mochte. Sie mußte unerträglich verletzt und verwirrt sein. Was uns auf die Frage brachte, die uns alle beschäftigte: Wie würden sie fortgehen, ohne daß sie es merkte? Ursprünglich hatte ich gedacht, ich würde Bubbles auf einen Spaziergang mitnehmen, und sie könnten unterdessen verschwinden. Aber jetzt war klar, daß Bubbles lieber den Martertod erleiden würde, als mit mir irgendwohin zu gehen. Schließlich machten wir aus, daß jeder einzeln gehen würde. Zuletzt würde Eunice sie in der Küche füttern und dann, während Bubbles fraß, davonschleichen. Natürlich war das nicht die Ideallösung, aber was Besseres fiel uns nicht ein. Es hätte auch halbwegs klappen können, wäre nicht noch jeder einzeln zu Bubbles hingegangen, um ihr gefühlvoll Lebewohl zu sagen. Sie sanken auf die Knie, umarmten sie und schluchzten ihr reuig ins Ohr, so daß sie jetzt todsicher merken mußte, was gespielt wurde — falls sie das nicht schon getan hatte. Schon als der erste ging, begann sie so trostlos zu heulen, daß mir die Kopfhaut prickelte.

Schließlich blieb nur noch Eunice, und Bubbles war entschlossen, ihr garantiert überallhin zu folgen. Sie ging Eunice in die Küche nach, schaute zu, wie sie eine Büchse öffnete und in den Napf leerte, aber fressen wollte sie das keinesfalls. Was? Und Eunice aus den Augen lassen? Ganz sicher nicht. Schließlich ging ich hinaus und ließ eines der Kinder durchs Fenster nach Bubbles rufen. Während sie abgelenkt war, floh Eunice durch die Küchentür. Bubbles merkte, daß man sie hereingelegt hatte, wollte aber nicht wahrhaben, daß es ihre geliebte Familie getan hatte, und kam zum einzig möglichen Schluß unter diesen Umständen: Es war alles meine Schuld. Also biß sie mich. Das war ein wenig unerwartet, aber ich konnte es ihr nicht verargen — an ihrer Stelle hätte ich wahrscheinlich das gleiche getan. In der Annahme, daß sie sich um vertraute Gegenstände herum besser — oder mindestens weniger elend — fühlen würde, ging ich ihre Decke holen. Als nächstes lag ich am Boden und über mir drei Zentner wütender Schäferhund, der mir die Decke entrissen hatte und mit höchst eindrücklichem Gebiß sehr sachlich den Arm kaute. Aha, deshalb nennt sich das Raubtiergebiß, dachte ich stumpfsinnig, und stieß sie dann mit scheinbarem Mut, den ich gar nicht hatte, von mir weg. Ich ertappte mich dabei, daß ich wirklich Angst hatte. So geht das nicht, dachte ich. Wenn sie meine Angst merkt, werden

144

wir nie eine Beziehung aufbauen können. Was mich sowieso, wie ich zugeben muß, immer unwahrscheinlicher dünkte. Ich wußte, daß sie sich aus Verzweiflung so benahm, und ich hätte sie wahnsinnig gern getröstet und beruhigt, aber sie ließ mich nicht an sich heran. Was Bubbles betraf, war ich ganz einfach der Feind.

Die folgenden Tage waren so schrecklich, daß ich noch immer von Alpträumen verfolgt werde. Die Katzen zogen sofort aus, und ich wäre um ein Haar mit ihnen gegangen. Laß der Sache Zeit, sagte ich mir. Ist Bubbles einmal Familienmitglied geworden, werden sich die Katzen mit ihr abfinden. Was durchaus möglich gewesen wäre. Nur: Bubbles fand sich nicht mit den Katzen ab. Als nach ein paar Tagen Charlie vorsichtig die Nase durch die Katzentür steckte, um zu sehen, ob die Luft rein sei, packte ihn Bubbles, zog ihn herein und begann ihm zuzusetzen. Ich holte den Besenstiel und verjagte Bubbles, während Charlie flüchtete. Dann rannte ich ihm nach und hob ihn auf. Zu meiner Erleichterung fehlte ihm, abgesehen von ein paar Haarbüscheln, nichts. Zumindest physisch nichts. Emotional war er ganz schrecklich verletzt. Sein ganzes Leben lang — mit Ausnahme der unerklärlichen Episode mit Flossie — hatte er nur Liebe gekannt. Er hatte großzügig und unterschiedslos allen seine Liebe geschenkt und fast immer gleicherweise zurückbekommen. Und jetzt wurde er plötzlich in seinen eigenen vier Wänden von einem Monstrum angegriffen und zerfleischt. Er miaute kläglich: «Warum hast du

145

das Ding hergebracht? Wir waren doch glücklich zusammen, wir und du und die Vögel und die Esel.» Die Frage stellte ich mir in den nächsten Tagen selbst viele Male.

Bubbles zu füttern war die reinste Qual. Eunice hatte mir zwar gesagt, Bubbles fresse alles, nur hatte sie leider vergessen, es auch Bubbles zu sagen. Sie spie auf alles, was ich ihr anbot: Leber, Rind, Herz, Kaninchen, Huhn, Hundefutter aus der Büchse, Menschenfutter aus der Büchse — alles. Verzweifelt durchwühlte ich sämtliche Tiefkühler, nahm alles heraus, taute alles auf. Als ich nichts Vernünftiges mehr anzubieten hatte, probierte ich es mit Unvernünftigem. Zu meiner Erleichterung stieß ich endlich aufs Richtige: Bubbles war verrückt nach Schweinefleischpasteten. Ich konnte sie gar nicht schnell genug auftauen und legte einen größeren Vorrat an, damit ich auf etwas zurückgreifen konnte. Doch jetzt, wo ich wußte, daß sie nicht aus Kummer nicht fraß, wollte ich ihr eine ausgewogenere Diät bieten — ein Hund kann nicht allein von Schweinefleischpasteten leben. Doch da war Bubbles nicht einverstanden: Schweinefleischpasteten oder nichts. Ich spickte ihre Pasteten mit Fleischstücken, doch so leicht ließ sie sich nicht hereinlegen. Sie pickte sorgfältig die nahrhaften Zugaben heraus und vergrub sie unter der Fußmatte.

Ein weiteres Problem waren die Spaziergänge, denn sie gab mir zu verstehen, daß sie mit mir nirgends, aber auch gar nirgends hingehen würde. Nahm ich ihre Leine nur in die Hand,

knurrte sie schon mit gefletschten Zähnen: Ich
solle es nur wagen, damit in ihre Nähe zu kommen. Alles nur Bluff, sagte ich mir, sie versucht's
einfach. Laß dich nicht einschüchtern, zeig ihr,
wer der Boß ist. Eisern entschlossen erwischte
ich sie am Halsband und fand meine Hand an
ihren Zähnen aufgespießt wieder. Ihr zeigen, wer
der Boß ist? Sie wußte schon, wer der Boß war,
und ich auch. Ihre früheren Besitzer, über die ich
allmählich Gedanken hegte, die ans Mörderische
grenzten, hatten mir gesagt, sie gingen nie mit ihr
spazieren, sondern ließen sie einfach hinaus,
wenn sie hinauswollte: «Sie kommt immer schön
zurück und macht nie Dummheiten.» Mir gefiel
das nicht besonders, aber sie brauchte doch Bewegung und mußte ihre Geschäfte erledigen.
Und übrigens war von «hinauslassen» keine
Rede. Wenn sie hinauswollte, ging sie hinaus.
Und wenn sie dabei mich über den Haufen ren-
nen und die Tür einbrechen mußte — was sie
auch tat!

So sehr ich mich auch bemühte, Bubbles wissen zu lassen, daß massenhaft Liebe auf sie wartete, sie wollte nichts davon hören. Sie usurpierte
bestimmte Teile des Wohnzimmers, die von niemand anderem betreten werden durften. Ihr Territorium umfaßte den Platz vor dem Besen-
schrank, so daß ich nicht an die Haushaltrequisi-
ten herankam, dann das Sofa und die Umgebung
der Küchentür. Was mich vor ein echtes Problem
stellte, denn ich konnte nicht in die Küche, ohne
ihr Territorium zu betreten und dafür angegriffen zu werden. Schließlich mußte ich zur Vorder-

tür hinaus, ums Haus herum und via Hintertür in die Küche — nicht besonders lustig, wenn es aus Kübeln goß. Aber das war noch nicht alles: Oft ließ sie mich nicht mehr hinein, wenn ich einmal draußen war.

Wie ich eines kalten, nassen Morgens in der Scheune saß, umgeben von drei ausgestoßenen Katzen und mit dem Bild von Bubbles allein in einem warmen, gemütlichen Haus vor Augen, da dämmerte mir, daß etwas grundlegend nicht stimmte. Meine Grübeleien wurden unterbrochen von einem Klopfen und dem Lärm, der entsteht, wenn sich ein wütender Hund von innen gegen die Tür wirft und wie verrückt bellt. Vorsichtig streckte ich den Kopf aus der Scheune, und da stand doch ausgerechnet der lachende Polizist. O Gott, dachte ich, genau das hat noch gefehlt. Wie er es immer fertigbringt, genau dann aufzukreuzen, wenn ich in einer peinlichen Situation bin, werde ich nie wissen. Wahrscheinlich fängt er mit seinem Funkgerät die Schwingungen auf. So gelassen wie ich konnte — was nicht viel war — schlenderte ich zu ihm hin. «Suchen Sie mich?»

«Ah, da sind Sie.» Er starrte mich an und notierte im Geist Buch und Kissen in meiner einen Hand, Wodka und Zigaretten in der anderen und die ponchoartig über meine Schultern drapierte Decke. «Am Campieren, wie ich sehe. Das Leben im Haus ist wohl zu zivilisiert für Sie nach dem Wohnwagen?»

Einen Augenblick fragte ich mich, was wohl die Strafe dafür war, wenn man einem Bullen

148

eine langte, kam aber zum Schluß, daß es sich auf keinen Fall lohne, und antwortete blöde: «Nein, nur beim Aufräumen in der Scheune.» Das gab ihm eine Weile zu denken, dann sagte er: «Sie bewahren interessante Sachen in Ihrer Scheune auf.» Wie zum Teufel bin ich in dieses lächerliche Un-Gespräch verwickelt worden, dachte ich, und — noch wichtiger — wie komme ich davon los?

«Ist das ein Höflichkeitsbesuch?» fragte ich, «oder ist was Besonderes?» Er schaute enttäuscht drein, riß sich aber zusammen und nahm Haltung an: «Ich fahnde nach dem Besitzer und dem gegenwärtigen Aufenthalt eines Hundes.» Voll böser Vorahnungen und vor einer Geräuschkulisse aus rasendem Gekläff fragte ich vorsichtig: «Um was für einen Hund handelt es sich?»

«Bei uns sind Klagen eingegangen über einen sehr großen Hund, der Rinder und Federvieh belästigt hat», sagte er feierlich. Jetzt standen mir Schreck und Entsetzen deutlich ins Gesicht geschrieben. Er musterte mich schlau, und mit einer Handbewegung in Richtung des fürchterlichen Getöses im Haus fragte er lakonisch: «Ist's der?» Ich nickte betäubt. «Na schön, nehmen wir beim Missetäter einen Augenschein vor», schwatzte er, und bevor ich meine Züge entkrampfen und ihn aufhalten konnte, hatte er die Küchentür geöffnet und wollte hinein. Als nächstes lag er flach auf dem Rücken, und Bubbles flitzte über die Koppel davon. Ich half ihm auf, führte ihn hinein, setzte ihn in einen bequemen

149

Sessel und machte ihm eine Tasse Tee. Währenddessen fiel zwischen uns kein Wort. Ihm hatte es offenbar die Sprache verschlagen, und mir fiel nichts ein. Da ich ein Talent habe, genau das Falsche zu sagen, wenn mir nichts einfällt, hielt ich lieber den Mund.

Er trank seinen Tee, stand auf und warf mir einen vielsagenden Blick zu. Ich hatte kapiert, und sobald er weg war, rief ich Eunice an und erklärte ihr die Lage. Es bestand ja auch die Gefahr, daß Bubbles von einem zornigen Bauern erschossen würde. Eunice klang gar nicht so überrascht und sagte, sie und Bill würden am Abend Bubbles abholen. Die Freude, mit der Bubbles sie begrüßte, brach mir das Herz, besonders weil ich wußte, daß sie die ganze scheußliche Angelegenheit wahrscheinlich wieder durchmachen mußte. Ich glaube nicht, daß sie gegen mich persönlich etwas hatte. Sie war einfach ein anhänglicher Hund und hätte bei jedem anderen genauso reagiert. Und ich bin auch überzeugt, daß Eunice und Bill das wußten und mir verschwiegen hatten, weil ich sonst abgelehnt hätte.

ZWÖLFTES KAPITEL

Das Gefühl der Erleichterung nach Bubbles' Abreise war überwältigend. Am ersten Tag wanderte ich einfach im Wohnzimmer herum, entzückt, daß ich wieder Fuß auf verbotenen Grund setzen durfte, und hüpfte zur Küchentür hinein und heraus, aus reiner Freude, daß mich keiner daran hinderte. Ich hätte nie gedacht, daß kleine Dinge so viel Freude machen können. Lassen sich Rückfällige wohl absichtlich auf frischer Tat ertappen und einsperren, nur um die Freude wieder zu erleben, wenn man freigelassen wird? Die Katzen kehrten nach Hause zurück, und nach einigen vorwurfsvollen Blicken gaben sie zu verstehen, daß sie bereit waren, mir zu verzeihen, falls so etwas nie wieder vorkommen würde. Nein, bestimmt nicht, versicherte ich ihnen eifrig. Und allergrößte Freude: Wol durfte aus seinem Exil heraus. Während Bubbles' kurzem Auftritt war er ins Studio verbannt gewesen — sehr zu seinem Ärger. Wenn jemand aus dem Wohnzimmer verbannt werden sollte, fand er, so war es der großmäulige Bettvorleger, der all diesen Rummel machte, und nicht er. Das fand ich eigentlich auch, nur konnte ich es nicht riskieren, Wol unten zu behalten, solange Bubbles da war. Weiß Gott, sie hätte ihn vielleicht als annehmbare Alternative zu Schweinefleischpastete betrachtet. Wol nahm wieder auf seiner altvertrauten Stange Platz und seufzte glücklich. Dann fixierte er die Katzen mit undurchdringlichem Blick: «Ich bin wieder da, also aufgepaßt.»

«Haben wir bemerkt», antworteten sie wenig begeistert, «aber lieber noch das kleinere Übel . . .»

Wol schaute sehnsüchtig aus dem Fenster, und ich fragte: «Möchtest du draußen sitzen?» Das schien ihn zu interessieren, also installierte ich ihn auf einer Stange, gleich vor einem Fenster, wo ich ihn vom Wohnzimmer und von der Küche aus im Auge behalten konnte. Das paßte ihm sehr, und er saß den ganzen Tag wichtigtuerisch draußen. Von Zeit zu Zeit hüpfte ich hinaus, um mit ihm ein paar Worte zu wechseln, wobei er mir je nach Laune überheblich zunickte oder mich mit unergründlichem Blick fixierte, bevor er seine Weltschau fortsetzte. Die Hühner und Enten ignorierten ihn, wahrscheinlich, weil sie gar nicht merkten, daß er da war. Sie heben den Kopf selten höher als fünf Zentimeter vom Boden: Aus Erfahrung wissen sie, daß die Chancen, einen Wurm oder ein Maiskorn in der Luft zu finden, ziemlich schlecht stehen. Gussie hingegen machte ihn sofort aus, kam angedonnert und wollte wissen, was Wol da einfalle, sich auf seinem Territorium als Oberaufseher aufzuspielen. Wol begutachtete ihn kurz und unbeteiligt und drehte ihm dann den Rücken zu. Ich hätte nie geglaubt, daß man in eine so kleine Bewegung so viel Verachtung legen kann. Gussie war verblüfft, er schüttelte benebelt den Kopf und trot-

152

tete dann zu seinen Angebeteten zurück, wobei er etwas von ausgestopften Vögeln mit Größenwahn murmelte. «Der soll nur mal da runterkommen», knurrte er, «dann zeig ich's ihm.»

Zwei Wochen ging alles gut, dann schaute ich eines Morgens aus dem Fenster, und da war kein Wol. Ich konnte es nicht glauben. Es war keine drei Minuten her, seit ich das letzte Mal hinausgeschaut hatte und er noch dort war. Ich stürzte hinaus und durchkämmte Koppel, Garten, Eselsunterstand, Wohnwagen, Hühnerställe, Entenställe — nichts. Nach einer Stunde begann ich mich darein zu schicken, daß ich Wol nie wiedersehen würde, als ich aus den Augenwinkeln eine ganz kleine Bewegung wahrnahm: Da war er, auf dem Brunnen, keine drei Meter von seiner Stange entfernt. Hätte er nicht geblinzelt, hätte ich ihn nie bemerkt. Ich war schon etliche Male am Brunnen vorbeigelaufen.

Für die nächsten Wochen war der Brunnen Wols Lieblingsplatz, dann ging er wieder verloren. Dieses Mal stöberte ich ihn bei den Erdbeeren auf, wieder nur einige Meter von seinem vorherigen Platz entfernt und wieder nach einer besessenen Suche. Ich fiel ihm um den Hals und sprudelte vor Erleichterung: «Ach Wol, ich dachte, ich hätte dich verloren!» Er starrte mich an: «Was hast du? Ich war doch die ganze Zeit hier.» Plötzlich schwante mir, daß das für ihn ein Spiel war, eine Art Verstecken. Gut, dachte ich, du Glotzäugiger, wenn du hier den dummen August spielen willst, bitte. Das kann man auch zu zweit spielen. Wie er nach zwei Wochen wieder abhanden kommt, gerate ich also nicht in Panik und renne nicht wie irr und nach Wol kreischend im Garten herum. O nein. Dieses Mal bleibe ich cool. Ich schlendere ziellos durch Garten und Koppel, schaue mir da eine Blume, dort eine Ente an, wechsle ein Wort mit einer Katze, tausche dann noch ein paar Höflichkeiten mit den Eseln aus. Nur nach einer verlorengegangenen Eule suche ich nicht. Verlorengegangene Eule? Was für eine verlorengegangene Eule? Da höre ich hinter mir das Getrippel von kleinen Krallenfüßen und schaue mich überrascht um: «Ach Wol, was machst du da?» Er schaut mich vorwurfsvoll an: «Du hast mich nicht gesucht. Wie kannst du mich finden, wenn du mich nicht suchst?» Ich fühle mich gemein und schäme mich: Spielverderberin!

Ich setzte mich auf die Gartenbank, und Wol hüpfte mir auf den Schoß. Reine Zufriedenheit überkam mich, als ich den Eseln zuschaute, die auf der Koppel Haschen spielten, den Hühnern, die stolz ihre Brut von Puderquasten vorzeigten, und den Enten, die zufrieden im Teich planschten. Nur etwas beeinträchtigte diese friedliche Szene: Auf dem Dach des Hühnerstalls saß Henrietta, beobachtete all diese Aktivitäten und sah haargenau aus wie die Anstandsdame am Debütantinnenball. Sie war von den Kleinen fasziniert, schaute ihnen beim Spielen zu oder trottete hintendrein, wenn sie mit ihrer Mutter durch den Garten gingen. Die Hühner waren schon so an sie gewöhnt, daß sie Henrietta als Nachhut für selbstverständlich nahmen. Wahrscheinlich

154

dachten sie auch, ein zusätzlicher Beschützer sei gar nicht schlecht. Doch mir tat es weh, daß sie immer nur Mauerblümchen und nie richtig Teilnehmerin war. Ich schämte mich, daß ich ob all den Katastrophen des letzten Jahres verschwitzt hatte, ihr einen Gefährten zu besorgen. Na, vorbei war vorbei, aber jetzt stand das zuoberst auf der Liste.

Ich setzte Wol auf seine Stange zurück und ging hinein, um Mr. Newbury anzurufen. Einen Pfau? Natürlich — er hatte Mengen davon. Wann ich käme? Jetzt gleich, sagte ich. Ich schaute nach, ob ein Gehege frei war, dann brachte ich Wol ins Haus, was ihm gar nicht paßte. Es sei noch hell, zwitscherte er, so früh müsse er sonst nie hinein, all die anderen Tiere seien noch draußen, es sei ungerecht. «Ich gehe nur für eine Stunde. Dann kannst du wieder hinaus.» Verstimmt hockte er auf der Stange, den Kopf eingezogen, und schmollte. Na ja, man kann es nicht allen Tieren gleichzeitig recht machen, dachte ich wenig originell.

Als ich bei Mr. Newbury ankam, wartete Ernie auf dem Zaunpfahl. Er kannte mich allmählich, und wir standen in einer recht freundschaftlichen Beziehung, oder vielleicht ist Clownnummer die bessere Bezeichnung, wobei ich den Dummen spielte. Er schaute mich wissend an. «Er ist fort», legte er hämisch los, «er ist nicht da.»

«Jetzt fang nicht wieder mit diesem Unsinn an», sagte ich und wunderte mich, warum ich in aller Welt mit einem Eichelhäher stritt, beson-

155

ders mit einem, der mich sowieso immer hereinlegte. «Du weißt genau, daß er nicht fort ist.»

«O doch, o doch», beharrte er. «Er ist nicht da, er ist weg.» Da kam Mr. Newbury, und ich sagte zu Ernie: «Nicht da, he? Und wer ist das?»

«Oh, er ist da», zwitscherte er fröhlich. «Er ist da. Ich bin ein Lügner.»

Ob ich einen Hahn oder eine Henne wolle, fragte Mr. Newbury. Ah, gute Frage. Ich wußte es nicht. Ich kam mir so dumm vor, wie ich wahrscheinlich auch klang, und bat Mr. Newbury um Rat. «Warum nicht ein Paar nehmen?» schlug er vor. «O nein», sagte ich, «wenn ich ein Paar nehme, halten sie zusammen, und Henrietta hat das Nachsehen. Das wäre genau das Falsche.» Er lachte. «Pfauen haben normalerweise mehr als einen Gefährten. Henrietta und die andere Henne werden gleichgestellt sein.» Wahrscheinlich sah ich nicht überzeugt aus, denn er sagte: «Nehmen Sie doch ein Paar. Sollte es nicht klappen, können Sie mir einen zurückgeben, und Sie bekommen Ihr Geld wieder.» Das tönte äußerst vernünftig, und ich nahm dankbar an. Erst auf dem Heimweg ging mir auf, daß ich wieder hereingelegt worden war: Ich hatte viel mehr ausgegeben, als ich mir leisten konnte, zwei Pfauen gekauft, obwohl mir einer schon zu teuer war. Und sein Angebot, einen zurückzunehmen, war ja nett, aber wir wußten beide, daß ich die Vögel behalten würde, wenn sie einmal bei mir waren. Na ja, beten wir, daß es klappt, sagte ich mir.

Ich hievte die Säcke aus dem Wagen und dachte dabei, daß man eigentlich immer auf möglichst großem Fuß starten sollte. Diese armen Pfauen etwa hätten bestimmt nie gedacht, daß sie in einem verbeulten Wagen und in Sacktuch gehüllt reisen müßten. «Ein Büßergewand», sagte ich zu ihnen, «fehlt nur noch die Asche aufs Haupt.» Mir wollten die Säcke auch nicht recht gefallen, aber Mr. Newbury hatte versichert, daß man Pfauen am besten so transportierte, um ihre Federn nicht zu beschädigen. Zu meiner Erleichterung bewegte sich in den Säcken etwas, also lebten sie wenigstens noch. Ich lud sie auf meinen Allzweck-Wagen (einen alten Kinderwagen, genau besehen), schob sie zum Gehege und lud zuerst Salomon ab. Er war indigoblau, ein wahrlich großartiges Geschöpf mit glänzendem Gefieder. Die Schwanzfedern waren ihm noch nicht gewachsen, aber die Sache sah vielversprechend aus. Ich setzte ihn sehr zu seinem Ärger im Gehege ab und knüpfte dann Sabas Sack auf. Wie sollte ich sie hineinlassen, ohne daß Salomon herauskam? Ich beschloß, sie im offenen Sack hineinzustellen und es ihr zu überlassen, wie sie herauskam. Reine Theorie. Denn bevor ich wußte, was geschah, wand sie sich aus dem Sack und flog Richtung Wald davon. Ich schloß schnell die Gehegetür und stürzte hintennach.

Wie ich über die Koppel stapfte, fiel mir ein, daß ich zum Glück kein Putzfanatiker bin, denn ich würde dafür sowieso nie Zeit finden. Ich war doch fortwährend hinter entlaufenen oder entflogenen Tieren her. Ich lief durch den Wald und rief nach ihr, was natürlich hoffnungslos war.

157

Warum sollte es Saba auch einfallen, meinem Ruf zu folgen. Nach etwa drei Stunden machte ich eine Pause, um die anderen Tiere zu versorgen und mich bei einem höchst verstimmten Wol zu entschuldigen, daß ich ihn nicht wie versprochen wieder hinausgelassen hatte. Er drehte mir den Rücken zu. Ein zweiter Rufus! Ich versprach, mich ihm zu widmen, wenn sich die Situation etwas geklärt habe, dann ging ich zu Salomon hinaus. Er schritt verärgert vor sich hin murmelnd in seinem Gehege auf und ab, während ihm Henrietta von oben beruhigend zuzwitscherte. Das wenigstens war vielversprechend.

Dann war ich zurück im Wald. Ich versuchte, in der ganzen trübseligen Angelegenheit einen Hoffnungsschimmer zu entdecken, was mir schließlich gelang: Wenigstens ließ sich Saba gut ausmachen, da sie ganz weiß war. Ja, aber nicht nur von mir, sondern auch von jedem schießwütigen Idioten, hohlköpfigen Vandalen und Pfauenentführer in der Gegend. Als es eindunkelte, gab ich die Suche auf und ging schweren Herzens nach Hause.

Am Waldrand traf ich zu meiner größten Freude auf Bertie, der offenbar unterwegs zu mir war. Er schnüffelte an meinen Händen und Taschen, aber ich hatte nichts für ihn. Gewöhnlich nehme ich Früchte und Kekse mit, falls ich Bertie oder sonst einen Schnorrer treffen sollte, doch hatte ich es ob der ganzen Aufregung völlig vergessen. «Komm mit, und wir schauen, ob wir etwas für dich finden können.» Er folgte mir über die Koppel und wartete geduldig an der Küchen-

tür, während ich ihm hastig ein Dachs-Müsli
mixte. Nachher rieb er zum Dank den Kopf an
meiner Hand und flirtete mit mir ein wenig
herum, aber nach zehn Minuten zog es ihn eindeutig wieder fort. Ich hauchte ihm einen Kuß
auf die Nase und schaute zu, wie er zielbewußt
dem Wald zustrebte. Ging er zu einem Ren-
dezvous? Er hatte etwas Munteres an sich, was
auf Stelldicheins und romantisches Geschäker
deutete. Na ja, schön für dich, dachte ich.

Am nächsten Morgen war ich vor Morgengrauen auf, damit ich vor dem eigentlichen Tage-
werk noch Zeit hatte für die Suche nach Saba.
Ich stopfte mir die Taschen mit Mais und Rosinen voll und machte mich über die Koppel auf
den Weg, begleitet vom aufgeregten Geschrei der
Esel und dem schrillen Gekreisch von Salomon.
Wie kann ein so schönes Geschöpf einen so häßlichen Lärm machen? Ich nahm eine weitere
selbstgestrickte Maxime in meine Sammlung
auf: «Leute mit Pfauen sollten keine Nachbarn
haben.» Immerhin konnte ihn Saba vielleicht hören. Dann sah ich am Waldrand zwischen den
Bäumen einen weißen Fleck. Das konnte nicht
sein — ich wagte nicht zu hoffen. Doch es war
tatsächlich Saba. Um sie nicht zu erschrecken,
bewegte ich mich sehr langsam und ruhig, ging
so nahe wie möglich heran und wühlte äußerst
vorsichtig in meiner Tasche nach Mais. Die Esel,
denen nie was entgeht, erkannten die Handbewegung und kamen mit einem Aufschrei des Ent-
zückens angedonnert. Hilflos schaute ich zu, wie
Saba in die Höhe schoß und dann zwischen den

159

Bäumen verschwand. Sauberes Timing, meine Grauen, murmelte ich. Ich folgte Saba in den Wald und machte sie bald im Unterholz aus. Sie mich leider auch, und weg war sie wie der Blitz. So ging das ganz offensichtlich nicht. Ich hinterließ im Wald und auf der Koppel eine Maisspur — allerdings auf Grahams Seite der Hecke. Sonst hätten die Esel nämlich den Mais sofort vertilgt, und Saba hätte wohl kaum mit fünf Eseln darum gekämpft.

In den nächsten Tagen verbrachte ich jede freie — und auch nicht ganz freie — Minute mit der Suche nach ihr und legte in der ganzen Umgebung Maispfade an. Die Wildvögel glaubten wohl, es sei Weihnachten. Hin und wieder sah ich sie zwischen den Bäumen, aber einfangen konnte ich sie nie. Das wäre noch lange so weitergegangen, wäre ich nicht eines Nachmittags zufällig Alf Turner begegnet und hätte ihm gestanden, was ich da machte. «So werden Sie sie nie einfangen», sagte er. «Ich zeige Ihnen, wie man's macht.» Er fischte aus seiner Tasche ein Stück Seidengarn, und ich schaute fasziniert zu, wie er eine Art Gleitschlinge knüpfte. Er legte sie am Boden in einem Kreis aus und versteckte sich hinter einem Baum, das freie Ende in der Hand. «Legen Sie ein paar Körner in den Kreis», flüsterte er, «und kommen Sie dann hinter den Baum.» Ich tat, wie er gesagt hatte, und wagte kaum zu atmen. Eine halbe Stunde lang geschah nichts, dann tauchte Saba aus dem Schatten auf und begann vorsichtig auf die Körner zuzugehen. Ich hielt den Atem an, wie sie sich der

160

Schlinge näherte und dann behutsam hineintrat. Eine Sekunde später war alles vorbei — ein überraschtes Quieken, ein Flügelschlagen, und bevor ich bis drei zählen konnte, hatte Alf ihr die Falle vom Bein genommen und sie in seinen Mantel gewickelt. Einen Augenblick fragte ich mich, wozu er gewöhnlich die Falle brauchte, verwarf aber den Gedanken als unwürdig.

Alf trug Saba zum Haus zurück und schob sie gekonnt ins Gehege, wo sie von Salomon und Henrietta begeistert empfangen wurde. Ich bot Alf eine Tasse Tee an — ein völlig ungenügender Ausdruck meiner Dankbarkeit —, und wir setzten uns zu einem kurzen Schwatz hin. «Ich finde noch immer, daß Sie einen großen Fehler machen», sagte er und schaute nachdenklich das ringsum wuchernde Unkraut an. «Innerhalb von ein paar Wochen würde ein Ferkel diesen Mist aufräumen.»

«Das ist kein Mist», sagte ich empört, «das ist ein Naturgarten. Seit die Bauern ihre Hecken ausgerissen haben, können kleine Tiere nirgends mehr leben und ihre Familien großziehen. Deshalb kommen sie hierher.» Doch ich fragte mich, ob ich wirklich ehrlich war. Ich hatte es sehr gern, daß der Garten Tiere anzog, aber war das der wahre und einzige Grund, warum ich ihn wuchern ließ? Oder — Gott bewahre — war da etwas von Schlamperei? Wahrscheinlich beides.

Nachdem Alf weg war, ging ich hinaus, um zu sehen, wie die Sache lief. Salomon und Saba schritten im Gehege auf und ab, während Henrietta mit ihrer sanften Zwitscherstimme Worte des Trostes spendete. Sie war von den Neuen offensichtlich sehr eingenommen und die ganze Zeit bei ihnen, außer nachts, wenn sie auf dem Apfelbaum schlief. Am Morgen war sie aber gleich wieder zur Stelle. Das könnte sehr gut funktionieren, dachte ich erfreut. Nach zwei Wochen hatte ich das Gefühl, daß ich sie freilassen konnte. Wenn sie jetzt noch nicht akklimatisiert waren, würden sie es wohl nie werden. Und sie bekundeten eindeutig Lust, hinausgelassen zu werden. Ich hielt meine übliche kleine Rede von wegen Freiheitsrechten und -pflichten, Harmonie mit den anderen Tieren, keine Übertritte auf das Grundstück des Nachbarn usw. Dann öffnete ich schwungvoll die Tür und trat zurück. Nichts geschah. Sie liefen immer noch hin und her und streckten nur manchmal den Kopf zur Tür heraus. Herauskommen aber wollten sie nicht. Schließlich hüpfte Henrietta, die ebenso gespannt gewartet hatte, von ihrem Aussichtsposten und trippelte zu ihnen ins Gehege. In bester Gastgeberinnenmanier wies sie auf die offene Tür und lud sie freundlich zu einem Spaziergang im Garten ein. Sie schauten zu, wie sie elegant wieder heraustrat und draußen abwartend stehenblieb. Dann berieten sie sich eine Weile, und schließlich sagte Salomon etwas zu Saba, was ich auslegte als: «Ich gehe zuerst. Da könnten Tiger sein.» Er warf sich in die Brust und marschierte mannhaft durch die Tür. Saba folgte nach kurzem Zögern. Die drei machten sich zu einer Inspektionstour auf, wobei Henrietta glücklich als Führerin fungierte und Hintergrundinformatio-

162

nen lieferte. Ich behielt sie den ganzen Tag im Auge und sah erfreut, daß die drei wirklich eine Einheit bildeten, in die Henrietta völlig integriert war. Sie war von ihren neuen Gefährten schlicht entzückt, und ich machte mir Vorwürfe, daß ich die Sache so lange hinausgeschoben hatte. Daß Percy, ihr früherer Gefährte, eine solche Katastrophe gewesen war, galt nicht als Entschuldigung.

Ich war sehr gespannt, wie sie sich zum Schlafen arrangieren würden. Bei Einbruch der Dunkelheit führte Henrietta die beiden zum Apfelbaum und sagte, sie sollten genau zuschauen. Dann begann sie ihr allabendliches Ritual: Baum umkreisen, Distanz abschätzen, einen Ast auswählen und mehrere Alternativen verwerfen, vor dem Abheben ein paar Scheinanläufe ausführen und schließlich auf einem der unteren Äste landen. Eine kurze Atempause, dann kletterte sie zu ihrem gewohnten Ast, schaute ängstlich zu Salomon und Saba hinunter und forderte sie auf, ihr zu folgen. Salomon schaute Saba an, Saba schaute Salomon an, und dann schauten beide Henrietta an. Einstimmiges Flügelflattern, dann hoben sie ab. Sekunden später saßen alle drei bequem und sauber aufgereiht auf dem Ast. Jetzt hatte Henrietta nicht nur tagsüber Freunde, sondern auch Schlafgefährten. Und mir blieb es erspart, jeden Abend Pfauen einfangen und ins Gehege treiben zu müssen.

Unter Henriettas Führung gewöhnten sich Salomon und Saba schnell an den Alltag hier. Da sie nie im Park einer Nobelbehausung die Herrschaften gespielt hatten, fanden sie sich mit ihrer obskuren Umgebung ohne weiteres ab. Und sie brachten einen unzweifelhaften — und völlig unangemessenen — Hauch von Klasse ins Haus. Sogar die Disteln und Nesseln sahen neben ihnen exotisch aus. Die andern Vögel wirkten dagegen eindeutig fade, und ich machte mir schon Sorgen, daß sie einen Minderwertigkeitskomplex bekommen könnten. Wie sahen Neurosensymptome bei Vögeln aus? Würden sie sich völlig verschließen, eigenbrötlerisch werden? Oder würden sie in eine Phantasiewelt fliehen? Oder würden sie großmäulig, launisch und aggressiv... Halt: An diesem Bild war etwas schrecklich Vertrautes. Gott steh uns bei — bloß keine Horde von Gussie-Imitationen!

DREIZEHNTES KAPITEL

Es war ein wundervoller Sommer, und ich verbrachte fast die ganze Zeit draußen. Nicht nur, weil ich es für eine Sünde halte, drinnen zu bleiben, wenn die Sonne scheint (wenn der Herrgott möchte, daß wir drinnen bleiben, schickt er Regen und Sturm), sondern weil ich auch bei den Tieren sein wollte und besonders bei Wol. Gesellig, wie er ist, gefiel ihm das natürlich sehr. «Hast du's aber schön», plapperten meine Londoner Freunde und ließen ihre Mittelmeer-Bräune erstrahlen, «sitzt den ganzen Tag draußen und saugst Sonne auf!» Draußen *sitzen?* Das war wohl ein Witz. Zum einen gibt's immer so viel zu tun, daß ich für solchen Luxus nie Zeit habe. Zum anderen ist mir in der Kindheit so stark eingebleut worden, daß es sündig ist, an einem Werktag müßig herumzusitzen, daß ich noch heute fürchte, gleich vom Blitz getroffen zu werden, wenn ich mich tagsüber hinsetze. Und überhaupt kam Ausruhen nicht in Frage, wenn Wol in der Nähe war. So, wie er die Dinge sah, war ich nur zu seiner Unterhaltung draußen. Und das war nicht einmal so falsch.

Er interessierte sich immer für alles, was ich tat, schaute gespannt zu, bis er herausgekriegt hatte, wie es ging, und schwang sich dann - unfähig, seine Geduld noch länger zu zügeln — zu mir herunter, um mir zu sagen, daß ich alles ganz falsch machte. So mußte man es machen. Am liebsten «half» er mit, wenn ich Pflanzen eintopfte. Er hüpfte zierlich von Topf zu Topf, zerrupfte da ein Blatt, zerdrückte dort einen Stengel, riß hie und da eine Pflanze aus, studierte sie sorgfältig einige Augenblicke, warf sie dann fort und erreichte so den Topf, an dem ich eben arbeitete. Mit aufgeregten, weitgeöffneten Augen setzte er sich auf den Topfrand und kratzte eifrig in der Erde herum, bis sie locker genug war. Dann ließ er sich wonnig seufzend in den Topf gleiten und nahm ein Staubbad. Schlechten Gewissens, daß ich bis anhin diese wesentliche Einrichtung nicht zur Verfügung gestellt hatte, machte ich mich sogleich an den Bau eines Staubbades von palladiohafter Herrlichkeit, wobei jedes Staubkorn sorgsam ausgesucht und durchgesiebt wurde, um den letzten Schrei an Komfort und Luxus zu bieten. «Da, Wol», sagte ich stolz, als ich fertig war. «Wetten, daß keine Eule der Welt so ein Superstaubbad hat?» Er blickte flüchtig hin und wandte sich — eindeutig unterwältigt — wieder dem Blumentopf zu. «Nimm's nicht persönlich», sagte er. «Das hier macht einfach mehr Spaß.»

Raubvögel trinken selten, aber sie plantschen gern. Ich weiß immer, wann für Sid, den Turmfalken, Badezeit ist, weil er dann wie verrückt zu kreischen beginnt. Solche Vögel fühlen sich beim Baden besonders verletzlich, und mit seinem Geschrei will Sid wahrscheinlich Feinde fernhalten. Ich meine zwar, daß er den Mund halten und es einfach hinter sich bringen sollte, statt seine Absichten der ganzen Welt kundzutun. Liz, seine Gefährtin, hat in all den Jahren, seit sie hier ist, noch nie den Mund aufgetan, so daß Sid freundlicherweise für sie kreischt, wenn sie badet.

Ich kaufte Wol ein Planschbecken (ein Katzenkistchen, um genau zu sein), und er schaute gespannt zu, wie ich es auf dem Hof aufstellte und mit Wasser füllte. Nach viel energischem Kopfschütteln flatterte er von seiner Stange und watschelte hin. Er stellte sich auf die Zehenspitzen und schaute über den Rand — gütiger Himmel! Noch eine Eule da drinnen! Er trat zurück, dachte eine Weile nach, nickte ein paarmal, streckte dann sehr vorsichtig den Hals aus und warf einen zweiten Blick hinein. Die Eule war noch immer da! Er trippelte um das Becken herum, ohne je das Wasser aus den Augen zu lassen. Sie folgte ihm! Das war zuviel! Mit jeder Feder vor Empörung zitternd hüpfte er auf den Beckenrand und tauchte hinein. Von Eulen sagt man zwar, sie seien unergründlich, doch Wols Gesicht ist ein offenes Buch, in dem sich Neugier, Angst, Beleidigung, Vergnügen und was es der Gefühle mehr gibt, abzeichnen. Seine anfängliche Überraschung über das Wasser wurde allmählich zu Interesse und dann — als ihm schwante, wie hübsch dieses nasse Zeug sein konnte — zu reiner Freude. Nickend und flügelschlagend versuchte er begeistert, möglichst viel Wasser in möglichst kurzer Zeit zu verspritzen. Ich war schon von Kopf bis Fuß naß und bemerkte säuerlich, daß ich mich zwar freute, daß ihm sein Planschbecken gefiel, aber für ein bißchen Zurückhaltung dankbar wäre. Er setzte sein Märtyrer-Gesicht auf: Aber ich wollte doch diese hübsche Erfahrung mit dir teilen!

Danach hockte er den ganzen Tag in seinem Bad. Nach diesen Waschungen sah er stets kläglich aus: ein schmuddeliger, wassertriefender Federhaufen. Er schüttelte sich und breitete sich dann auf der Stufe zum Trocknen aus. Vom Plätschern angelockt, trudelten bald einmal die Gänse und Enten an, um zu sehen, was vorging. Sie haben zwar ihren Teich, aber jedes neue Wasser zieht sie unwiderstehlich an. Läßt man die Küchentür nur länger als eine Minute offen, wird sich bestimmt einer dieser Glücksritter unsinnigerweise in den Trinknapf der Katzen zu zwängen versuchen. Wol hatte eben sein Bad hinter sich und war am Trocknen. Ich behielt ihn im Auge, denn naß ist er besonders verletzlich. Da fand der erste Angriff statt: Eine Prozession von Enten und Gänsen — natürlich angeführt von Gussie — marschierte in Einerreihe auf das Planschbecken zu und versuchte sich unter vielem Drängeln hineinzuquetschen. Wol erstarrte vor Empörung über diese ungeheuerliche Frechhheit. Wütend zwitschernd rappelte er sich von der Schwelle hoch und warf sich auf die Eindringlinge. Zugegeben, Mumm hatte er — eine Handvoll tropfnasser Federn, die sich einem Überfallkommando von gut zwanzig Enten und Gänsen stellen will —, doch konnte ich nicht zulassen, daß er Selbstmord beging. Bevor ich ihn packen konnte, war er zwischen ihnen, fluchend

und mit einer Riesenkatastrophe drohend, falls
sie nicht UNVERZÜGLICH aus seinem Besitz
verschwänden. Zu meinem Erstaunen ging den
Eindringlingen sofort die Luft aus, und einfältig
und verlegen grinsend zogen sie ab — sogar Gussie. Von da an hütete Wol das Becken wie seinen
Augapfel. Er brauchte nur zwanzig Meter von
seinem Territorium entfernt eine Ente zu erblik-
ken, und schon war die Hölle los.

Deshalb war ich einige Tage später sehr überrascht, daß Wol fröhlich mit Olga in seinem Bek-
ken planschte. Überrascht und erfreut, denn
Olga ist eine von meinen besonderen Lieblingen.
Sie und ihr Partner Oscar sind meine einzigen
Muscovies, während die anderen Enten, von
Quaggy abgesehen, ein buntscheckiges Sortiment unbestimmter Herkunft sind. Muscovies
sind merkwürdige Geschöpfe: viel größer als
eine gewöhnliche Ente und — es muß gesagt sein
— wirklich recht grotesk. Sie quaken nicht: Olga
piepst, und Oscar gibt seine Einsätze mit schwe-
rem Atmen. Gewisse Experten behaupten sogar,
es seien gar nicht Enten, sondern Gänse. Auf jeden Fall zweifelt Olga nicht daran, daß sie keine
Ente ist, und will mit den anderen Enten überhaupt nichts zu tun haben. Aber zu den Gänsen
zieht es sie auch nicht. Da Oscar an keinen solchen Identitätskrisen leidet und es mit allem versucht, was ihm über den Weg läuft — Ente,
Huhn, Hahn, einmal sogar mit Gussie, der ihm
aber gründlich den Meister zeigte —, führt Olga
ein ziemlich einsames Leben. Ich glaube, mich
stört das mehr als sie. Was sie betrifft, so wurde

sie aus einem einzigen Grund in die Welt gesetzt: so viele kleine Muscovies wie möglich auszubrüten und aufzuziehen.

Jedes Jahr legt sie ihr Kontingent von dreizehn Eiern, sitzt eine Ewigkeit auf ihnen und taucht schließlich triumphierend mit dreizehn kleinen Pompons auf. Dieses Jahr aber war etwas furchtbar schiefgelaufen. Von ihrer ersten Brut war nur eines geschlüpft, und zwar ein sehr kränkliches Baby, das nach ein paar Tagen starb. Nach einer angemessenen Trauer — die ich teilte — raffte sie sich auf und legte eine zweite Brut. Wieder schlüpfte nur eines und wieder endete es tragisch: Ihr Baby ertrank im Eselseimer. Olga war untröstlich. Sie blies den ganzen Tag Trübsal, aß nicht und verlor alle Lust am Leben. Mutlos sammelte sie Steine und Stückchen von Eselsmist, die sie in ihr Nest mitnahm und auszubrüten begann, aber sie war nicht wirklich bei der Sache. Deshalb freute ich mich so, als sie mit Wol Freundschaft schloß: zwei meiner Lieblinge zusammen! Keine ehestiftende Mama hätte mehr entzückt sein können. Nicht etwa, daß ihre Beziehung romantisch angehaucht gewesen wäre: Für Olga füllte Wol die Lücke aus, die ihre Babys hinterlassen hatten. Sie wollte ihn einfach gern haben und bemuttern. Wol seinerseits wußte schon, wenn ihm etwas Gutes widerfuhr: eine menschliche Mutter, die ihn fütterte und abends unterhielt, und eine gefiederte Mutter, die ihn tagsüber beschützte. Was wollte er noch mehr!

Sobald ich am Morgen die Enten hinausgelassen hatte, watschelte Olga zu Wols Sitzstange und piepste ihm ängstlich zu. Worauf Wol hinunterhüpfte und ihr wie verrückt zwitschernd versicherte, es gehe ihm gut, Ehrenwort. Das genügte Olga nicht — sie wollte Gewißheit. Jeder Quadratzentimeter von Wol mußte genaustens untersucht werden, bevor sie beruhigt war, daß ihrem Pflegebaby über Nacht nichts Widriges zugestoßen war. Wol machte gute Miene zu ihren Bemühungen. Wahrscheinlich fand er, daß auch der Kühne Zurückhaltung zu üben hat — besonders da Olga dreimal so groß war wie er. Dann hüpfte Wol auf seine Stange zurück, und Olga ließ sich gleich darunter am Boden nieder und nahm ihre Rolle als Wol-Hüter und Chefwächter auf. Sie nahm ihre Pflichten sehr ernst und blieb — außer während der Mahlzeit-Pausen — den ganzen Tag auf dem Posten. Ich glaube wirklich, daß sie ohne Wol nie über ihre Depression hinweggekommen wäre. Bald begann sie wieder zu legen, und ich zählte jeden Tag die Eier — zehn, elf, zwölf, dreizehn. Nach dem letzten gab sie ihren Posten auf, um zu brüten. Wol war untröstlich: Warum hatte ihn seine liebe Freundin verlassen? Jeden Morgen, wenn er das aufgeregte Quaken der Enten hörte, die eben hinausgelassen worden waren, hüpfte er von seiner Stange und wartete auf Olga und die tägliche Untersuchung. Wehen Herzens sah ich, wie seine Vorfreude allmählich in Enttäuschung umschlug. Sein feierliches kleines Gesicht war kummervoll verzogen: «Habe ich etwas Falsches gesagt?» Ich versicherte ihm, daß er an Olgas Untreue keineswegs schuld war, und fügte — als sein Blick allmählich vorwurfvoll wurde — hinzu: Ich auch nicht.

Ich wollte Wol irgendwie von Olga ablenken und nahm ihn täglich in Garten und Koppel auf Spaziergänge mit. Vielleicht würde er mit einem der anderen Vögel Freundschaft schließen. Was natürlich nicht der Fall war, doch wurde er nach ein paar Tagen immerhin wieder lebhafter. Während eines dieser therapeutischen Spaziergänge trat Ned Malloy in mein Leben. Wir hatten eben unsere Tour im Garten beendet und wollten auf die Koppel, als mir auffiel, daß etwas nicht stimmte. Die Esel hatten nicht wie üblich das ohrenbetäubende Geschrei losgelassen, wenn ich etwas tat, was nicht direkt mit ihrem persönlichen Wohlergehen im Zusammenhang stand. Sie sind fort, dachte ich, sie trampeln durch Grahams Getreide oder fressen Julias Heu oder jagen Alecs Hühner auf den Baum. Es war schon eine Weile her, daß sie zuletzt ausgebrochen waren, und ich begann wohl etwas nachlässig zu werden. Und dann sah ich sie: im Halbkreis mitten auf der Koppel, voll konzentriert auf etwas, was nach einem Sack Kartoffeln aussah, sich aber bei genauerem Hinsehen als ein zwergenhafter Mann in verschiedenen Schichten von Lumpen herausstellte. Es war ein siedendheißer Tag, und das Aroma von warmem Fleisch, das von ihm ausströmte, stieg in den Kopf wie Champagner — allerdings auf weniger appetitliche Art.

Er schaute nicht auf, als ich näher kam. Die Esel auch nicht, sondern sie himmelten ihn an,

wie es *mir* allerhöchstens zuteil wird, wenn ich
sie mit speziell ausgesuchten, sehr teuren Esels-
delikatessen füttere. Er redete zu ihnen, und ich
lauschte schamlos: «... und die Hügel sind grün
wie Smaragde, für die Männer ihr Leben hinge-
ben, um sie auszugraben. Und zwischen ihnen
fließen plappernd wie Mädchenlachen Flüsse so
klar, daß man die Fische zwischen den Steinen
spielen sehen kann. Feine Dunstschleier gibt es
und Brisen wie der Atem eines Babys. Und die
Tiere laufen tagaus tagein frei und glücklich
herum. Gibt es dort Esel, fragt ihr. Aber ja. Dorthin kommen die braven Esel, wenn sie sterben.»
Es ist viele Jahre her, daß ich in Irland war, aber
wie er seine Heimat in jenem sanften Singsang
beschrieb, kam mir das Bild so deutlich wieder,
daß ich beinahe den brennenden Torf riechen
konnte. Er erblickte mich, und ohne sich zu un-
terbrechen, ohne die geringste Verlegenheit —
als wäre es das Natürlichste der Welt, auf einer
fremden Koppel zu sitzen und fünf hingerisse-
nen Eseln einen Reisebericht zu liefern — sagte
er: «Ah, und da ist die liebe Dame selbst. Wie
befinden wir uns heute?» Ich sagte, ich befände
mich sehr gut, danke, und ob er ein Bier möchte.
Ich dachte, er könnte mir ein paar Tips liefern,
wie man Esel hypnotisiert. Man weiß ja nie,
wann man so was brauchen kann. Er nahm gerne
an, und wir setzten uns in den Garten.

Ich musterte ihn verstohlen, und mir schien, er
müsse mindestens hundertfünfzig sein. Sein Gesicht hatte die Farbe und Beschaffenheit einer
eingemachten Walnuß, mit tief eingeritzten,

schmutzschwarzen Linien, und seine hellblauen Augen schienen in Gelatine zu schwimmen. Mit seiner sanften, betörenden Stimme erzählte er, er heiße Ned Malloy, sei in County Wicklow geboren, stamme aus einer Kesselflickerfamilie, die überall herumgezogen sei. Er war in den zwanziger Jahren nach England gekommen, und dann folgten auch seine Brüder einer nach dem anderen, weil sie dachten, das Leben sei hier leichter. Er war Pferdehändler, und daher der Grund seines Besuchs: Zwei seiner Ponys, Molly und Birdie, waren ausgebrochen, und er hatte gedacht, sie seien hier. Ich sagte, mein Haus sei dafür bekannt, daß die hier wohnenden Pferdeartigen es äußerst häufig verließen. Es komme mir daher unwahrscheinlich vor, daß es andere als Ziel aussuchen würden. Überhaupt nicht, versicherte er mir. Die Sache mit den Pferden und besonders Eseln sei so, daß sie immer anderswo sein wollten. Ein wenig wie gewisse Leute, fügte er schmerzlich hinzu und dachte wohl an sein geliebtes Irland. Er beschrieb mir seine abtrünnigen Ponys in allen Einzelheiten, damit ich sie erkennen konnte, wobei ich ja von jedem unbemannten Pony sowieso angenommen hätte, es gehöre ihm. Aber ich versprach ihm, Ausschau zu halten. «Sagen Sie ihnen, Ned will, daß sie sofort nach Hause kommen, sonst gibt es keinen Hafer», instruierte er mich, als er ging. Von Zeit zu Zeit ging ich nachschauen, aber erst am späten Nachmittag sah ich die Ponys im angrenzenden Feld. Sie plauderten über den Zaun hinweg mit den Eseln. Ich kam mir ziemlich blöd vor, als ich zu ihnen hinging und bestimmt sagte: «Ned sagt, ihr sollt sofort nach Hause, sonst gibt es keinen Hafer.»

Zu meinem — und der Esel — Erstaunen machten sie sofort kehrt und trabten heimwärts. Von Ehrfurcht ergriffen, sagten die Esel zueinander: «Habt ihr das gesehen?» Dann zu mir: «Herrgott, bist du aber gewitzt.» Und mir schien, als hätten sie einen Schimmer von Bewunderung in den Augen. «Ich wäre verflucht gewitzter, wenn ich das mit euch könnte», sagte ich. Sie waren schockiert: «Wir sind *Esel*. Wir sind doch störrisch.»

Am nächsten Tag war Ned wieder da und hielt schüchtern einen Strauß Waldblumen in der Hand, «nur zum Dank, daß Sie diese jungen Lausekerle nach Hause geschickt haben». Woher er wisse, daß ich das gewesen sei, fragte ich verblüfft. Er war überrascht: «Haben mir's doch gesagt.» Ich dankte dem Himmel, daß ich seinen Schulschwänzern mit einer einwandfreien Sprache begegnet war. Das Letzte, was ich brauchen konnte, war ein Ponypaar, das in der Gegend herumwanderte und jedem erzählte, ich fluche wie ein Fischweib. Ned sah erhitzt und müde aus, und so gab ich ihm etwas zu trinken und setzte mich hin, um eine Fortsetzung seiner Lebensgeschichte anzuhören. Er wohnte seit zwölf Jahren in der Gegend. Ein freundlicher Bauer hatte ihm für seine Pferde eine Wiese zur Verfügung gestellt, als Gegenleistung machte er allerlei Hilfsarbeiten, und er hatte auf der Wiese für sich eine Hütte gebaut. Geheiratet hatte er nie,

nie gewollt. «Warum sollte ich meine Jugend an eine Frau verschwenden», wobei es jetzt an seinem Lebensabend «keine so schlechte Idee wäre, wenn jemand für mich sorgen würde.» Verdammter Macho, dachte ich.

Am nächsten Tag war er wieder da und brachte als Geschenk nicht ganz reife Brombeeren mit. Und am folgenden Tag wieder und am Tag darauf auch. Erst als das Gespräch auf seinen Geschmack punkto Frauen kam — «Mir haben schon immer Frauen gefallen, die wie Frauen aussehen», dazu ein anerkennender Seitenblick auf meine großzügigen Proportionen —, dämmerte mir, daß er mit mir flirtete. Es war so lange her, daß jemand mit mir geflirtet hatte, daß ich es nicht mehr zu deuten wußte. Jetzt wurde langsam alles klar: sein Interesse am Haus gekoppelt mit Klagen über seine zugige Hütte, die Andeutungen, daß er im Alter jemanden brauche, die Geschenke in Form von unreifen Brombeeren und welkendem Löwenzahn. Geriebener alter Fuchs! Ich kochte.

In den nächsten zwei Wochen wurde er kühner und machte mir überzogene Komplimente (wobei ich zugeben muß, daß er sich über das Haus noch schmeichelhafter äußerte als über mich), und ich fand heraus, daß ich gegen ihn machtlos war. Wie soll man jemanden kalt abduschen, der von seiner eigenen Beredsamkeit so hin ist, daß er gar nicht hört, was man sagt? Und obwohl ich jetzt schon ganz schön auf der Hut war, überrumpelte er mich mit seinem Antrag doch. Er redete von seinem Glauben und seiner Kirche und sagte

176

dann plötzlich: «Wäre es nicht großartig, wenn
wir zwei am Altar knien und das Eheversprechen
ablegen würden?» Ich brauchte gute zwei Minuten, um Atem und Gleichgewicht wiederzuerlan-
gen, und auch dann brachte ich nichts Besseres
heraus als: «Ist das ein Antrag?» Er griff nach
meiner Hand: «Sage ich Ihnen das nicht schon
die ganze Zeit? Wir heiraten und leben glücklich
zusammen in Ihrem gemütlichen kleinen Haus.»
Der machte ja nicht mir, sondern dem Haus
einen Antrag — ich war nur das Verbindungs-
glied. Ich suchte nach einer Antwort, die unmiß-
verständlich und endgültig wäre, ohne ihn allzu-
sehr vor den Kopf zu stoßen. Und dann hatte
ich's: Ich sagte wahrheitsgemäß, ich sei gerührt
von seinem Angebot, aber eine Ehe zwischen uns
komme nicht in Frage, da er katholisch und ich
jüdisch sei. Er war eine Weile still, und ich
dachte, ich hätte es geschafft. Dann leuchtete er
auf: «Ach, was soll's, Katholik oder Jude, was
macht das schon, so lange wir alle Christen
sind?»
Am nächsten Tag war er wieder da — genauso
glühend und entschlossener denn je —, und ich
fühlte allmählich Panik in mir aufsteigen. Ich
hatte Angst, er würde mich durch reine Beharr-
lichkeit mürbe machen. Heimatlose Tiere aufnehmen ist eines, aber wenn ich anfing, die Sache auf Menschen auszudehnen, war das Ende
nicht abzusehen. Nein, das mußte hier und jetzt
beendet werden. Auf eine Art tat es mir leid,
denn wenn man Ned vom Thema «gutgepol-
sterte Gebrauchsfrau» abhalten konnte, machte

177

er recht interessant Konversation. Doch der Preis war zu hoch.

Wie er das nächste Mal kam, bot ich ihm nichts zu trinken an und blieb auch nicht für einen Schwatz stehen. Ich sagte, ich hätte eine Menge zu tun, und arbeitete einfach weiter. «Ich helfe Ihnen», sagte er und trottete mir hintendrein wie ein wohldressierter Terrier. Ich fühlte mich allmählich hysterisch und befürchtete, ich könnte ihm nächstens was Ernstliches antun. «Schauen Sie», sagte ich bestimmt, «ich freue mich immer, Sie zu einem Schwatz zu sehen, aber etwas müssen Sie ganz klar verstehen. Eine Heirat ist ausgeschlossen, weil ich bereits verheiratet bin. Ich spreche nicht darüber, weil er im Gefängnis sitzt — wegen schwerer Körperverletzung.» In Neds Augen blitzte Besorgnis auf, und ich erwärmte mich für mein Thema: «Gewöhnlich ist er recht harmlos, wenn man bedenkt, daß er hundert Kilo wiegt, aber er ist sehr eifersüchtig. Er hat einen Kerl dabei erwischt, daß er mich im Pub anschaute, und hat ihm das Rückgrat gebrochen. Fünf Jahre hat er dafür gekriegt, aber in drei Wochen kommt er heraus.» Zum ersten Mal, seit wir uns kannten, war Ned still, aber ich sah am Zucken seiner Lippen, daß etwas herauswollte. Nach einer Ewigkeit flüsterte er: «Ich muß gehen», warf einen entsetzten Blick auf mich und trottete davon. Und das war das Ende meiner kurzen Romanze.

VIERZEHNTES KAPITEL

Die Städter sagen immer: «Findest du es nicht wahnsinnig langweilig, auf dem Land zu wohnen? Da läuft ja nie etwas.» Ich starre sie mit offenem Mund an. Kaum ein Tag vergeht, ohne daß etwas geschieht. Gut, es ist nichts Weltbewegendes, aber es verleiht dem Leben ungeahnte Würze. Unmöglich, die Freude zu beschreiben, mit der man jeden Morgen erwacht, weil man nicht weiß, was der Tag bringen wird. In London wußte ich immer genau, was der Tag bringen würde, und die Überraschungen waren zumeist unangenehm: im Verkehrschaos steckenbleiben, Wagen gibt Geist auf — was ist da neu daran? Natürlich habe ich auch hier weniger angenehme Überraschungen erlebt, aber zumindest waren sie anderer Art.

Eine nette Überraschung war, als Quaggy eine Braut nach Hause brachte. Wo er sie aufgelesen hatte, weiß ich nicht, und weitgehende Nachforschungen förderten nichts über ihre Herkunft zutage. Wäre sie eine Stockente gewesen, hätte ich es noch verstanden: Hier fliegen oft Wildenten vorbei und ein einzelnes Weibchen hätte Quaggys ansichtig werden und sich auf den ersten Blick in ihn verlieben können. Aber das war eine Hausente, eine Khaki Campbell. Sie waren offensichtlich sehr voneinander eingenommen,

und ich freute mich für Quaggy. Nur schon, weil
sie so groß war wie er und weit besser zu ihm
paßte als eine Gans, geschweige denn ein
Mensch. Ich taufte sie Margie und sagte, sie sei
willkommen und möge das als ihr Zuhause betrachten — jeder Freund von Quaggy sei auch
mein Freund. Sie würdigte das, indem sie jeden
Tag ein großes, dotterreiches Ei legte.

Zwischendurch behielt ich Olga im Auge, da
ihre Kleinen jeden Augenblick schlüpfen mußten. Eines Morgens dann entdeckte ich unter
ihrem Flügel einen kleinen Daunenkopf. Leider
war es das einzige Entchen, das schlüpfte, und
nach ein paar weiteren Tagen ließ Olga den Rest
der Eier liegen und führte das Baby hinaus. Wol
entdeckte sie sofort, quietschte vergnügt auf und
hüpfte hin, um sie willkommen zu heißen. Olga
jedoch, die ja einiges mitgemacht hatte, um dieses einzige Entchen zu produzieren, ging ver-
ständlicherweise keine Risiken ein. Sie stürzte
sich böse kreischend auf Wol. Darauf war er
überhaupt nicht gefaßt, und er trottete zurück,
um sich leise wimmernd hinter meinen Beinen zu
verstecken. Er war tief verletzt. Olga war seine
Freundin, und er wollte ihr nur sagen, wie sehr er
sie vermißt hatte, und sich ihr Baby anschauen.
Er hätte ihm doch nichts getan. Ich versuchte
vergeblich, ihn zu trösten. Er verzieh Olga nie
ganz, und obwohl sie später ihre Freundschaft
wieder fortsetzten, war es nie mehr genau das
gleiche.

Später an dem Tag ging ich hinaus, um Olgas
übrige Eier wegzuräumen, und Wol kam mit. Ich

180

hob jedes Ei auf und untersuchte es, um herauszufinden, was schiefgelaufen war, als Wol plötzlich aufgeregt zu zwitschern begann. Er rollte eines der Eier mit dem Schnabel herum. Ich nahm es ihm weg und hörte verblüfft schwaches Quieken. Dann sah ich, daß die Schale am Aufbrechen war — ein Kleines wollte ins Leben hinaus. Ich streichelte Wol und lobte, was er für eine kluge kleine Eule sei, dann stürzte ich in die Küche und tunkte das Ei in warmes Wasser, um die Schale aufzuweichen. Normalerweise hätte es die nötige Feuchtigkeit von seiner Mama erhalten, aber das hier war ganz auf sich gestellt. Nachdem es gut durchgeweicht war, steckte ich es in meinen BH und wartete das Weitere ab. Jetzt zirpte es schon lustig, und ich kam mir etwas dämlich vor, mit einem zwitschernden Busen herumzulaufen. Wol war fasziniert. Er kletterte mir fortwährend auf den Schoß oder die Schulter, damit er mir seinen kleinen Flauschkopf an die Brust legen und sich das Gezirpe anhören konnte. Er wunderte sich nicht schlecht: Auch Menschen konnten zwitschern! Ausschlüpfen war offensichtlich harte Arbeit, denn zur Schlafenszeit war mein Findling erst zur Hälfte draußen. In dieser Nacht kam ich nicht zu viel Schlaf: siehe Gezwitscher; und dann die Angst, das Entchen zu zerquetschen, wenn ich mich umdrehte. Gegen Morgen war es draußen, während ich wie ein Mosaik aussah: Eierschalen an praktisch jedem Teil meiner Anatomie. Ich schaute meine Brut einigermaßen zweifelnd an. Der Kleine sah wirklich kläglich aus. Nur Haut und Knochen,

181

durchnäßter Flaum, der ihm am Körper klebte, hängender Kopf. Ich trocknete ihn sachte mit dem Haartrockner, und bald wurde aus meinem häßlichen Entchen, wenn nicht ein Schwan, so doch ein sehr hübscher kleiner Kerl. Seine Daunenfedern standen jetzt auf, und bald hatte er die Kraft, den Kopf aufrecht zu halten. Er war hellgelb mit brauner Zeichnung auf den Flügeln — ein typischer Muscovy. Olga würde zufrieden sein!

Nach Einbruch der Dunkelheit ging ich hinaus, um Olga zu füttern, und als sie den Kopf im Teller vergraben hatte, schob ich das Entchen unter sie. Wie der Blitz stieß sie es weg. Ich versuchte es noch einmal, mit dem gleichen Ergebnis. Es funktionierte eindeutig nicht. Ich schloß Olga für die Nacht ein und nahm meine Waise mit ins Haus zurück. «Na ja, Boris», sagte ich, «gestatten, deine neue Mama.» Boris piepte glücklich. Was ihn betraf, *war* ich seine Mama. Schließlich hatte ich ihn ausgebrütet, und er hatte mein Gesicht als erstes gesehen, als er zur Welt kam. Meine Hauptsorge war, wie sich Wol zum Eindringling stellen würde. Würde es ihm etwas ausmachen, daß noch ein Vogel da war? Oder, noch schlimmer, würde er Klein-Boris als potentiellen Imbiß betrachten? Ich machte mir unnötig Sorgen. Da er Boris schon vorm Tod im Ei bewahrt hatte, schaute ihn Wol als sein Eigentum an und beschützte ihn vor allzu neugierigen Katzen wie auch — als der Kleine kräftiger wurde — vor möglicherweise selbstmörderischen Aktivitäten.

Als Boris etwa zehn Tage alt war, führte ich
ihn in die Welt ein. Wir zogen in einer Prozession
durch den Garten: ich, Boris, ob diesem großen
Abenteuer aufgeregt piepend, Wol, zwitschernd
besorgt um die Sicherheit seines Pflegebabys.
Beim ersten Tümpel war Boris hingerissen. Er
sprang sofort hinein, schwamm und tauchte und
spritzte freudig herum. Wol war ob dieser Toll-
kühnheit entsetzt, warf sich in den Tümpel (der
etwa zwei Zentimeter tief war) und stupste Boris,
dem das gar nicht gefiel, sachte hinaus.

Während wir draußen waren, begegneten wir
Olga, die ebenfalls ihr Baby spazierenführte. Wir
tauschten ein paar Höflichkeiten aus und gingen
unserer Wege. Sie war an Boris überhaupt nicht
interessiert und er auch nicht an ihr. Ein paar
Meter weiter hielt Boris bei einem anderen Tümpel an, während ich weiterging. Boris merkte
plötzlich, daß ich nicht innerhalb der vorge-
schriebenen zehn Zentimeter war, und gab das
«Wo-bist-du-Mama-wart-auf-mich»-Quieken
von sich. Olga blieb stehen. Ihren Boris hatte sie
zwar nicht erkannt, den Ruf aber schon. Sie marschierte zielgerichtet auf Boris zu und sagte etwas, was FOLGE MIR heißen mußte. Boris betrachtete diese große und wenig reizvolle Fremde
entsetzt und versteckte sich kreischend hinter
meinen Beinen, gefolgt von seinem Beschützer
Wol. Es kam zur Konfrontation zwischen Olga
und mir. Ihre Augen flammten, und sie gab das
vollkommene Bild beleidigter Mutterschaft. Ich
hatte ihr Baby, und sie wollte es zurückhaben —
JETZT! Ich meinerseits war durchaus dafür, Bo-

183

ris seiner natürlichen Mutter zurückzugeben. Sie wußte nicht nur viel mehr als ich über Entenerziehung, sondern hatte auch ein weiteres Entchen für Boris zum Spielen. Wol war ein großartiger Wächter, aber als Spielkamerad nicht das Richtige. Boris würde es bei seiner eigenen Familie viel besser haben. Nur, wie sollte man ihn davon überzeugen? Ich versuchte ihn ihr noch einmal unterzuschieben, überzeugt, daß ihn Olga dieses Mal nicht ablehnen würde. Was sie auch nicht tat. Boris lehnte ab. Fünfmal schob ich ihn ihr unter, fünfmal kam er so kläglich weinend hervor, daß ich mir vorkam wie die Art Mütter, die ihre Kleinen in Telefonkabinen aussetzen.

Ich ging mit Boris jeden Tag hinaus, was immer peinlicher wurde, weil uns Olga überall hin folgte und vergeblich versuchte, ihn wegzulokken. Wohin ich ging, fühlte ich ihren vorwurfsvollen Blick auf mir: Entenentführerin! Kindsdiebin! Nesträuberin! Ich fühlte mich gräßlich. Eines Tages dann, als Olga und ich wieder in unseren ausweglosen Dialog verstrickt waren — wobei sie mir vorwarf, ihr die Gefühle ihres Babys entfremdet zu haben, und ich zu erklären versuchte, daß ich keineswegs zwischen sie und Boris treten wollte —, bemerkte ich, daß sich im Hintergrund etwas anderes abspielte: Die Entchen hatten von dem ewigen Erwachsenen-Gezänk die Nase voll und sich gemeinsam und einhellig zu unseren Füßen hingekuschelt. Das könnte sehr wohl die Lösung sein, dachte ich und schlich mich fort. Kaum war ich zwei Meter entfernt, kam schon Boris angewatschelt — mit

184

Olgas Baby im Schlepptau! O Gott, gerade das hatte noch gefehlt. Doch Olga hatte die Situation fest im Griff. «Du kommst SOFORT hierher», brauchte sie nur einmal zu sagen, und das Baby war an ihrer Seite. Aber Boris leider nicht. Schließlich lösten die Kleinen das Problem. Sie hingen immer stärker aneinander, bis Boris seinen Spielkameraden nur noch höchst ungern verließ. Eines Abends dann, als Olga und ihr Baby ins Gehege gingen, folgte ihnen Boris — mit einem bittenden Blick zu mir — und richtete sich mit ihnen zum Schlafen ein. Er hatte seine Wahl getroffen. Ich versuchte Olgas Blick auszuweichen, denn das Triumphgefühl und die Selbstzufriedenheit, die von ihr ausströmten, waren ziemlich unerträglich. Ich freute mich wirklich für sie und die Entchen, fand aber doch, sie könnte sich im Sieg etwas mäßigen.

Wol nahm Boris' Absprung gelassen. Tief innen tat es ihm gar nicht leid, glaube ich. Boris war größer und eigensinniger geworden, und Wol hatte immer mehr Mühe gehabt, ihn in Schach zu halten. Außerdem paßte es ihm bestimmt, daß er im Haus wieder Vogel Nummer eins war.

FÜNFZEHNTES KAPITEL

Wieder war Winter, und wir alle hatten Hausarrest. Ich glaube, Wol machte das am meisten aus. Ihm fehlten seine täglichen Sitzungen im Garten sehr, und mir brach es das Herz, wie er auf dem Fenstersims saß, die Nase an die Scheibe preßte und genau wie ein gefiederter Knastbruder aussah. Und dann hatte ich eine Idee. Sobald der Weg wieder frei war und ich den Wagen herausholen konnte, sagte ich zu ihm: «Was meinst du zu einem kleinen, erfrischenden Ausflug?» Er strahlte und nickte begeistert. Ich nahm ihn zum Wagen hinaus, und er hüpfte auf das Steuerrad. Dann drehte er den Kopf in alle Richtungen und teilte den anderen pelzigen und gefiederten Hausbewohnern mit: «Schaut her — ich fahre!»

«O nein», sagte ich. «Wenn hier jemand fährt, dann bin ich es.» Das war ihm auch recht, und er setzte sich gemütlich auf meinen Kopf. Nach dem ersten Ausflug brauchte ich nur noch zu sagen: «Komm, Wol, machen wir eine Ausfahrt», und er watschelte zum Wagen und wartete aufgeregt, bis ich die Tür öffnete. Meine größte Sorge war, wie er reagieren würde, wenn Leute kamen und ihrem Erstaunen über einen mitten am Tag herumkutschierenden Waldkauz Ausdruck gaben. Doch er nahm es gelassen und betrachtete die ihm dargebrachten Ehrbezeigungen als nur recht und billig. Ja, er war mit den Leuten viel geduldiger als ich. Mir hingen die Fragen allmählich zum Hals heraus, und ich antwortete nur noch automatisch:

Frage: Wie haben Sie ihr beigebracht, auf Ihrem Kopf zu sitzen?

Antwort: Einer Eule bringt man nichts bei. Wenn sie sich einem auf den Kopf setzen will, setzt sie sich einem auf den Kopf.

Frage: Kann sie sprechen?

Antwort: Das ist eine Eule, nicht ein Papagei. (Wenn ich besonders gereizt bin, lautet die Antwort: «Nur zu Leuten, die sie kennt. Zu Fremden nie.»)

Frage: Macht sie nicht viel Schmutz?

Antwort: Doch sehr. (Als Fleischfresser macht Wol tatsächlich mehr Schmutz als andere Hausvögel. Zum Glück sieht mein Haus ohnehin nicht gerade nach «Schöner Wohnen» aus, und strategisch plazierte Zeitungen halten den Schaden in Grenzen.)

Frage: Wie haben Sie es gemacht, daß sie so zahm geworden ist?

Antwort: Ich habe nichts gemacht. Eulen sind wie Menschen — manche sind freundlich, manche nicht. Wol ist einfach zufällig ein sehr geselliger Vogel.

Die Frage, die mich wirklich die Wände hochtreibt, lautet: «Wieviel wollen Sie für sie?» Nach einiger Zeit sage ich mit einem Pokergesicht: «Dreihundertfünfzig Pfund.» Das stopft ihnen den Mund — zumindest den meisten. Außer dem reichen Araber, der ohne mit der Wimper zu zukken seine Brieftasche hervorkramt und Zwanzigernoten hinzublättern beginnt. «Halt, halt», kreische ich da, «kein Geld der Welt könnte mich von Wol trennen.» Jemand hat mich einmal gefragt, was ich tun würde, wenn man mir tausend Pfund für Wol anböte. Ich habe ehrlich gesagt, daß ich für tausend Pfund nichts zu kaufen wüßte, was nur annähernd so viel Freude bereiten könnte wie Wol.

Doch wie sich der Winter seinem Ende zuneigte und Wol sich so offensichtlich nach draußen sehnte, machte es mir doch Sorgen, daß er so unnatürlich lebte. Er sollte draußen sein, mit anderen Vögeln, und nicht seine ganze Zeit mit Katzen und Menschen verbringen. Eulengesellschaft brauchte er, genau genommen. Als dann ein oder zwei Monate später Jim anrief und fragte, ob ich ein Eulenbaby aufnehmen könne, war ich sicher, daß da das Schicksal mitspielte. Jim sagte, der Kleine sei aus dem Nest gefallen, ohne sich dabei zu verletzen. Er brauche nur Pflege und Schutz, bis er groß genug sei, für sich selbst zu sorgen. Mir fiel auf, wieviel häufiger Eulenbabys aus dem Nest fallen als andere Vögel, und ich fragte mich doch — wenn ich bedachte, wie anstrengend Wol sein konnte —, ob sie wirklich herausfallen oder ob ihre Mutter sie am Ende einer Geduldsprobe hinausschmeißt. Nun, ich war wahnsinnig aufgeregt und konnte kaum warten, Wol die gute Nachricht zu überbringen. «Ach, Wol, du bekommst Gesellschaft.

Denk doch nur!» Er dachte eine Weile nach, fand dann, das sei nichts Besonderes, und drehte sich wieder weg.

Toby war ein klägliches Flauschbündel, etwa so groß wie Wol, als er gekommen war. Doch damit endete die Ähnlichkeit, und wenn ich noch eine Bestätigung brauchte, daß Wol ein Spezialfall war, so bekam ich sie jetzt. Toby duckte sich vor Angst zusammengekrümmt und schreiend in seiner Schachtel, und es kam überhaupt nicht in Frage, ihn Wol vorzustellen. Im Augenblick war Toby nicht in der Verfassung, auch nur irgendwen kennenzulernen, und schon gar nicht so einen überspannten Extrovertierten wie Wol. Ich richtete Toby bequem in einer Schachtel auf dem Tellerwärmer ein und ließ ihn im Studio allein, damit er sich vom Schreck erholen konnte. Am nächsten Morgen hatte er aufgehört zu weinen, aber er fürchtete sich noch immer vor mir. Ich ließ ihm etwas gehacktes Rindfleisch mit Federn da, aber als ich später nachschauen ging, hatte er es nicht berührt. Ich ersetzte es durch gehacktes Huhn, aber das aß er auch nicht. Ich mochte ihn nicht von Hand füttern, denn er sollte ja einmal freigelassen werden, und ich wollte nicht, daß er zu anhänglich wurde. Wonach es übrigens im Augenblick gar nicht aussah. Auf jeden Fall mußte etwas Futter in ihn hinein, sonst würde die Frage seiner Freilassung rein theoretisch.

Ich setzte mir Toby auf den Schoß, drückte ihm den Schnabel auf und schob ihm sachte mit einer Spezialpinzette das Futter in den Mund. Er leistete keinen Widerstand, aber kooperieren

189

wollte er keinesfalls. Nach jedem Bissen klemmte er den Schnabel zu, so daß ich ihn immer von neuem aufzwängen mußte. Jede Fütterung dauerte über eine halbe Stunde, und er mußte alle zwei Stunden gefüttert werden, so daß mir für anderes nicht viel Zeit blieb. Das ging etwa eine Woche so, dann begann er zu meiner Erleichterung den Schnabel von sich aus zu öffnen. Bald darauf nahm er mir das Futter aus der Hand, und nach ein paar weiteren Tagen aß er von selbst. Er war jetzt schon ganz munter und verließ hie und da seine Schachtel, um das Studio auszukundschaften. Aber mich scheute er noch immer sehr und klickte wie ein Hummer, wenn ich ihm zu nahe kam, was für sein Leben in der Freiheit ein gutes Omen war.

Ich montierte ihm eine Sitzstange beim Fenster, die er als Sprungbrett zum Bücherregal benützte. Nach kurzer Bedenkpause begann er mit dem Schnabel an einem Buch zu ziehen, bis es hinunterfiel. Er untersuchte die Lücke, zog dann ein zweites Buch heraus, dann ein drittes. Nachdem er diese Ausgrabung zu seiner Zufriedenheit abgeschlossen hatte, quetschte er sich in die Lücke, überzeugt, unsichtbar zu sein. Da fehlt nur noch Wol am anderen Ende, und ich habe ein Paar Buchstützen, dachte ich. Eines habe ich gelernt: Je mehr Mühe man sich gibt, den Tieren ein weiches, bequemes Zuhause einzurichten, um so eher lehnen sie es ab zugunsten von etwas Hartem, Kantigem und Ungemütlichem.

Das Studio liegt neben meinem Schlafzimmer, und nachts hörte ich, wie Toby eifrig dem nachging, was junge Eulen nachts halt so treiben. Seine Federn und er selbst wuchsen hübsch. Ich fand, er könnte jetzt Wol kennenlernen. Nach langen Überlegungen beschloß ich, Wol zu Toby zu bringen, und nicht umgekehrt. Wol konnte auf einen Eindringling böse werden und ihn vermöbeln, was von vornherein alles kaputtgemacht hätte. Außerdem würde sich Toby in vertrauter Umgebung besser fühlen, während sich Wol auch in einem Bergwerkschacht sicher vorgekommen wäre. Und noch wichtiger: Oben waren keine Katzen, um Toby Angst zu machen. Ich öffnete die Tür, die zur Treppe führt, und sagte: «Komm, Wol.» Er schaute ein bißchen verwirrt: Es war doch noch nicht Schlafenszeit, der Fernseher lief ja noch, und überhaupt schlief er im Wohnzimmer, seit Toby da war. Doch da er für einen Spaß immer zu haben ist, kam er angewatschelt und begann seine alte Nummer: eine Stufe hinauf, drei hinunter.

Irgendwann waren wir oben, und er wartete vor der Tür zum Studio. Ich öffnete, und er stürzte mit einem entzückten Aufschrei zum Fenster und begann sofort seine Tarzannummer, wobei er sich von der Jalousie herunterschwang. Er hatte Toby noch nicht bemerkt. Toby ihn aber schon, und er beobachtete ihn mit einer Mischung aus Interesse und Furcht. Ich übrigens auch. Wol bemerkte Toby mitten in einem Schwung und war so verblüfft, daß er den Halt verlor und hinunterfiel. Er rappelte sich hoch, marschierte entschlossen zum Büchergestell und kletterte hinauf. Toby und ich hielten den Atem

191

an und fragten uns, was als nächstes kommen würde. Das fanden wir bald heraus. Wol hievte sich zuoberst auf das Gestell, stelzte über die Bücher zu Tobys nicht ganz perfektem Versteck und stieß ihn hinunter. Toby war völlig überrascht. Er hatte vieles erwartet, aber das nicht. Er blieb sitzen, wohin er gefallen war, beleidigt und kläglich zwitschernd. Wol schaute von oben auf ihn hinunter und sagte, er solle verduften. Von diesem gräßlichen Benehmen schockiert, packte ich Wol und nahm ihn hinunter. Er wollte doch nur ein bißchen Spaß, klagte er entrüstet, und den hatte ich ihm verdorben. Ich verdarb immer alles, es war nicht recht. Er haßte mich, und sobald er fliegen konnte, würde er von Zuhause fortgehen, jawohl. «Ist das alles, oder kommt noch mehr?» fragte ich. Er überlegte: Ja, das war alles. «Gut», sagte ich. Etwas macht Tiere den Menschen — meiner Ansicht nach — überlegen: Sie sind nicht nachtragend. Sie schmollen oder fluchen eine Weile, aber dann ist's bald vorbei. Keine Anschuldigungen, keine Racheakte, nichts. Natürlich könnte es sein, daß sie ein schlechtes Gedächtnis haben und einfach nicht mehr wissen, warum sie sich ärgern, aber ich ziehe es vor zu denken, daß sie liebe, versöhnliche Wesen sind.

Nun, eines war gewiß: Die Zeit war noch nicht reif für eine Freundschaft zwischen Toby und Wol. Der Frühling war schon lange da, und Wol saß bereits fast den ganzen Tag draußen. Ich beschloß, Toby ein Gehege zu geben, damit er und Wol sich daran gewöhnten, einander zu sehen. Und so konnte sich Toby auch an das Leben

draußen gewöhnen und hatte — sehr wichtig für
sein künftiges Überleben — weniger Kontakt mit
mir. Ich stellte ein offenes Faß in sein Gehege,
damit er sich tagsüber irgendwo verstecken
konnte, und setzte ihn auf einen beblätterten Ast.
Alle Gehege sind um Bäume herum gebaut, damit die Insassen viel Schutz und einen Ort haben,
wo sie sitzen, schlafen oder einfach meditieren
können. Toby schien recht zufrieden in seinem
neuen Zuhause, aber man konnte es nicht genau
wissen. Er hatte von Natur aus ein trauriges Af-
fengesicht und stets einen ziemlich elenden Ausdruck. Doch wie er von Ast zu Ast hüpfte oder
einfach ruhig auf seinem Faß saß und die Welt
betrachtete, schien er mir so zufrieden, wie es ein
Vogel in Gefangenschaft sein konnte. «Geduld»,
sagte ich. «Bald kannst du gehen.»

Als Toby etwa vier Tage in seinem neuen Haus
war, gab Wol seine Sitzstange vor dem Fenster
auf und richtete sich oben auf Tobys Gehege ein.
Wie rührend, dachte ich: Wol, der Macho, über-
windet sich und geht diesem armen Waisenkind
Trost spenden und Gesellschaft leisten. Ich hätte
es besser wissen sollen: Wie er selbstbewußt über
das Gehege stolzierte und von Zeit zu Zeit her-
ausfordernd zu Toby hinpfiff, wurde mir bewußt, daß Wol weit davon entfernt war, Trost zu
spenden, sondern im Gegenteil Toby aufs Blut
reizen wollte.

«Schau her», kreischte er hämisch, «ich bin
frei!» Toby äugte trübe zu ihm hinauf, legte sein
Affengesichtchen in tiefmelancholische Falten
und zwitscherte klagend vor sich hin.

Wütend nahm ich Wol weg und brachte ihn zu seiner Sitzstange zurück, wobei ich sein Protestgeschrei ignorierte und ihm mal kurz erklärte, wie das Leben für ihn in nicht allzu ferner Zukunft aussehen würde: Seine Tage als Haus-Eule seien nämlich gezählt, und sobald ich mich überwinden könne, die Nabelschnur durchzuschneiden, würde er draußen wohnen und lernen müssen, was ein Eulenleben war. Seine Augen weiteten sich ungläubig: Was, gemeines Weib will mich süßen, liebenswürdigen Kauz in die Kälte hinauswerfen? Soweit kommt es noch! Er hatte nicht ganz unrecht. Ich hätte doch nicht die seelische Kraft, diesen Plan in die Tat umzusetzen. Und doch war ich überzeugt, daß sich Wol auf die Länge draußen wohler fühlen würde. Er konnte zwar nie freigelassen werden, aber das Nächstbeste konnte er haben: ein Außengehege, wo er näher zu anderen Tieren war. Dazu aber brauchte er einen Gefährten. Er war zu gesellig, um draußen alleine zu wohnen. Toby dazu heranzuziehen hatte keinen Sinn, denn er sollte ja bald wieder gehen. Nach einer genauen Gewissensprüfung beschloß ich, Wol erst in die Halbfreiheit zu entlassen, wenn eine andere für immer invalide Eule aufkreuzte. Damit war das Problem wenigstens vorübergehend aus dem Weg geräumt, und ich konnte mich auf das Unmittelbare konzentrieren: Toby auf seine Freilassung vorbereiten.

Als erstes mußte er lernen, selbst nach Futter zu jagen, was sich äußerst schwierig gestaltete. Er war es gewöhnt, daß man ihm in regelmäßigen Abständen seine Mahlzeiten auftrug, und er hatte überhaupt keine Übung, lebende Beute zu fangen. Wenn er in die Wildnis zurückkehrte und erwartete, daß zweimal täglich ein pelzbesetztes Stück Rindfleisch oder ein aufgetautes Küken vor seiner Nase aus dem Nichts entstand, sah er mageren Zeiten entgegen. Andererseits konnte ich ihn auf gar keinen Fall mit lebenden Mäusen oder Küken füttern: Wenn er selbst seine Beute jagte, war das gut und recht, aber nur schon der Gedanke, ihm Lebewesen vorzusetzen, war schrecklich. Wäre nicht Alf Turner mit seinem Talent, im richtigen Moment aufzutauchen, mir zu Hilfe gekommen, würde ich mir wahrscheinlich jetzt noch das Hirn zermartern, wie man das Problem zur Zufriedenheit aller — des Jägers, des Gejagten und des gegenwärtigen Futterlieferanten — lösen könnte.

«Kein Problem», sagte Alf. «Holen Sie ein Stück Fleisch.» Er band es an eine Schnur und sagte, ich solle es ins Gehege legen. Mit dem anderen Schnurende in der Hand trat er etwas zurück und zog das Fleisch am Boden entlang. Toby sah es gleich und verfolgte gebannt die Irrfahrten des Rindfleischstücks. Plötzlich stieß er nieder und versuchte es zu packen, aber es war weg. Alf hatte es mit unglaublichem Zeitgefühl weggezogen. Ich schaute ihn verwirrt an: Warum hatte er Toby die Beute nicht gelassen? «Zu leicht», sagte Alf. «Draußen werden ihm keine Mäuse und Hamster vor der Nase herumspazieren. Er muss lernen, sie auszutricksen, schneller zu sein als sie, sonst wird er nie etwas fangen.»

Er riet mir, Toby auf Hungerkur zu setzen und ihm nur Fleisch zu füttern, das sich bewegte.

In den folgenden Wochen übten Toby und ich jeden Tag, bis ich den Köder beinahe so geschickt durchs Gehege manövrierte, wie er ihn jetzt schon fangen konnte. An einem Spätsommertag ging ich zu seinem Gehege und fand ihn, wie er die Überreste eines Spatzen umklammerte. Meine Trauer über das vorzeitige Ableben des Spatzen wurde gemildert durch die Freude, daß Toby offensichtlich sein Futter selbst fangen konnte. Er war bereit zu gehen! Kurz vor dem Einnachten gab ich ihm zu fressen — hoffentlich nicht sein Henkersmahl, dachte ich — und öffnete die Tür seines Geheges, was ihn aber nicht im geringsten interessierte. In halbstündlichen Abständen ging ich nachschauen, was oder ob etwas geschah, nur um mich einem völlig erstaunten Toby gegenüberzufinden, der auf seinem Faß saß und sich fragte, wem er all diese nächtliche Aufmerksamkeit verdankte. Doch als ich am nächsten Tag im Morgengrauen hinausging, war das Gehege leer: Der Vogel war ausgeflogen. Ich freute mich wirklich sehr, ehrlich. Denn warum kümmert man sich um kranke Geschöpfe, wenn nicht, um sie wieder freilassen zu können? Warum hatte ich dann so ein nagendes, unbehagliches Gefühl? Den ganzen Tag dachte ich an ihn: wo er war. Wie er mit allem fertigwurde. Ob er Hunger hatte oder fror. Oder fühlte er sich einsam und verängstigt in der rauhen Welt draußen? Das war es natürlich, was mir zu schaffen machte — die Ungewißheit. Hätte ich nur gewußt, daß es ihm gutging, hätte ich das emotionale Band durchschneiden können.

Kurz vor Einbruch der Dunkelheit ging ich hinaus, um Wol zu holen. Wir spielten unseren üblichen abendlichen Dialog durch: «Zeit, hereinzukommen, Wol.»

«Nein, stimmt nicht.»

«Es ist beinahe dunkel.»

«Nur noch fünf Minuten.»

«JETZT!». Da stieß er plötzlich einen markerschütternden Schrei aus und begann auf seiner Stange auf und ab zu hüpfen. Ich folgte seinem Blick und sah einen tobyförmigen Klumpen auf der Weide. Der Klumpen löste sich flügelschlagend vom Baum und schwebte elegant auf das Gehege zu. Es *war* Toby. Er schaute mich erwartungsvoll an, flatterte dann ins Gehege und nahm seine übliche Fütterungszeit-Stellung auf dem Faß ein. Er war zum Abendbrot nach Hause gekommen.

Eine knifflige Situation: Fütterte ich ihn jetzt, würde er wahrscheinlich immer zum Fressen kommen und nie selbst jagen lernen. Andererseits war er noch neu im Jägerspiel und hatte wohl Probleme. Ich entschied mich für den Kompromiß: Ich fütterte ihm ein paar Bissen, um ihm den schärfsten Hunger zu nehmen, doch nicht so, daß er völlig satt wurde. Damit hatte er beides: den Ansporn und die Energie, selbst zu jagen. Er verschlang sein Fleisch, warf mir einen hoffnungsvollen Blick zu, sah, daß nichts mehr kam, flog zur Tür hinaus und schwang sich über die Koppel in den Wald hinein.

Er kam jeden Abend zurück, und jedesmal kürzte ich seine Futterration, bis es für ihn kaum mehr Wert hatte zu kommen. Und doch kam er und blieb manchmal länger als eine Stunde. Oder er kreiste über uns, bevor er wieder verschwand. Wol freute sich riesig auf diese Besuche. Jeden Abend vor Sonnenuntergang suchte er den Himmel ab, wobei er seinen kleinen Kopf auf dem nichtexistenten Nacken verdrehte. Dann begann er wie verrückt zu hüpfen und zu zwitschern, und richtig: Einen Augenblick später tauchte Toby aus dem Nichts auf. Zuerst dachte ich, Wol benehme sich so, weil er sich über das Wiedersehen mit Toby freute — und in gewisser Hinsicht war das richtig. Er war entzückt, jemanden zu haben, den er provozieren und beleidigen und anpöbeln konnte, wofür Toby bestens geeignet war. Doch ich bemerkte, daß er vor Toby nicht mehr mit seiner «Freiheit» aufschnitt. Denn Tobys Abflug betrachtete er jeweils sehr nüchtern und mit einem Hauch von Sehnsucht, der mir das Herz schwer machte. «Tut nichts, kleiner Wol», sagte ich. «Früher oder später kreuzt bestimmt eine zweite versehrte Eule auf, und du hast einen Lebensgefährten.» Er schaute mich verwundert an: «Eine zweite Eule? Wer will eine zweite Eule? Ich habe dich. Wo bleibt mein Abendessen?»